Die trügerische Akzeptanz von Islam, Homosexualität und Suizid

Andrea Brassel-Ochmann

Die trügerische Akzeptanz von Islam, Homosexualität und Suizid

Das doppelte Meinungsklima in Deutschland

Andrea Brassel-Ochmann
Meckenheim, Deutschland

Dissertation an der Rheinischen Friedrich-Wilhelms-Universität Bonn, 2015

ISBN 978-3-658-11397-1   ISBN 978-3-658-11398-8 (eBook)
DOI 10.1007/978-3-658-11398-8

Die Deutsche Nationalbibliothek verzeichnet diese Publikation in der Deutschen Nationalbibliografie; detaillierte bibliografische Daten sind im Internet über http://dnb.d-nb.de abrufbar.

Springer Fachmedien Wiesbaden ist Teil der Fachverlagsgruppe Springer Science+Business Media
(www.springer.com)

„Als *Ethos affirmativer und transformativer Anerkennung* meint diese Haltung den Umgang zwischen Subjekten, der vom anerkennenden Interesse aller Lebens- und Denkformen, von Gleichheit, Differenzen und Anderssein, insgesamt also von der An-Erkennung des Subjektes als *des Anderen* getragen wird"

(Perko 2005: 62, die in ihren Ausführungen auf Hannah Arendts Werk „Menschen in finsteren Zeiten", Hamburg 1959, rekurriert).

Vorwort

Nach dem Sammelband „Annahme verweigert" (Lucke / Hasse (Hg.) 1998) aus einem meiner Seminare zur soziologischen Akzeptanzforschung, einer niederländischen Studie über „Nicht-Akzeptanz", einer wirtschaftswissenschaftlichen Dissertation zum Thema „Latente Akzeptanz" und einer ebenfalls durch meine Habilitationsschrift „Akzeptanz. Legitimität in der Abstimmungsgesellschaft" (Lucke 1995) angeregten ingenieurwissenschaftlichen Habilitation an der TU Dresden erblickt nun die Dissertation meiner Doktorandin und Magistra Andrea Brassel-Ochmann (Arbeitstitel: „Verborgene Wirklichkeiten. Gespaltene Akzeptanz als Indikator für die Grenze individueller und gesellschaftlicher Vielfalt") das Licht der akademischen Bücherwelt - genau 20 Jahre, nachdem ich als erste (Person überhaupt) an der Philosophischen Fakultät der Universität Bonn die venia in Soziologie erlangte.

In dieser Hintergrund- und Zusammenhangswissenschaft vom „zweiten Blick" (Niklas Luhmann) geschult, blickt die Autorin hinter die (Schau-)Fassaden vermuteter Mehrheitsmeinungen und entdeckt unter der Oberfläche geheimer Diskurse über Fremdheit und Alterität, Abweichung und Normalität, Zugehörigkeit und Ausschluss Muster und Gemeinsamkeiten von auf den ersten Blick so unterschiedlichen Phänomenen wie Homo-, Xeno- und Islamophobie. Neben bekannten Sündenbockmechanismen werden Prozesse des exkludierenden „othering" und der inkludierenden Nostrifizierung identifiziert und die Doppelbödigkeit geäußerter oder aber für sich behaltener Zustimmung und Ablehnung als nicht nur einstellungsprägende, sondern handlungsw22irksame und in ihren ambivalenten Botschaften wirklichkeitskonstitutive „double talks" sichtbar gemacht, wie sie für die deutsche Gegenwartsgesellschaft so nicht erwartet würden, aber offenbar symptomatisch sind, wenn z.B. Plakate mit dem Afrikaner, der Kopftuchträgerin oder dem Rollstuhlfahrer für „diversity" werben und darin unfreiwillig unsere mehr ein- als vielfältigen Vorstellungen von Andersartigkeit offenbaren.

Wieviele (Akzeptanz- und Akzeptabilitäts-) Lügen und vorgespie(ge)lte Einverständnisse - so wird indirekt mit Lars von Trier gefragt - (v)erträgt eine Gesellschaft? Braucht sie diese stille Zustimmung gar für ihren Zusammenhalt, etwa um das Systemerfordernis der „latent pattern maintenance" (Talcott

Parsons) zu erfüllen? Wie steht es um den mit Jürgen Habermas formulierbaren „merkwürdig zwanglosen Zwang" zum verlogenen falschen Konsens, wenn definitionsmächtige Opiniatoren, Meinungsopportunisten und Mehrheitskonformisten ihre wahren Auffassungen um den Preis unauffälliger Dazugehörigkeit und Anschlussfähigkeit an einen vermeintlichen „main stream" opfern und uncouragiert in den risikoarmem Dienst eines orthodoxen Gemeinsinns, eines am Ende nur noch gemeinen, nicht gemeinsamen „common sense", stellen?

Brassel-Ochmanns Analyse widerlegt das „anything goes" einer weltoffenen, tabulosen, grenzenlos toleranten und akzeptanzbereiten Multikulti- und (pseudo-) liberalen „Quodlibet"- und „Everybody´s welcome"-Gesellschaft mit grundgesetzlich garantierter Meinungs- und Redefreiheit ohne rote Linien, in der alle alles überall und jederzeit sagen, denken und selbstbestimmt machen können, was sie wollen, die alle l(i)eben und nach ihrer „facon" glücklich werden - selbst beim Sterben noch freie Hand zum Freitod - lässt und in der nicht nur dem Kino und Theater die Skandalthemen und -szenen ausgehen, weil Publika im Klima so verstandener Gleich-Gültigkeit durch nichts mehr zu schockieren sind. Ihre Untersuchung zeigt, wie die Stimmung im Lande kippt und die Meinung in der Bevölkerung spaltet, wenn die Anderen, die Fremden, die von der Norm(alität) und impliziten leitkulturellen Vorstellungen Abweichenden ihr auch im übertragenen Sinne (zu) nahe kommen, das Asylantenwohnheim in der Nachbarschaft gebaut werden soll, die Ausländerkinder in der Schulklasse des eigenen Nachwuchses „überhand" nehmen und der Migrations"hintergrund" als Ausschlusskriterium in den Vordergrund rückt, stumme Mehrheiten sich, wie mit „Pegida", durch Schweigemärsche Gehör verschaffen oder Familienmitglieder ihre Homosexualität nicht mehr verstecken und Angehörige sich das Leben nehmen. Wie all dies das (Von)Selbstverständliche erschüttert und in seinen Normalitäts- und Natürlichkeitsprovokationen alte Selbstgewissheiten bedroht, die ideologischen Selbsttäuschungen einer Gesellschaft über ihre tatsächliche Befindlichkeit enttarnt und demonstrativ zur Schau getragene Selbstbekenntnisse zur „political correctness" und dem sozial Wünschenswerten Lügen straft – all das ist Inhalt dieses Buches und soziologische Aufklärung par excellence!

Unsere Promotionsordnung kennt bis heute nur „den Betreuer", „den Professor" und „den Doktoranden". Trotzdem bin ich – an das Wunder der akademischen Jungfrauengeburt grenzend – zum wiederholten Male „Doktormutter" auch von Doktorandinnen geworden. Was gibt es für eine Hochschullehrerin Schöneres, als die Begeisterung für eine wissenschaftliche Disziplin weitergeben zu können und zu erleben, wie die eigenen Forschungen ihre Fortsetzung finden! Eine

VIII

ähnlich erfüllende Erfahrung wünsche ich meiner Schülerin Dr. Andrea Brassel-Ochmann, die – Mutter von vier Kindern - als Gymnasiallehrererin das Fach Sozialwissenschaften unterrichtet. Dass sie ihrem Buch, wie ich das bei meiner Habilitationsschrift auch getan habe, ein Zitat von Hannah Arendt voranstellt, lässt auf eine Traditionsbildung hoffen, in der Zukunft nicht mehr nur Wissenschaftler männlichen Geschlechts „auf den Schultern von Riesen" (Robert K. Merton) stehen und immer mehr starke Frauen noch stärkere nach sich ziehen – und diesen mehr sind als zitierfähige Referenzen oder abstrakte „role models".

Am Tag der Feierlichen Promotion,
Universität Bonn, 27.Juni 2015

Doris Mathilde Lucke

Inhalt

Einleitung

Am 29.11.2009 votierten bei einer Volksabstimmung 57% der Schweizer für ein Verbot zum Bau neuer Minarette in ihrem Land[1]. Dieses Ergebnis stellte ich in meinem damaligen Leistungskurs Politik zur Diskussion. Schnell wurde deutlich, dass ein Großteil derjenigen Schülerinnen und Schüler, die sich zu Wort meldeten, die Entscheidung der Schweizer Bevölkerung ablehnte. Anschließend sollten sich die Schülerinnen und Schüler in einer geheimen Abstimmung für oder gegen den Bau neuer Minarette in Deutschland positionieren.

Hier widersprach das Ergebnis der Abstimmung deutlich dem Stimmungsbild der vorher öffentlich geführten Diskussion. Weit mehr als die Hälfte des Kurses[2] lehnte in der geheimen Abstimmung den Bau von neuen Minaretten in Deutschland ab[3].

Was führte dazu, dass sich die Schülerinnen und Schüler, die gegen einen Minarettbau waren, an der öffentlichen Diskussion entweder nicht beteiligt haben oder dort eine andere Meinung bekundeten als in der geheimen Abstimmung? Dieses Unterrichtsgeschehen zeigt beispielhaft auf, dass es Situationen und Fragestellungen gibt, zu denen sich die Einzelnen nicht offen äußern, die eigene Meinung verschweigen, lügen und damit ihre persönliche Überzeugung verleugnen.

Doch wie kommt es dazu, dass Bereiche des täglichen Lebens existieren, in denen es eine Diskrepanz zwischen öffentlich geäußerter Meinung und tatsächlicher Überzeugung gibt? Und innerhalb welcher Felder der Alltagswelt ist dieses Phänomen wirksam? Insbesondere vor dem Hintergrund des

---

[1] Die Beteiligung der Bevölkerung an der Volksabstimmung lag bei 55%.

[2] Von 21 Schüler/innen votierten 14 gegen einen Bau von neuen Minaretten in Deutschland.

[3] In einer Umfrage des Allensbacher Instituts von November 2012 sprachen sich auf die Frage bezogen: „In der Schweiz ist 2009 bei einer Volksabstimmung ein Verbot von Minaretten beschlossen worden. Moscheen dürfen also nur noch ohne die typischen Türme gebaut werden. Finden Sie, dass man ein solches Minarett – Verbot auch in Deutschland einführen sollte, oder halten Sie nicht viel davon?", 39% der Befragten für ein Verbot aus, 39% waren gegen ein Verbot von Minaretten in Deutschland und 22% machten keine Angaben. Vergleiche Institut für Demoskopie Allensbach (Hg.): Die Furcht vor dem Morgenland im Abendland. Eine Dokumentation des Beitrags von Dr. Thomas Petersen in der Frankfurter Allgemeinen Zeitung Nr. 272 vom 21. November 2012. Originalmanuskript, Tabellen, Schaubilder aufrufbar online unter www.ifd-allensbach.de/uploads/tx.../November12_Islam_01.pdf. Zugriff am 02.04.2013.

Selbstverständnisses der westlichen, modernen Welt, in der die Freiheit, alles tabulos sagen zu können und zu dürfen, als eine der bedeutendsten Errungenschaften gilt, stellt sich die Frage, warum sich Menschen derart verhalten. Diese Fragen und deren Klärung sind mein Anliegen für die Dissertation. Das Phänomen, das sich in der Abstimmung der Schülerinnen und Schüler des Politikkurses zeigt, wird in der Soziologie mit dem Begriff der „gespaltenen Akzeptanz" bezeichnet[4]. Diese wird als „die zeitliche Koinzidenz von anderen gegenüber behaupteter Zustimmung und tatsächlicher innerer Ablehnung (und umgekehrt)" (Lucke 1995: 219) definiert.

Diese Dissertation soll die gesellschaftlichen Bedingungen und strukturellen Voraussetzungen aufzeigen, die zur Wirksamkeit der gespaltenen Akzeptanz führen. Um dies zu erreichen, habe ich mich dafür entschieden, völlig unterschiedliche Bereiche der gesellschaftlichen Wirklichkeit aufzugreifen. Als Untersuchungsfelder für das Phänomen der gespaltenen Akzeptanz habe ich

- das Verhältnis zwischen sexueller Orientierung und gespaltener Akzeptanz,
- die gespaltene Akzeptanz im Zusammenhang mit dem Islam und
- die gespaltene Akzeptanz im Hinblick auf den Suizid

ausgewählt. Anhand dieser Untersuchungsfelder soll ersichtlich werden, wie sich in allen drei Bereichen gespaltene Akzeptanz entfalten kann. Insbesondere aber wird hieran erkennbar, dass trotz zunächst scheinbar fehlender Gemeinsamkeiten in allen Untersuchungsfeldern dieselben oder ähnliche unsichtbare Diskurse wirken, die die gespaltene Akzeptanz auslösen. Ziel dieser Dissertation ist es, diese unsichtbaren Diskurse zu enthüllen, um so die gesellschaftliche, systemstabilisierende Funktion der gespaltenen Akzeptanz aufzuzeigen.

---

[4] In der Kommunikationswissenschaft findet man dafür den komplementären Begriff des „doppelten Meinungsklimas".

Aufbau der Untersuchung

Die inhaltliche Form der Auseinandersetzung mit den drei Untersuchungsfeldern folgt einer identischen Struktur, die darin besteht, zunächst die gesellschaftlichen und individuellen Voraussetzungen und Bedingungen zu beleuchten, die die Entfaltung von gespaltener Akzeptanz bewirken. Anschließend werden die daraus gewonnenen Indikatoren aufgezeigt, die Rückschlüsse auf die gesellschaftliche Funktion der gespaltenen Akzeptanz ermöglichen. Diese einheitliche Struktur ist bewusst gewählt, um so die Aussagen zu den einzelnen Untersuchungsfeldern besser vergleichen zu können. Im ersten Kapitel wird das Verhältnis von gespaltener Akzeptanz und sexueller Orientierung, im zweiten der Zusammenhang zwischen der gespaltenen Akzeptanz und dem Islam und im dritten Kapitel die gespaltene Akzeptanz im Hinblick auf Suizid analysiert. In der Zusammenfassung wird ausgeführt, inwiefern die öffentliche Meinung auf die Überzeugungen des Individuums Einfluss nimmt, um im Anschluss daran die aus den drei Untersuchungsfeldern gewonnenen Indikatoren in Bezug dazu zu setzen und die gemeinsamen herauszufiltern. So werden grundlegende strukturelle Bedingungen unserer Gesellschaft aufgezeigt, die die Entfaltung von gespaltener Akzeptanz nicht nur ermöglichen, sondern vielmehr notwendig machen.

Methodische Vorgehensweise und Einordnung der Untersuchung

Grundlage dieser Untersuchung bildet eine Literaturstudie. Diese erstreckt sich sowohl auf maßgebende Untersuchungen zur Konstruktion der gesellschaftlichen Wirklichkeit und des symbolischen Interaktionismus als auch auf Studien und Materialien im Zusammenhang mit Fragen zur gesellschaftlichen Akzeptanz. Um möglichst gegenwartsbezogen und umfassend die derzeitige Akzeptanz zu Islam, Homosexualität und Suizid aufzuzeigen, finden in dieser Dissertation auch Auszüge aus Zeitungen und Quellen aus dem Internet Verwendung. Diese Untersuchung ist somit auf dem Gebiet der soziologischen Akzeptanzforschung anzusiedeln. Sie stellt eine Zeitdiagnose der Struktur und Konstruktion unserer gesellschaftlichen Wirklichkeit dar, innerhalb der der gespaltenen Akzeptanz eine systemstabilisierende Funktion zukommt. Die hier getroffenen Aussagen sind daher als eine soziologische Bestandsaufnahme der gegenwärtigen Akzeptanzlandschaft mit Blick auf Islam, Homosexualität und Suizid zu verstehen.

Zu deren Bestimmung tragen Fragestellungen im Bereich der Politischen Soziologie zur öffentlichen Meinung als auch Theorien zur Normbefolgung bei. Denn eine Abweichung vom allgemein Akzeptierten, von dem, was öffentlich als „politisch korrekt" gilt, trifft auf gesellschaftliche Missbilligung und hat Sanktionen zur Folge. Politisch und gesellschaftlich korrektes Verhalten ist das Verhalten, das den von der Gesellschaft gesetzten Normen entspricht. Insofern werden hier Verhaltensstereotypen konstruiert und Alltagsmuster geschaffen. Damit ist diese Untersuchung auch in den Bereich der Wissenssoziologie im Zusammenhang mit der Konstruktion von sozialer Wirklichkeit einzuordnen.

1. Zur Akzeptanz von Homosexualität

1994 wurde im Deutschen Bundestag das 29. Strafrechtsänderungsgesetz verabschiedet: Damit wurde § 175 StGB, der *„die widernatürliche Unzucht, welche zwischen Personen männlichen Geschlechts (...)"* (Fassung vom 15. Mai 1871) unter Strafe stellte, abgeschafft[1].

Sowohl in Deutschland als auch in allen anderen westlichen Industrieländern existieren damit keine Gesetze mehr, in denen Homosexualität als Straftatbestand gilt.

Im Rahmen der Grundrechte-Charta der Europäischen Union wurde im Jahr 2000 Artikel 21 beschlossen, der die Implementierung eines Gesetzes zur Nichtdiskriminierung in allen europäischen Staaten vorschreibt: „(1) Diskriminierungen, insbesondere wegen des Geschlechts, der Rasse, der Hautfarbe, der ethnischen oder sozialen Herkunft, der genetischen Merkmale, der Sprache, der Religion oder der Weltanschauung, der politischen oder sonstigen Anschauung, der Zugehörigkeit zu einer nationalen Minderheit, des Vermögens, der Geburt, einer Behinderung, des Alters oder der sexuellen Ausrichtung, sind verboten. (2) Im Anwendungsbereich des Vertrags zur Gründung der Europäischen Gemeinschaft und des Vertrags über die Europäische Union ist unbeschadet der besonderen Bestimmungen dieser Verträge jede Diskriminierung aus Gründen der Staatsangehörigkeit verboten"[2].

Auf der Grundlage dieses Artikels wurde 2006 in Deutschland das „Allgemeine Gleichbehandlungsgesetz" geschaffen. Ziel dieses Gesetzes ist sowohl in arbeitsrechtlicher als auch zivilrechtlicher Hinsicht, „Benachteiligungen aus Gründen der Rasse oder wegen der ethnischen Herkunft, des Geschlechts, der Religion oder Weltanschauung, einer Behinderung, des Alters oder der sexuellen Identität zu verhindern oder zu beseitigen"[3]. Zuvor war bereits im August 2001 in Deutschland das *Gesetz über die Eingetragene Lebenspartnerschaft* (LPartG) in Kraft getreten, das in vielen Rechtsbereichen die Partnerschaft gleichgeschlechtlicher Paare anerkennt. Ausgenommen sind hier beispielsweise das Einkommensteuerrecht oder das Adoptionsrecht. So

---

[1] Vgl. hierzu u.a. www.forum-recht-online.de/2005/205/205steinke.htm. Zugriff am 02.03.2013.
[2] Vgl. hierzu u.a. www.europarl.europa.eu/charter/pdf/text_de.pdf. Zugriff am 02.03.2013.
[3] Vgl. hierzu u.a. www.gesetze-im-internet.de/bundesrecht/agg/gesamt.pdf. Zugriff am 02.03.2013.

schließt das Lebenspartnerschaftsgesetz Adoptionen von Kindern für gleichgeschlechtliche Paare aus. Allerdings wurde aufgrund eines Urteils des Bundesverfassungsgerichts und des Europäischen Gerichtshofs für Menschenrechte vom Februar 2013 dieser Grundsatz dahingehend revidiert, dass es nun möglich ist, dass der/die jeweilige Partner/in ein bereits vorhandenes adoptiertes Kind des anderen adoptieren darf[4]. Dieser kurze rechtliche Überblick lässt folgende These zu: *Die homosexuelle Partnerschaft wird in der deutschen Rechtsprechung als (in den meisten Rechtsbereichen) gleichberechtigte Lebensform neben der heterosexuellen Partnerschaft anerkannt.*

Dass Homosexualität neben der rechtlichen (Beinahe-) Gleichstellung auch auf eine gesellschaftliche Akzeptanz trifft, Homosexuelle also nicht mehr befürchten müssen aufgrund ihrer sexuellen Orientierung Benachteiligung oder Diskriminierung zu erfahren, kann anhand des öffentlichen Outings Prominenter[5] konstatiert werden. Motor dieser Entwicklungen ist in einem Grundzug unserer modernen Gesellschaft zu sehen: Eine Gesellschaft, die sich dadurch auszeichnet, dass alte traditionelle und verbindliche Werte, Orientierungen und zugleich Reglementierungen menschlichen Verhaltens aufweichen und zu nur noch möglichen Richtlinien des Handelns unter vielen anderen Maximen werden. Aus der Pluralität unterschiedlichster Sinngebungen, Werte und Einstellungen bastelt sich das Individuum von heute die eigene Biografie und ist vor die Aufgabe gestellt, eine „persönliche Identität"[6] auszubilden. Die Entwicklung der Identität schließt die Auseinandersetzung mit der eigenen sexuellen Orientierung mit ein, auch hier bieten sich dem Individuum die unterschiedlichsten Spielarten sexueller Orientierungen, die in verschiedenen Identitätsmodellen zum Ausdruck kommen: Lesben, Schwule, Heterosexuelle, Bisexuelle, Transgender, Cyborgs, Intersexen, Drags, Cross-Identitäten. Diese Ausführungen machen deutlich: Völlig frei von Werten scheint unsere moderne Gesellschaft nicht zu sein – Maximen wie Toleranz, eine freie Entfaltung der Persönlichkeit in allen Lebensbereichen, Selbstverwirklichung, die Freiheit, zu leben, wie man möchte; das zu sagen, was

---

[4] Vgl. hierzu u.a. www.gesetze-im-internet.de/bundesrecht/lpartg/gesamt.pdf. Zugriff am 02.03.2013 sowie am 03.06.2014.
[5] Geoutet haben sich prominente Politiker wie z.B. Klaus Wowereit, Ole von Beust, Guido Westerwelle oder aber Musiker/innen wie z.B. der US - Rapper Frank Ocean oder die „No Angels" - Sängerin Lucy oder bekannte Moderator/innen und Künstler/innen wie z.B. Anne Will, Dirk Bach oder Hella von Sinnen, um nur einige Beispiele zu nennen.
[6] Zum Begriff der „persönlichen Identität" in Krappmanns „Konzept der balancierenden Identität" (Krappmann 2000) oder auch Goffman 1967: 74: „Mit *persönlicher Identität* meine ich nur die ersten beiden Vorstellungen – positive Kennzeichen oder Identitätsaufhänger und die einzigartige Kombination von Daten der Lebensgeschichte, die mit Hilfe dieser Identitätsaufhänger an dem Individuum festgemacht wird".

man möchte; den/die zu lieben, den/die man möchte, sind nur einige der Werte und Leitlinien, die das Leben der Menschen in unserem Kulturkreis prägen. Vor diesem Hintergrund kann die oben getroffene These noch erweitert werden: *Die homosexuelle Partnerschaft wird in der deutschen Rechtsprechung als (in den meisten Rechtsbereichen) gleichberechtigte **und in der deutschen Gesellschaft von heute gleichwertige** Lebensform neben der heterosexuellen Partnerschaft anerkannt.*

Wie sind aber dann mit Blick auf die vorangehende These die folgenden Ergebnisse verschiedener Studien und Erhebungen zu erklären?

So kommt eine deutsche Erhebung aus dem Jahr 2011, in der 2000 Personen befragt wurden, zu dem Ergebnis: „In der Sphäre der *Lebensstile* bleibt auch die Abwertung von Homosexuellen oder Obdachlosen auf einer gesellschaftlichen Tagesordnung" (Heitmeyer 2012: 33f). Eine weitere aktuelle europäische Studie der Friedrich-Ebert-Stiftung mit 1000 Befragten, erschienen im Jahr 2010 und durchgeführt 2008, hält fest: „Während knapp 90 Prozent der polnischen und rund zwei Drittel der portugiesischen, italienischen und ungarischen Befragten *gleichgeschlechtliche Ehen* ablehnen, werden diese in den Niederlanden von 17 Prozent nicht akzeptiert. In Deutschland, Großbritannien und Frankreich sind zwischen 40 und 50 Prozent der Befragten gegen eine gesetzliche Anerkennung gleichgeschlechtlicher Ehen. Ähnlich unterschiedlich antworten die Länder auf die Aussage, dass der Homosexualität nichts *Unmoralisches* anhaftet. Mehr als drei Viertel der polnischen Befragten schließen sich dieser Aussage nicht an, sie empfinden Homosexualität also als unmoralisch ebenso wie rund zwei Drittel der ungarischen Interviewten. Dagegen wird Homosexualität in den Niederlanden vergleichsweise selten als anstößig wahrgenommen, nämlich von jedem Sechsten. In den anderen Ländern wird besagte Aussage von 36 bis zu 44 Prozent der Befragten abgelehnt" (Küpper u.a. 2011: 74).

Auch Dominic Frohn zeigt in seiner Studie von 2007, die sich mit der gleichgeschlechtlichen Lebensweise als Thema am Arbeitsplatz befasst, auf: „Insgesamt 77,5% der Befragten haben Diskriminierung am Arbeitsplatz erlebt" (Frohn 2007: 14). Buba/Vaskovics konstatieren in ihrer Untersuchung von 2001, die die Ergebnisse von 581 befragter Schwulen und Lesben analysiert: „In der Phase des Coming-out stehen Homosexuelle auf der einen Seite unter dem besonderen Druck der Geheimhaltung ihrer sexuellen Identität, andererseits werden sie mit den negativen Reaktionen ihrer Umwelt konfrontiert, wenn sie ihre sexuelle Orientierung bzw. Identität offen legen" (Buba u.a. 2001: 15). An anderer Stelle berichten sie: „Häufiger als in anderen Handlungsfeldern[7] erleben

---

[7] In der Studie wurde zwischen verschiedenen Handlungsfeldern unterschieden. Buba/Vaskovics untersuchten das benachteiligende Verhalten im Freundeskreis, in der Familie und der Verwandtschaft, am Arbeitsplatz und in der Öffentlichkeit.

Lesben und Schwule benachteiligendes Verhalten in der anonymen Öffentlichkeit, fast drei Viertel der Befragten berichten hier von Erfahrungen mit Benachteiligung bzw. Diskriminierung" (Buba u.a. 2001: 19). Auch die Tatsache, dass sich bisher keine aktive Profifußballerin und kein aktiver Fußballprofi zu einer homosexuellen Orientierung bekannt hat, obwohl nach Schätzungen etwa fünf bis zehn Prozent aller Deutschen homosexuell sein müssten[8], dies bezogen auf den Fußballsport jeden zehnten Spieler und jede zehnte Spielerin beträfe[9], steht in einem Widerspruch zur getroffenen These[10]. So hat sich zwar im Februar 2013 der US-Nationalspieler Robbie Rogers als homosexuell geoutet, gleichzeitig aber das Ende seiner Karriere als Fußballprofi bekanntgegeben. Dies trifft auch auf den deutschen Profifußballer Thomas Hitzlsperger zu, der sich erst zum Ende seiner Karriere im Januar 2014 in einem ZEIT-Interview outete. Doch sind nicht nur die Ergebnisse repräsentativer Studien und Erhebungen mit der These einer allgemeinen gesellschaftlichen Akzeptanz der Homosexualität in Deutschland unvereinbar.

Auch die folgenden Aussagen einzelner, in der Öffentlichkeit stehender Prominenter widersprechen der getroffenen These: „Nein, ich würde keinem Fußballprofi raten, sich zu outen", so Katrin Müller-Hohenstein, Moderatorin der Sendung „Das aktuelle Sportstudio" (vgl. Leibfried u.a. 2011: 8), „Homosexualität ist abnormal. Ich werde niemals Homosexuelle in mein Team berufen", erklärte der ehemalige Teamchef des kroatischen Nationalteams Otto Baric, 2004 (vgl. Walther-Ahrens 2011: 7). Rudi Assauer, ehemaliger Manager von Schalke 04, riet 2010 einem schwulen Masseur „Junge, tu mir einen Gefallen: Such dir einen neuen Job" (vgl. Walther-Ahrens 2011: 7) und der deutsche Profifußballer Thomas Hitzlsperger führte 2014 gegenüber der ZEIT aus: „So absurd das im Jahr 2014 auch wirken mag: „Schwul" ist als Schimpfwort im Fußball immer noch verbreitet. Man sagt sogar manchmal „schwuler Pass" nach einem schwachen Zuspiel". Im weiteren Verlauf des Interviews berichtete er: „Im Laufe meiner Zeit als Profi im In- und Ausland habe ich auch krasse Erfahrungen machen müssen. Viele Menschen haben völlig naive Vorstellungen von Homosexualität und machen aus ihrer Ablehnung keinen Hehl. Es gibt dumme Sprüche, dumme Witze – die darf man

---

[8] Vergleiche Leibfried, Dirk / Erb, Andreas: Das Schweigen der Männer. Homosexualität im deutschen Fußball, Göttingen 2011, S. 9.
[9] Vergleiche Degele, Nina / Janz, Caroline in: Hetero, weiß und männlich? Fußball ist viel mehr! Eine Studie der Friedrich – Ebert – Stiftung zu Homophobie, Rassismus und Sexismus im Fußball, Bonn 2011, S. 6.
[10] Siehe Ausführungen auf der vorangehenden Seite.

nicht auf die Goldwaage legen. Die Grenze liegt bei der Aufforderung zur Ausgrenzung und Gewalt"[11].

Fasst man die einzelnen Aussagen und die Ergebnisse der Studien und Erhebungen zusammen, wird eines deutlich: Diese Ausführungen stellen einen absoluten Gegensatz zur These der rechtlichen Gleichstellung und gesellschaftlichen Akzeptanz der homosexuellen Orientierung und homosexuellen Partnerschaft dar. Wie lässt sich dieser Gegensatz erklären?

Einerseits sind in den letzten Jahren innerhalb der europäischen Union als auch in Deutschland Gesetze in Kraft getreten, die eine Gleichstellung der unterschiedlichen sexuellen Orientierungen in weiten Teilen des Rechtssystems beinhalten, Prominente des öffentlichen Lebens können sich in Deutschland scheinbar folgen- und diskriminierungslos outen, und die Bundeskanzlerin erklärt, dass kein/e Homosexuelle/r in Deutschland Angst haben müsse, sich zur Homosexualität zu bekennen[12]. Gleichzeitig lassen aber die Ergebnisse der Studien eindeutige Rückschlüsse auf die persönlichen Überzeugungen der Befragten im Hinblick auf die Anerkennung der homosexuellen Orientierung zu. Diese sagen vielmehr aus, dass im Bereich der sexuellen Orientierung eben nicht alle Spielarten der Sexualität und der sexuellen Orientierung toleriert oder gar akzeptiert werden. Homosexualität wird hier als ein Widerspruch zur sexuellen Norm unserer Gesellschaft empfunden.

Die Diskrepanz dieser Gesellschaftsdiagnosen beruht auf dem jeweils zugrundeliegenden gesellschaftlichen Kontext[13]. So wurde die zu Anfang dieses Kapitels aufgestellte These:

„Die homosexuelle Partnerschaft wird in der deutschen Rechtsprechung als (in den meisten Rechtsbereichen) gleichberechtigte **und** *in der deutschen* **Gesellschaft von heute gleichwertige** *Lebensform neben der heterosexuellen Partnerschaft anerkannt",*

---

[11] Die Auszüge stammen aus dem Interview von Carolin Emcke und Moritz Müller-Wirth vom 9. Januar 2014 aus der ZEIT, S. 16-17.

[12] Vgl. hierzu u.a. den Artikel in ZEIT Online vom 13. September 2012: „Merkel: Angst vor Outing in Deutschland unnötig", http://www.zeit.de/news/2012-09/13/fussball-merkel-angst-vor-outing-in-deutschland-unnoetig-13150207. Zugriff am 12.04.2013

[13] Goffman stellt in seinem Werk „Frame Analysis", 1974, dt. 1. Auflage 1977, fest, dass der Wirklichkeitscharakter jeder Interaktion, jeder Situation oder jedes Ereignisses durch die (unbewusste) Deutung und Interpretation der beteiligten Person(en) zustande kommt. Dabei verbindet das Individuum verschiedene der Situation angemessene Deutungszusammenhänge mit dem Ereignis. Ereignisse erhalten somit durch ihre jeweilige kontextuelle Interpretation durch das beteiligte Individuum ihren Wirklichkeitscharakter. „Ich gehe davon aus, daß wir gemäß gewissen Organisationsprinzipien für Ereignisse – zumindest für soziale – und für unsere persönliche Anteilnahme an ihnen Definitionen einer Situation aufstellen; diese Elemente [...] nenne ich 'Rahmen'" (Goffman 1977: 19).

auf der Basis der rechtlichen Rahmenbedingungen sowie der öffentlich propagierten erwünschten Normen, Einstellungen und Verhaltensweisen getroffen.

Toleranz, Gleichwertigkeit, Antidiskriminierung (um nur einige zu nennen) werden als Kanon erwünschter Werte und Richtlinien des Handelns propagiert und von den Mitgliedern der Gesellschaft als diejenigen Maximen wahrgenommen, die als „politisch korrekt" einen universellen Geltungsanspruch besitzen und daher von ihnen mitgetragen werden müssen. Das bedeutet, dass das Individuum nicht nur von diesen Maximen als einen kognitiven Bestandteil des Alltagswissens weiß, darüber hinaus übernimmt es diese im Prozess der Vergesellschaftung unhinterfragt als inkorporiertes Wissen. So werden diese gesellschaftlichen Richt- und Leitlinien zu einem Bestandteil des Körpers jedes Individuums. Foucault hat diesen Prozess in seinem Werk „Überwachen und Strafen" (1994: 278 f.) beschrieben: „Die Kreise der Kommunikation sind die Stützpunkte einer Anhäufung und Zentralisierung des Wissens. Das Spiel der Zeichen definiert die Verankerungen der Macht. Die schöne Totalität des Individuums wird von unserer Gesellschaftsordnung nicht verstümmelt, unterdrückt, entstellt; vielmehr wird das Individuum darin dank einer Taktik der Kräfte und der Körper sorgfältig fabriziert".

Die Auswirkung dieser von den Gesellschaftsmitgliedern als erwünscht wahrgenommenen Einstellung und Maßgabe des Verhaltens besteht in der Befolgung dieser Norm durch das Individuum, selbst wenn dieses eine andere oder gar entgegengesetzte Grundüberzeugung vertritt. In diesem Zusammenhang muss eines ergänzt werden: Im Sinne von Meads interaktionistischem Konzept (Mead 1934) ist die Ausbildung von Identität als ein immerwährender dynamischer Prozess zwischen dem „I", den persönlichen Impulsen des Individuums, und dem „Me", den sozialen und internalisierten Normen, zu verstehen. Überträgt man Meads Theorie auf die beschriebene Situation, so ist es möglich, dass das Individuum trotz der Inkorporierung und Internalisierung der erwünschten Einstellung oder Verhaltensweise, die sozusagen im Sinne Meads im Bereich des „ME" als Teil der Ich – Identität ihren Sitz hat, im Bereich des „I" eine andere, weitere, möglicherweise konträre Überzeugung ausgebildet hat. Denn trotz der Inkorporierung und Internalisierung der gesellschaftlich erwünschten Normen und Werte besitzt das Individuum eine Fähigkeit zum Widerstand gegen die propagierten Richtlinien des Verhaltens und Handelns. Da das Individuum allerdings weiß, dass es im Falle einer Zuwiderhandlung gegen das gesellschaftlich Erwünschte mit einer

Sanktion rechnen muss, wird sich dieses gemäß den Annahmen der Anerkennungstheorie[14] so verhalten, dass es einer Sanktion entgeht. Mit Blick auf die Akzeptanz oder Nicht-Akzeptanz von Homosexualität in unserer Gesellschaft kann konstatiert werden, dass Homosexualität im Rahmen eines politisch-korrekten Diskurses der öffentlichen Meinung als eine zu akzeptierende sexuelle Orientierung gilt. Dies hat für jedes Mitglied der Gesellschaft zur Konsequenz, dass es sich an die Maßgabe dieses Diskurses zu halten hat, was nichts anderes bedeutet, als dass es in der Öffentlichkeit die Einstellung vertreten sollte, „jedem seine eigene individuelle sexuelle Orientierung zuzugestehen" – trotz eines möglichen inneren Widerstandes[15].

Dieser innere Widerstand, also persönliche Überzeugungen, die dem gesellschaftlich Erwünschten gegenüberstehen, wird damit im Rahmen einer öffentlichen Diskussion unterdrückt oder geleugnet. Der Widerstand kann sich aber Bahn brechen und damit von einer latenten, unausgesprochenen und möglicherweise bisher unaussprechlichen Einstellung in verbale Interaktion (das bisher Unausgesprochene wird ausgesprochen) bis hin zu Konsequenzen auf der Ebene des Handelns (das bisher Unausgesprochene wird nicht nur ausgesprochen, sondern veranlasst zu gesellschaftlichen Veränderungen und einem gesellschaftlichen Wandel) führen. Dies tritt ein, wenn das Individuum eine Chance auf Veränderung der gesellschaftlich erwünschten Norm sieht. Das ist möglich, wenn es auf andere Individuen stößt, anhand derer es wahrnimmt, dass deren Überzeugungen auch nicht mit den gesellschaftlich erwünschten Normen übereinstimmen. Auch anonyme Befragungen, wie z.B. Interviews am Telefon oder Fragebögen im Internet, Situationen also, innerhalb derer zur zugesicherten Anonymität nicht nur das Verschweigen des Namens, sondern auch die „face-to-face"[16]-Begegnung zwischen Interviewtem und Interviewer

---

[14] Hierzu führt Reimer 2012 aus: „Zudem führt Smith tugendhaftes Handeln, Denken und Wollen auf ein elementares Bedürfnis nach sympathischer Anerkennung zurück. (…) So wie ihre Persönlichkeit unter dem Lob der anderen wüchsen schmerzten sie Tadel und Ablehnung. Für die Liebe und Sympathie ihrer Mitmenschen würden sie daher ihre negativen Affekte mäßigen und ihre Handlungen so anlegen, dass sie dem Betrachtenden als schicklich und richtig erschienen" (27). Reimer bezieht sich in ihren Ausführungen auf Adam Smith: Theorie der ethischen Gefühle, u.a. Hamburg 2004. Original von 1759.

[15] So stellt Michel Foucault fest: „Wo es Macht gibt, gibt es Widerstand" und an anderer Stelle führt er aus: „Wie das Netz der Machtbeziehungen ein dichtes Gewebe bildet, das die Apparate und Institutionen durchzieht, ohne an sie gebunden zu sein, so streut sich die Aussaat der Widerstandpunkte quer durch die gesellschaftlichen Schichtungen und die individuellen Einheiten" (1977: 116 ff.).

[16] „Face-to-face" – Interviews bergen immer wie jede andere Interaktion zwischen Individuen die Gefahr des „face-work" (vgl. u.a. Goffman 1971). Der Interviewte äußert in dem Interview möglicherweise nicht die Überzeugungen, die er eigentlich vertritt, sondern die, von denen er annimmt, dass sie der Interviewer erwartet und hören will. Ansonsten erläge der Interviewte dem Risiko, möglicherweise „sein Gesicht zu verlieren".

vermieden wird, bewirken, dass das Individuum seine eigene Überzeugung äußert. Ebenso kann ein geschützter, geschlossener, nicht öffentlicher Rahmen das Individuum in die Lage versetzen, die eigene persönliche Grundüberzeugung zu vertreten, mit dem Wissen, dass diese nicht ans Licht der Öffentlichkeit gerät und es „an den Pranger gestellt wird", also Sanktionen zu erwarten hat.

Diese persönlichen Überzeugungen, die dem gesellschaftlich Erwünschten gegenüberstehen, kommen bei der Frage nach der Akzeptanz von Homosexualität in den Ergebnissen der bereits erwähnten Studien zum Tragen. Die durchgeführten Studien und Erhebungen fanden in der Regel im Rahmen von Telefoninterviews oder Internet-Befragungen, teilweise auch im Rahmen anonymer Interviews statt. In Situationen also, in denen die Befragten sicher gehen konnten, dass ihre Antworten nicht rückverfolgbar und damit in letzter Konsequenz auch nicht sanktionierbar sind. Eine Ausnahme ist hier die Studie der Friedrich-Ebert-Stiftung zum Umgang mit Homosexualität im Fußball von Degele/Janz 2011, in der die Ergebnisse der Auswertung von 18 Gruppendiskussionen[17] eingingen. Denn obwohl die Gruppendiskussionen in keinem anonymen Rahmen durchgeführt wurden, entspricht das Antwortverhalten der Befragten nicht der politisch erwünschten Einstellung. So beantworteten Diskussionsteilnehmer die Frage:

„Wenn du wüsstest, du hast eine Mannschaft, du spielst mit denen schon ewig, und dann stellst du irgendwann fest, einer von denen ist schwul. Würdest du dann mit dem nicht mehr zusammen spielen wollen?" mit den Worten: „Das kann ich jetzt so nicht sagen, weil das was anderes ist. Aber wenn ich jetzt von vorneherein weiß ..., der ist schwul und ich kenne ihn noch nicht lang, dann tät ich ganz be.. gewiss nicht mit dem in die Dusche rein gehen"[18], und

„Es fällt mir ein bisschen schwer, Fuss... ein Fussballer als Schwuler, so das irgendwie... irgendwie passt es, es passt irgendwie nicht"[19].

Dass die Diskussionsteilnehmer diese politisch nicht erwünschten Einstellungen öffentlich äußerten, lag an dem von den Beteiligten wahrgenommenen gruppeninternen Meinungsklima. Dieses führte bei den Teilnehmern zu der Annahme, dass sie mit ihrer nicht konformen Einstellung nicht allein stehen,

---

[17] „Insgesamt haben 18 fußballspielende und/oder fußballbegeisterte Gruppen über das Forschungsplakat diskutiert (Stand Mai 2011). Das Sample der Gruppen zeichnet sich durch seine Heterogenität aus: Vertreten sind Kinderteams, Altherrenmannschaften, Dorfgruppen, Stadtteams, schwullesbische Gruppen oder Fanclubs, Vereinsmannschaften, Akademiker/innen und Teams mit Migrationshintergrund", so Studie der Friedrich-Ebert-Stiftung 2011: 58.
[18] ebd.: 18
[19] ebd.: 44

und daher bei Offenbarung keine Sanktionen zu erwarten haben[20]. Anhand dieser Ausführungen wird folgendes deutlich:

Gerade der Lebensbereich der sexuellen Orientierung, dem man unter den Bedingungen unserer modernen Gesellschaft und dem Schlagwort der „sexuellen Befreiung" zunächst attestieren würde, dass alte traditionelle Tabus gefallen sind und in unserem Kulturkreis alle möglichen Spielarten sexueller Orientierung akzeptiert werden, wird vom Phänomen der gespaltenen Akzeptanz - getragen von unsichtbaren Diskursen der Macht[21] - durchdrungen. Doch was genau führt dazu, dass die gespaltene Akzeptanz auf dem Feld der sexuellen Orientierung wirken kann? Wie ist dieses Feld der sexuellen Orientierung beschaffen, dass sich hier gespaltene Akzeptanz entfalten kann? Welche unsichtbaren Diskurse der Macht existieren im Bereich der sexuellen Orientierung?

1.1. Zu den Voraussetzungen für die Wirkung gespaltener Akzeptanz

1.1.1. Heteronormativität als Direktive sexueller Orientierung

Über 2000 Jahre wurde Homosexualität in unserem Kulturkreis als eine sexuelle Orientierung angeprangert, die es zu bestrafen und verurteilen galt. Homosexuelle erfuhren gesellschaftliche Ächtung, ihre Sexualität wurde als „entartet" etikettiert und als ein „staatsgefährdendes Delikt" (Bleibtreu-Ehrenberg 1977)[22] gebrandmarkt. Insbesondere die Medizin (und Psychiatrie) aber auch die Pädagogik nahmen sich spätestens mit Beginn des 18. Jahrhunderts der (Homo-) Sexualität an. Mediziner klassifizieren, was als gesund und was als krank gilt, Psychiater bestimmen darüber, was in der Gesellschaft als normales und was als un-normales, unsittliches Verhalten einzustufen ist, Pädagogen entwerfen auf der Basis der

---

[20] Dieses Handlungsfeld lässt sich als „halböffentlich" bezeichnen, was bedeuten soll, dass es im Bereich dieses begrenzten und geschützten Handlungsfeldes legitim ist, sich öffentlich diskriminierend gegenüber nicht-heterosexuellen Orientierungen zu äußern.

[21] Die Wortwahl „unsichtbare Diskurse der Macht" ist hier Foucaults Analyse der Machtdiskurse (1977, a.a.O.) entlehnt.

[22] Im 19. Jahrhundert wurde Homosexualität insbesondere anhand zweier Theorien erklärt: 1. die Verfallstheorie, die „Sodomie" als staatsgefährdendes Tatbestand einstufte, und 2. die Entartungs-Theorie, nach der eine homosexuelle Orientierung auf Symptome einer Geisteskrankheit zurückzuführen sei, vgl. hierzu Bleibtreu – Ehrenberg, Gisela 1977: 61 – 92, in: Lautmann 1977 oder auch bei Foucault 1977: 142 f..

Normalitätsvorstellungen über die „richtige" und damit heterosexuelle Orientierung Erziehungskonzepte für den Nachwuchs.

Foucault entwickelt in diesem Zusammenhang das „Sexualitätsdispositiv", das er insbesondere in der Kopplung von Sexualität und Macht sieht: „Das Sexualitätsdispositiv hat seine Daseinsberechtigung nicht darin, dass es sich reproduziert, sondern darin, dass es die Körper immer detaillierter vermehrt, erneuert, zusammenschließt, erfindet, durchdringt und dass es die Bevölkerung immer globaler kontrolliert. Der These, dass die Sexualität durch die modernen Formen der Gesellschaft unterdrückt werde, sind demnach drei oder vier andere Thesen entgegenzusetzen: die Sexualität ist an Machtdispositive gebunden, die jüngeren Datums sind, sie hat sich seit dem 17. Jahrhundert zunehmend ausgeweitet; die ihr zugrunde liegende Konstellation ist nicht auf Reproduktion ausgerichtet, sondern war von Anfang an auf eine Intensivierung der Körper – seine Aufwertung als Wissensgegenstand und als Element in den Machtverhältnissen – bezogen" (Foucault 1977: 129). Wie sind Foucault Feststellungen zu verstehen?

Dem Bereich der Sexualität wird in unserer Gesellschaft einerseits ein dichotomes Kategoriensystem[23] zugrunde gelegt, das richtiges Sexualleben von falschem trennt, und das eine binäre Ordnung der Geschlechter in weiblich und männlich anhand der biologischen Geschlechtszuweisung vorgibt.

Sowohl das Geschlecht als auch der Sex werden einem „regulatorischem Ideal"[24] unterworfen, das die erwünschte, akzeptierte und damit die als gesellschaftlich „normal"-deklarierte sexuelle Zugehörigkeit und Orientierung verordnet. Foucault kommt in seiner Analyse über den gesellschaftlichen Umgang mit der Sexualität und deren Kulturgeschichte zu dem Schluss, dass das Feld der Sexualität von Diskursen der Macht durchdrungen ist. Hierzu zählen Diskurse, die ein bestimmtes Wissen über den Lebensbereich der Sexualität konstituieren, und solche, die die Sexualität kontrollieren und formen. Diese Diskurse finden ihren Eingang in die privaten Schlafzimmer und „dressieren" (Foucault 1994: 37) die Körper der Individuen. So verstanden, läge Foucaults Analyse der Sexualität in unserer Gesellschaft eine äußerst deterministische Sicht zugrunde. Diese entspricht aber keineswegs dem diskursiven Konstrukt Foucaults. Die inhärente Kraft der Diskurse wirkt nach Foucault nämlich als ein Spiel, eine Strategie verschiedener Kräfte- und Machtbeziehungen. Der Diskurs ist damit laut Foucault nicht als bipolare Ausrichtung zu verstehen, sondern als ein, immer wieder aufs Neue, kraftvolles Messen vielfältiger Kräfteverhältnisse, in dem auch die Möglichkeit zum

---

[23] Vergleiche hierzu auch Durkheim, Emile 1977. Auch Bourdieu 1982 geht in seiner Analyse der gesellschaftlichen Struktur von einer „Bipolarität der Felder" aus.
[24] Vgl. u.a. Butler 1995 oder Foucault 1977.

Widerstand gegen den herrschenden Diskurs gegeben ist[25]. „Es gibt nicht auf der einen Seite den Diskurs der Macht und auf der anderen Seite den Diskurs, der sich ihr entgegensetzt. Die Diskurse sind taktische Elemente oder Blöcke im Feld der Kräfteverhältnisse: es kann innerhalb einer Strategie verschiedene und sogar gegensätzliche Diskurse geben; sie können aber auch zwischen entgegengesetzten Diskursen zirkulieren, ohne ihre Form zu ändern" (Foucault 1977: 123).

Auch Judith Butler betont im Rahmen ihrer „Gender Studies"[26] die machtvolle Wirkung der gesellschaftlichen Diskurse auf den Körper, die Sexualität und das Geschlecht. Insbesondere die Praxis der „Performativität" beruht bei Butler auf der Basis diskursiver Strategien. Nach Butler ist bereits die Zuweisung des biologischen Geschlechts als eine kulturelle Norm unserer Gesellschaft zu verstehen, durch die Normen des biologischen Geschlechts erhält der Körper seine „Materialität" (Butler 1995: 21)[27]. Anhand der Zuweisung des biologischen Geschlechts verstehen sich die Einzelnen als Mädchen, Junge, Mann oder Frau. Diese Zuweisung findet bereits nach der Geburt statt, wenn der Säugling ein rosa oder aber ein blaues Armbändchen erhält. Im Verlauf seines Lebens wird der Säugling noch viele Male als Mädchen oder Junge bezeichnet werden, und jedes Mal wird die kulturelle Norm des biologischen Geschlechts bestätigt und gefestigt[28]. So stellt Butler fest: „In dem genannten Buch[29] habe ich die Auffassung vertreten, dass die Geschlechtszugehörigkeit eine performative ist, womit ich sagen wollte, dass eine Geschlechtszugehörigkeit nicht durch Handlungen, Gesten oder Sprache „ausgedrückt" wird, sondern dass die Performanz der Geschlechtszugehörigkeit rückwirkend die Illusion erzeugt, dass es einen inneren Geschlechterkern gibt" (Butler 2001: 135 f.). Damit richtet

---

[25] „Der Diskurs befördert und produziert Macht; er verstärkt sie, aber er unterminiert sie auch, er setzt sie aufs Spiel, macht sie zerbrechlich und aufhaltsam. Desgleichen sichern das Schweigen und das Geheimnis die Macht und ihre Untersagungen; aber sie lockern auch ihre Zugriffe und schaffen mehr oder weniger dunkle Spielräume" (Foucault 1977: 122 f.).

[26] Butler, Judith: Körper von Gewicht. Die diskursiven Grenzen des Geschlechts, Gender Studies, Berlin 1995

[27] Butler bezieht sich in ihren Ausführungen auf die Theorie Freuds, nach der Heterosexualität durch ein Verbot homosexueller Neigungen zustande kommt. Durch die bereits vorgeburtliche Zuschreibung des biologischen und damit gleichzeitig des sozialen Geschlechts wird synchron die sexuelle Orientierung zugewiesen, die sich am heterosexuellen Diskurs ausrichtet, und homosexuelles Begehren verbietet. Die Konsequenz des Homosexualitätsverbotes bestehe nach Butler in einer „melancholischen Identifizierung, durch die das homosexuelle Begehren wirkungsvoll gegen sich selbst zurückgewendet wird" (Butler 2001: 134). Antihomosexuelle Einstellungen können demnach als Strategien der Abwehr eigener homosexueller Triebwünsche aufgefasst werden.

[28] Butler verwendet in diesem Zusammenhang den Begriff der „Interpellation" (Butler 2001: 92), den sie dem Werk von Louis Althusser: Ideologie und ideologische Staatsapparate, Hamburg / Berlin 1977, S. 140 – 145 entnimmt.

[29] Bezogen auf Butler 1991: Das Unbehagen der Geschlechter.

sich Butler klar gegen die Auffassung, dass die Normierung des biologischen Geschlechts auf einer naturgegebenen Grundlage beruht, sieht also bereits das biologische Geschlecht nicht als etwas Natürliches sondern als etwas kulturell Konstruiertes an. Die soziale Geschlechtszugehörigkeit (gender) wird auf der Basis des zugewiesenen biologischen Geschlechts durch immer wiederkehrende Zuschreibungen und Diskurse über die der Geschlechternorm entsprechenden Verhaltenserwartungen und -forderungen gebildet[30].

Mit dem zugewiesenen biologischen Geschlecht werden dem Individuum bestimmte geschlechterstereotype Verhaltens-, Denk- und Handlungsweisen zugeschrieben, das Mädchen oder der Junge lernt, was das jeweilige soziale Geschlecht beinhaltet, um der stereotypen Geschlechternorm zu entsprechen. Diese Verhaltens-, Denk- und Handlungsweisen werden internalisiert, nicht mehr als übernommene Muster wahrgenommen, sondern empfunden als eine Art „innere Wesensart". In unserer Kultur wird den Mädchen und Jungen in Bezug auf ihre soziale Geschlechtsidentität die Heterosexualität als Direktive sexueller Orientierung vermittelt.

Schwer erklärt, dass Heteronormativität der Vorstellung einer „Synonymisierung von sex, gender und sexuellem Verhalten zugrunde liegt: Die Fähigkeit, den Akt der Kindeszeugung durchzuführen, wird fraglos an die Kategorien heterosexueller Identitäten, heterosexueller Erotik und heterosexuellen Begehrens gekoppelt" (Schweer 2011: 272). Somit (re-) produzieren Mädchen und Jungen sowie Männer und Frauen durch diese internalisierten Muster und Imperative immer wieder die kulturell verankerten und damit die als „normal" und „richtig" angesehenen Geschlechternormen und -stereotype. „Heterosexualität wird so zur unhintergehbaren, transzendentalen Voraussetzung jeglicher Kultur; sie ist deren Grammatik, das, was Kultur erst ermöglicht und daher in jedem Fall geschützt werden muss", so Hark (2009: 31).

Dass Heterosexualität als Imperativ der Geschlechterkonzeption anzusehen ist, kann anhand der Verwobenheit der heterosexuellen Norm in verschiedenste Wirklichkeitsbereiche und deren Wirkung auf die unterschiedlichsten Felder des öffentlichen und privaten Lebens festgestellt werden[31]. Dieses zweigeschlechtliche Ordnungssystem tritt nicht nur in den erwähnten Beispielen in Erscheinung, es wirkt auch unsichtbar und im Verborgenen auf die

---

[30] Vergleiche Butler 1995: 21 – 37.
[31] Hierunter fallen der besondere Schutz der Ehe oder das Recht auf Adoption, aber auch die Fragen in der Schule eines Kindes nach dem Vater und der Mutter sowie bei der Schulanmeldung das Kreuzchen „männlich" oder „weiblich" im Anmelderegister. Hinzu kommen die sicher wohlgemeinte Frage der Großeltern, ob die Tochter denn jetzt eigentlich einen Freund habe oder aber die der werdenden Mutter an die Ärztin während des Ultraschalls, ob das Kind ein Mädchen oder Junge sei.

ökonomischen Verhältnisse unserer Gesellschaft. Diese sind geprägt von einem Modell der geschlechtsspezifischen Arbeitsteilung basierend auf der allgemein anerkannten heterosexuellen Norm.

Was würde denn passieren, wenn tatsächlich plötzlich alle Frauen auf den Arbeitsmarkt und -unabhängig von ihrer geschlechtsspezifischen Zuschreibung-nach Führungspositionen streben? Was würde es für die Beschaffenheit und Voraussetzungen unseres Wirtschaftssystems bedeuten, wenn alle Väter auf einmal die Forderung verträten, die drei Jahre Elternzeit als Erziehungszeit mit ihrem Kind zu Hause verbringen zu wollen? Deutlich wird anhand dieser Fragen, dass die Funktionsweise unseres ökonomischen Systems auf der Grundlage der geschlechtsspezifischen Arbeitsteilung beruht, und dass es sich, dadurch dass hier (und insbesondere in den Führungspositionen) immer traditionell Männer tätig waren, an Männern zugeschriebenen Verhaltensnormen und -werten orientiert.

Heteronormativität formt uns, zeichnet unsere Gesellschaft über Jahrtausende aus, ist damit gesellschaftliches Ordnungs- und Strukturprinzip und trägt zur Funktionsweise unseres sozialen Systems bei[32]. Nicht nur, dass Heteronormativität tief in unserer gesellschaftlichen und sozialen Ordnung verwurzelt ist und damit unser aller Zusammenleben prägt und ermöglicht, gleichzeitig legt die Norm der Geschlechterdichotomie eine Grenze fest, eine Grenze darüber, was als normal, akzeptabel und das gesellschaftliche System stabilisierend anzusehen ist, und was nicht. Das sexuelle Verhalten und die sexuelle Orientierung, die dem heterosexuellen Dispositiv nicht entsprechen, werden damit als abweichend, inakzeptabel und das gesellschaftliche System destabilisierend empfunden[33].

1.1.2.Homosexualität unter den Bedingungen der Heteronormativität

„Marcus legte sich eine unsichtbare Maske zu, hinter der ihn niemand enttarnen konnte. Auf dem Spielfeld wurde er ruppiger, aggressiver, aufbrausender. Wenn jemand einen Schwulenwitz erzählte, lachte er mit. Er schubste seine Gegner, beleidigte sie, nannte sie sogar „schwule Sau". Als Prolet konnte kein Verdacht auf ihn fallen, redete er sich ein. So verstrickte

---

[32]In diesem Zusammenhang erklärt Hark: „Heteronormativität bezeichnet dabei jenes Ensemble von Institutionen, Strukturen des Verstehens und praktischen Orientierungen, das Heterosexualität als kohärent und privilegiert erscheinen lässt" (2009: 29).
[33] So zitiert Lautmann das Ergebnis einer Umfrage, nach der 56% der bundesdeutschen Gesellschaft dem Satz zustimmten: „Wenn Homosexualität um sich greift, dann schwächt das die Volkskraft" (Lautmann 1977: 11).

er sich in einem absurden Denkmuster, schwärmte von schönen Frauen, um nicht als verrückt durchzugehen" (Blaschke 2008: 40 f.)[34].

Dieser kurze Ausschnitt bekräftigt zum einen die These unserer heteronormativen Grundordnung, in der davon ausgegangen wird, dass ein Mann von schönen Frauen träumt (träumen sollte), eine Frau hingegen von einem harten Mann oder echtem Kerl. Deutlich hieran wird die heterosexuell orientierte Dichotomie der Geschlechter, mit der allerdings gleichzeitig die Zuschreibung bestimmter Attribute und Verhaltensweisen verbunden ist. Die einfache Aussage „Frauen sollten schön sein" beinhaltet einen Aspekt der sozialen Geschlechtsidentität der Frauen: Vollkommene Schönheit als ein Ideal von Weiblichkeit. So wird dieses Attribut den Frauen zugeschrieben und ihnen ans Herz gelegt[35], dieses Ideal auch zu befolgen[36], was gleichzeitig ausschließt, dass es auf der Basis der dichotomen Logik der Geschlechterkonzeption, für den Mann Geltung haben kann.

Tatsächlich kann selbst bei einer gesellschaftlichen Aufweichung der männlichen Stereotypisierung wie zum Beispiel „der harte Mann" durch die Ergänzung „…aber ein weicher Kern" konstatiert werden, dass die Begrifflichkeit „schön" bei Männern kaum Anwendung findet. Geht es beispielsweise in der Werbung um das männliche Aussehen, werden hier attributive Zuschreibungen wie gutaussehend, attraktiv oder sympathisch verwendet. Hinzu kommt noch, dass das Aussehen bei Männern nicht als Ideal ihrer männlichen Geschlechtsidentität gilt, hier formen andere Zuschreibungen und Ideale wie durchsetzungsfähig („Seinen Mann stehen"), cool, mutig, verlässlich den Wissensbestand unserer Gesellschaft über das sogenannte männliche Wesen.

Frauen oder Männer, die den stereotypischen Zuschreibungen nicht entsprechen (können), können daher mit Blick auf das inkorporierte Wissen unserer

---

[34] Ronny Blaschke beschreibt in seinem Buch „Versteckspieler. Die Geschichte des schwulen Fußballers Marcus Urban", Göttingen 2008, den schwierigen Weg des Fußballers, seine eigene homosexuelle Orientierung anzuerkennen und leben zu können.

[35] Hier sollte allerdings noch einmal darauf hingewiesen werden, dass es sich hier nicht um einen einseitigen Prozess der Manipulation handelt, sondern dass die stereotypischen Attribute und Zuschreibungen auf der Grundlage der heterosexuellen Normierung unserer Gesellschaft als ein Bestandteil des inkorporierten Wissens zu verstehen sind. Das bedeutet, dass diese zugeschriebenen Attribute von den Mitgliedern der Gesellschaft, egal ob Mann oder Frau, als „natürliche" Ideale empfunden werden. Für das Beispiel heißt dies, dass Frauen dieses Attribut (der Schönheit) vorgehalten bekommen, es von ihnen aber nicht als „fremd" und „vorgehalten" wahrgenommen wird, sondern sie es als „richtig", als ein Teil ihrer weiblichen Identität erleben, da sie es internalisiert haben.

[36] Man siehe hier nur die unzähligen Werbungen für Make-up, Shampoos etc. im Fernsehen, Internet, auf Bahnsteigen, etc..

Gesellschaft über das vermeintlich wahre Wesen des Mannes oder der Frau keine „echte Frau", kein „echter Mann" sein. So wird Männern, die z.B. viel Wert auf ihr Aussehen legen oder die sehr emotional sind, vorgeworfen, sich weibisch zu verhalten, verweiblicht oder möglicherweise gar schwul zu sein. Selbst bei Jungen greifen diese Verhaltensanforderungen schon, wenn diesen beispielsweise in Situationen, in denen sie sich überfordert fühlen, angeraten wird, „sich nicht wie ein Mädchen zu verhalten" oder „nicht wie ein Mädchen zu heulen". Auch Frauen, die nicht mit dem traditionellen Bild der Frau übereinstimmen, müssen mit Abwertung oder Vorurteilen rechnen. So sehen sich beispielsweise Fußballerinnen häufig mit den Aussagen konfrontiert, bestimmt lesbisch oder ein „Mannweib" zu sein[37]. Anhand dieser Beispiele wird deutlich, dass sowohl im Fall der Männer, die als schwul deklariert werden, als auch bei den Frauen, denen nachgesagt wird, lesbisch zu sein, diese Bezeichnungen nicht als wohlwollende Aussagen über deren sexuelle Orientierung aufzufassen sind, sondern sie eine negative Konnotation transportieren.

Homosexualität wird in diesem Zusammenhang als ein Stigma verwendet, das die Person abwertet, und verdeutlicht, dass diese Person anders ist, sich abweichend verhält und sich nicht an den allgemein verbindlichen Code der Gesellschaft über das akzeptable Verhalten hält. Goffman erklärt zur Funktion des Stigmas: „Der Terminus Stigma wird also in bezug auf eine Eigenschaft gebraucht werden, die zutiefst diskreditierend ist, (...)[38]. Angemerkt sei auch, dass nicht alle unerwünschten Eigenschaften strittig sind, sondern nur diejenigen, die mit unserem Stereotyp von dem, was ein gegebener Typus von Individuum sein sollte, unvereinbar sind" (Goffman 1967: 11). Deutlich wird auf der Grundlage der Ausführungen Goffmans und der oben genannten Beispiele, dass Homosexualität eine Orientierung zu sein scheint, der bestimmte Eigenschaften, Merkmale und Verhaltensweisen zugeschrieben werden, die den stereotypen Vorstellungen darüber, wie die soziale und geschlechtliche Identität einer Frau, eines Mannes beschaffen sein soll, nicht entsprechen, und die darüber hinaus der heteronormativen Geschlechterordnung entgegenstehen.

---

[37] Auch auf Frauen in Führungspositionen trifft diese Diskreditierung zu: Hier ist die Übernahme sogenannter „männlicher Verhaltensweisen" (wie Durchsetzungskraft etc.) notwendig, um als Führungskraft ernst genommen zu werden. Frauen, die sich dann dementsprechend verhalten, werden in der Konsequenz sanktioniert, in dem ihnen nachgesagt wird, sie seien keine „echten Frauen" (vgl. Frietsch u.a. 2008: 63 ff.).
[38] Lautmann erklärt mit Bezug auf den Stigmatisierungsprozess: „Stigmatisierung meint den Prozess, in dem die Angehörigen einer Sozialkategorie von voller Teilhabe an den gesellschaftlichen Gütern ausgeschlossen werden, weil sie ein zutiefst abgelehntes, tendenziell auszurottendes Merkmal an sich tragen" (Lautmann 1977: 26).

Diese Ausführungen machen folgendes deutlich: Homosexualität wird in unserer Gesellschaft nicht als individuelle sexuelle Orientierung wahrgenommen, sondern Homosexualität ist „als Rolle und Status aufzufassen" (Lautmann 1977: 21ff.). Die Degradierung der Homosexualität auf einen bestimmten Status bewirkt, dass Homosexualität als Etikett zur Bestimmung einer Person verwendet werden kann. Das hat zur Folge, dass die gesamte Identität, das gesamte Wesen dieser Person im Licht der Homosexualität interpretiert wird. Die Homosexualität bleibt damit nicht eine Orientierung, die im Bereich der Sexualität angesiedelt ist, sondern gewinnt eine Art universellen Charakter. Hierzu stellt Lautmann fest: „Der homosexuelle Mann gilt durch und durch als feminin: in Kleidung, Sprache, Gang und Gesten" (Lautmann 1977: 10). Und an anderer Stelle erklärt er: „Unter einem Homosexuellen versteht man nicht nur den, der vornehmlich Sexualpartner seines eigenen Geschlechts hat, sondern man findet bei ihm zahlreiche weitere Eigenschaften, die aus ihm erst ein eigentümliches Wesen machen" (Lautmann 1977: 9).

Homosexualität verstanden als Status, der eine Person im Ganzen als homosexuell klassifiziert und als abweichend, abnorm, system-gefährdend, destabilisierend oder unmoralisch ablehnt und sanktioniert, führt zu einer Instrumentalisierung der (homo)sexuellen Orientierung als ein Werkzeug zur Ausübung von Macht[39]. Homosexualität wird zu einem Kriterium des Ausschlusses aus der Gesellschaft, in dessen Folge der/die Homosexuelle diskreditiert, sanktioniert, beleidigt, beschimpft, verspottet wird.

Die Stabilität unseres heteronormativ orientierten Gesellschaftssystems wird verteidigt, und die Reproduktion der Dichotomie der Geschlechterverhältnisse gesichert. Deutlich wird hieran außerdem, dass es in unserer Gesellschaft scheinbar eine Gruppe von Gesellschaftsmitgliedern gibt, die in der Lage ist, ihre (hetero)sexuelle Norm gegen die Norm einer anderen Gruppe durchzusetzen. Sich gegenüber einer anderen Gruppe zu behaupten, trägt immer dazu bei, das eigene Prestige aufzuwerten und sich einen Status an der Spitze der Gesellschaft zu sichern. In der Stigmatisierung der homosexuellen Orientierung liegt damit ein Mittel zur Ausübung von Herrschaft. Bestehende Herrschaftsverhältnisse werden durch die Stigmatisierung reproduziert und bestätigt[40]. Der Bereich der sexuellen Orientierung unterliegt der Kontrolle

---

[39] Macht wird in diesem Zusammenhang weniger im Sinne Foucaults als ein Spiel von Kräfteverhältnissen (vgl. Foucault 1977: 113 ff.) verstanden, sondern hier vielmehr als eine Zweiteilung von Gruppen in eine Gruppe der Herrschenden und eine Gruppe der Beherrschten (vgl. Haferkamp 1983).

[40] Einige Autoren sehen in diesem Zusammenhang die Diskreditierung Homosexueller eng verknüpft mit der Diskriminierung von Frauen. So erklärt Dieter Runze: „Die Befreiung Homosexueller ist an die Befreiung der Frauen gebunden, denn der Gegensatz zu „Homosexualität" ist nicht „Heterosexualität", sondern die soziale Stellung der Männer und die daran geknüpfte

derjenigen machtvollen Gruppe in unserer Gesellschaft, die die heterosexuelle Geschlechternorm als natürlich wahrnimmt und als richtig empfindet, und die damit gleichzeitig die dichotome Aufteilung der Geschlechter in männlich und weiblich stützt und (re-)produziert, die in der Konsequenz bestimmt, dass eine Frau einen Mann zu begehren hat und ein Mann eine Frau. Die Herrschaft über das Feld der Sexualität und der sexuellen Orientierung allerdings einzig einer, wenn auch großen Gruppe von Gesellschaftsmitgliedern zuzuschreiben, wäre zu kurz gegriffen. Heteronormativität wird in unserer Gesellschaft nicht allein über eine einflussreiche Gruppe von Gesellschaftsmitgliedern abgesichert, sondern, wie in Kapitel 1.1.1. beschrieben, durchdringt die unterschiedlichsten Bereiche unserer gesellschaftlichen und privaten Wirklichkeit, was zur Folge hat, dass Heteronormativität zur Stabilisierung vieler verschiedener sozialer Felder beiträgt oder sogar erst deren Funktionieren ermöglicht.

Hervorgehoben werden muss allerdings hier, dass in unserer Gesellschaft immer wieder Auseinandersetzungen von Gruppen um die Ausübung und Sicherung von Macht und Herrschaft stattfinden, und dass es auch im Bereich der Sexualität um die Sicherung der Vormachtstellung im Sinne der Setzung einer bestimmten Norm geht. Allerdings liegt das Wesen dieser Kämpfe nicht ausschließlich in einem Diskurs zwischen diesen verschiedenen Gruppen, sondern, um mit Foucault (1977: 113 f.) zu sprechen, in der „Vielfältigkeit von Kräfteverhältnissen, die ein Gebiet bevölkern und organisieren; das Spiel, das in unaufhörlichen Kämpfen und Auseinandersetzungen diese Kräfteverhältnisse verwandelt, verstärkt, verkehrt: die Stützen, die diese Kräfteverhältnisse aneinander finden, indem sie sich zu Systemen verketten – oder die Verschiebungen und Widersprüche, die sie gegeneinander isolieren; und schließlich die Strategien, in denen sie zur Wirkung gelangen und deren große Linien und institutionelle Kristallisierungen sich in den Staatsapparaten, in der Gesetzgebung und in den gesellschaftlichen Hegemonien verkörpern". Insofern stellt die Heteronormativität als Direktive unserer gesellschaftlichen Grundordnung keinen unabänderlichen Tatbestand der Gesellschaft dar, sondern wird über die herrschende Gruppe und die unserer Gesellschaft zugrundeliegenden Strukturen immer wieder (re-) produziert. Diese gesellschaftliche Reproduktion wird auch im Umgang der Medien mit dem Bereich der Sexualität deutlich.

Vorstellung von „Männlichkeit" (Runze, Dieter: Warum ist „Homosexualität" ein soziales Problem? In: Lautmann 1977: 487).

1.1.3.Der Umgang der Medien mit dem Bereich der Sexualität

Blickt man auf die Tradition und Ideengeschichte im Hinblick auf demokratische Grundvorstellungen zurück, bleibt man an dem Bild der Athener haften, die bei gesellschaftlichen und politischen Problemen und Angelegenheiten öffentlich auf dem Hügel Pnyx diskutierten und sich berieten, um anschließend per Handzeichen über diese Fragen abzustimmen. In der Polis fand ein reger, öffentlicher Austausch von Meinungen und Einstellungen statt, die direkte Beteiligung der Gesellschaftsmitglieder an politischen und gesellschaftlichen Entscheidungsprozessen hatte zur Folge, dass die Athener wohlinformiert[41] über das politische Geschehen ihrer Polis waren. Diese direkte demokratische Beteiligung ist in den Demokratien heute kaum mehr vorhanden (und auch z.B. wegen der Größe der Staaten kaum möglich).

Vielmehr werden die politischen und gesellschaftlichen Entscheidungen von bestimmten gewählten Gremien getroffen. Insofern könnte man davon ausgehen, dass auch die gesellschaftlichen und politischen Phänomene oder Konfliktfelder, über die von diesen Gremien entschieden wird, und zu denen sich innerhalb dieser Gremien eine bestimmte Meinung und Einstellung gebildet wird, diejenigen sind, die die Mehrheit der Gesellschaftsmitglieder beschäftigen und die daher einen politischen Entscheidungsprozess auslösen. Oder aber dass die Experten zunächst ein gesellschaftlich relevantes Problem anstoßen, was dann in einem zweiten Schritt in den Prozess der öffentlichen Meinungsbildung miteinfließt oder diesen beeinflusst.

Vergleicht man allerdings heute, was auf der einen Seite in den politischen Gremien diskutiert und über welche Themen sich auf der anderen Seite die „breite Masse" der Bevölkerung auseinandersetzt, wird deutlich, dass hier nicht immer Kongruenz vorherrscht. Denn weniger scheinen es die politischen Gremien zu sein, die die Themen festlegen, über die in der Öffentlichkeit diskutiert werden, vielmehr kommt den Medien in unserer Gesellschaft heute einerseits die Rolle als Vermittler relevanter Informationen zu Themen und Konfliktfeldern zu, die sie auf der Grundlage des wahrgenommenen öffentlichen Meinungsklimas und „Diskussionsstoffes" gerieren, andererseits besitzen sie aber auch die Macht, Themen und Probleme auf die gesellschaftliche Agenda und in das öffentliche Bewusstsein zu rufen, über die sich zuvor nicht auseinandergesetzt wurde.

---

[41] Dass unter anderem die Frauen nicht als Bürger der Polis galten, und daher auch nicht an den politischen Entscheidungsprozessen beteiligt waren, ist aus heutiger Sicht ein Manko des direkten Demokratiemodells von Athen, kann aber nicht den Wert dieses Konzepts als Wegbereiter der Demokratie mindern.

Dass Medien heute als „4. Gewalt" bezeichnet werden, und die Agenda von Themen, die in unserer Gesellschaft zur Diskussion stehen, prägen, lässt sich mit Bergmann mit der Ausdifferenzierung unseres Öffentlichkeitssystems erklären: „Die im Übergang zur funktionalen Differenzierung freigesetzten Kontingenzen und Notwendigkeiten der Orientierung von Handlungen, Ereignissen und Zuständen in anderen Teilsystemen der Gesellschaft haben zur Ausdifferenzierung eines Öffentlichkeitssystems geführt, insbesondere eines Systems publizistischer Medien als Träger der öffentlichen Meinung, das allgemein akzeptierte Themen bereitstellt" (Bergmann 1997: 23). Nach Bergmann ist die Karriere eines Themas dann umso wahrscheinlicher, wenn dieses eine moralische Aufladung erfährt und über Skandalisierungen als brisanter Konflikt von der Öffentlichkeit wahrgenommen wird[42].

Will man daher Aussagen über das öffentliche Meinungsklima und die vorherrschenden erwünschten Einstellungen zu einem bestimmten gesellschaftlichen Bereich oder Konfliktfeld treffen, sollte man die Berichterstattung und den Umgang mit diesem in den Medien prüfen. Schon lange ist der Bereich der Sexualität ein für die Medien immer wieder erfolgreiches Themengebiet: ein Thema, das alle betrifft; in dem sich jede/r irgendwie auskennt; über das man eigentlich nicht redet, und das an und für sich privat ist, aber irgendwie auch wieder nicht. Ein Feld, das sich dadurch auszeichnet, dass hier Bereiche menschlicher Existenz angerührt werden, die manche als animalisch, archaisch und zügellos bezeichnen. Regionen des menschlichen Wesens, in denen die Lust und das Begehren die Herrschaft übernehmen, und die Einzelnen Entgrenzung erfahren können, das Aufgeben von Kontrolle, Kontrolle über den eigenen Körper. Und das unter den Bedingungen einer Gesellschaft, die davon lebt, dass ihre Mitglieder wissen, dass derjenige ein hohes Prestige erringt, der in besonderem Maße die Fähigkeit besitzt, seine kreative Energie und kognitiven Fertigkeiten möglichst nutzbar und gewinnbringend zu kanalisieren und einzusetzen. So besteht eine der Maximen unseres gesellschaftlichen und wirtschaftlichen Systems darin, das menschliche Kapital[43] so effektiv wie möglich zu verwenden.

Der Bereich der Sexualität bietet dem Individuum die Möglichkeit, (im zumeist Verborgenem) dieser Maxime zu entfliehen: es ist so etwas wie die Lust zum Widerstand[44], die Lust, Grenzen der Gesellschaft zu überschreiten, die Hüllen des Sozialen fallen zu lassen, sich ohne Nachzudenken dem hinzugeben, was der Körper einfordert, und die gesellschaftlichen Normen und Konventionen

---

[42] Vergleiche Bergmann 1997: 31 f.
[43] Der Begriff des Kapitals im soziologischen Sinne wird von Bourdieu (1998) geprägt, der zwischen sozialem oder symbolischem, ökonomischem und kulturellem Kapital unterscheidet.
[44] „Widerstand" ist hier im Sinne Foucaults zu verstehen (1977: 116 ff.).

außer Acht zu lassen. Der Bereich der Sexualität ist damit als ein Spannungsfeld zu verstehen, in dem viele unterschiedliche Kräfte wirken. Einerseits tobt in jedem Individuum der Kampf des „I" (im Sinne Meads), das seine eigenen, persönlichen Wünsche, Erwartungen im Bereich der Lust und des Begehrens einfordert und umsetzen möchte, diesem steht allerdings auf der anderen Seite das „ME" entgegen, das das Individuum dazu anhält, die gesellschaftlichen Konventionen und Normen nicht zu missachten. Für das gesellschaftliche und wirtschaftliche System birgt Sexualität die Gefahr, dass hier Kräfte zur Geltung kommen, die die anerkannten und gültigen Maximen, die die Stabilität des Systems gewährleisten, aushebeln. Nicht zuletzt um dieser Gefahr zu entgegnen, wurde die Sexualität spätestens ab Beginn des 18. Jahrhunderts in verschiedene Macht- und Wissensdiskurse[45] eingebunden, um sie so kontrollieren und normieren zu können, und sie sich zum Nutze der Gesellschaft dienstbar zu machen.

Ute Schad stellt in diesem Zusammenhang fest: „Sexualität unterliegt nicht mehr so sehr dem Tabu[46] als vielmehr der Instrumentalisierung. Markt- und realitätsgerecht wird sie unter das Leistungsprinzip subsumiert. Sexualität wird zu einer werbepsychologisch aufbereiteten sportlichen Betätigung degradiert" (Schad 1991: 64). Ignatz Kerscher konstatiert: „Sexualität, die im Rahmen effektiver Kontrollen partiell freigelassen wird, dient in der gegenwärtigen Konsumgesellschaft weitgehend der manipulativen Weckung systemadäquater Bedürfnisse, dabei den Konsumenten suggerierend, die bloß partielle sexuelle Libertinage in Pornoshops, in der heterosexuellen Wegwerf-Beziehung oder spiegelbildlich in der auf Promiskuität fixierten Schwulen-Szene sei bereits die wahre sexuelle Revolution" (Kerscher 1985: 121).

Für die Medien bieten damit Themen im Bereich der Sexualität einen hohen Grad an Attraktivität, denn auf diesem Feld wirken die unterschiedlichsten Kräfte, mit zum Teil antagonistischen Wünschen und Interessen. Hier werden vermeintliche Grenzen überschritten, deren Überschreitung letztlich diese Grenzen erneut produziert, in dem sie den Status als Grenze sichtbar macht und deren Legitimität bestätigt. Bedienen sich die Medien an Themen aus dem Feld der Sexualität können sie sichergehen, dass sie damit ein großes Publikum hinter sich haben. Sexualität als Thema verspricht Erfolg.

---

[45] Foucault führt vier Komplexe der Gesellschaft an, die Diskurse von Wissen und Macht im Bereich der Sexualität entwickeln: „die Hysterisierung des weiblichen Körpers, die Pädagogisierung des kindlichen Sexes, die Sozialisierung des Fortpflanzungsverhaltens und die Psychiatrisierung der perversen Lust" (Foucault 1977: 125 ff.).
[46] Zur begrifflichen Definition des Tabus vergleiche Kapitel 1.1.5.: Zum Stigma-Management eines Tabus.

Doch lässt der Umgang der Medien mit dem Bereich der Sexualität eine Orientierung an bestimmten Normen, Werten oder gar eine Grundordnung erkennen? Wie steht es mit der Maxime der objektiven Berichterstattung? Bedeutet diese, dass unsere Medien losgelöst von der Konstitution und den Richtlinien unseres Wirtschafts- und Gesellschaftssystems als ein soziales Feld bestehen, auf das keine Kräfte einwirken, die Einfluss auf die Form und die Inhalte der Berichterstattung nehmen?

Ute Schad erklärt hierzu: „Über die Veröffentlichung und Kommentierung von sexuellen Lebensweisen, Moralnormen und Rollenschablonen übernehmen die Massenmedien eine wichtige Funktion im Prozess sozialer Kontrolle. Sie fungieren als ein Medium der Normalisierung und Disziplinierung, indem sie gleichzeitig Normen über angemessenes Verhalten propagieren und gewisse Verhaltensweisen als Devianz klassifizieren" (Schad 1991: 103). Diese Ausführungen rufen zwei Fragen hervor:

1. Lässt sich der These Ute Schads zustimmen? Ist die Aussage tatsächlich berechtigt und auf der Grundlage der gesellschaftlichen Wirklichkeit nachweisbar, dass die Massenmedien als Agenten der sozialen Kontrolle wirken, in dem sie ihre Berichterstattung an den Normen unserer Gesellschaft über die anerkannten Konventionen und Verhaltensweisen ausrichten, und so eine (Re-)Produktion der bestehenden Ordnung durch die Individuen hervorrufen? Sollte sich die These Schads bestätigen, würde sich daran die Frage anschließen:

2. Wie ist es möglich, dass sich in einem Bereich unserer Gesellschaft, der als ein abgeschlossenes, autopoietisches[47] Subsystem wahrgenommen wird, Kräfte entfalten, die sich auf andere Bereiche unserer Gesellschaft auswirken?

1.1.4. Die Reproduktion gesellschaftlicher Machtverhältnisse durch die mediale Inszenierung

Um der Frage nachzugehen, inwiefern sich in der Berichterstattung der Medien bestimmte Normen nachweisen lassen, in denen sich die Konventionen unserer Gesellschaft spiegeln, wird zunächst die Berichterstattung im Bereich des Sports auf die Reproduktion gesellschaftlicher Normen geprüft. Überdies wird die Informationsvermittlung zum Thema Aids in Augenschein genommen.

---

[47] Nach Luhmann 1984 zeichnen sich autopoietische Systeme dadurch aus, dass sie sich aus sich selbst heraus (re-) produzieren.

1.1.4.1. Geschlechtsspezifische Berichterstattung im Bereich des Sports

Im Bereich des Sports liegt wie in kaum einem anderen Handlungsfeld unserer Gesellschaft eine Verschränkung von Körper und Macht vor. Um dem/r Sportler/in das Höchstmaß an körperlicher Leistung zu entlocken, werden die Körper der Athlet/innen konditioniert, diszipliniert und dressiert: Mehrere unterschiedliche sportliche Trainingseinheiten pro Tag müssen erbracht werden; eine bestimmte Diät ist einzuhalten; kognitive Fähigkeiten und Konzepte zur erhöhten Konzentration sollten erlernt werden.

Je größer die Disziplinierung, je mehr sich die an die/den Athleten/in gestellten Anforderungen und Erwartungen in den Körper eingebrannt und diesen geformt und nutzbar gemacht haben, desto wahrscheinlicher wird eine erfolgreiche Teilnahme am sportlichen Wettkampf. Foucault spricht hier von einer politischen Ökonomie des Körpers: „Aber der Körper steht auch unmittelbar im Feld des Politischen; die Machtverhältnisse legen Hand auf ihn; sie umkleiden ihn, markieren ihn, dressieren ihn, martern ihn, zwingen ihn zum Arbeiten, verpflichten ihn zu Zeremonien, verlangen von ihm Zeichen. Diese politische Besetzung des Körpers ist mittels komplexer und wechselseitiger Beziehungen an seine ökonomische Nutzung gebunden; zu einem Gutteil ist der Körper als Produktionskraft von Macht- und Herrschaftsbeziehungen besetzt; auf der anderen Seite ist seine Konstituierung als Arbeitskraft nur innerhalb eines Unterwerfungssystems möglich (in welchem das Bedürfnis auch ein sorgfältig gepflegtes, kalkuliertes und ausgenutztes politisches Instrument ist); zu einer ausnutzbaren Kraft wird der Körper nur, wenn er sowohl produktiver wie unterworfener Körper ist" (Foucault 1994 :37).

Gerade im Bereich des Sports wird der Körper der Athlet/innen im Sinne Foucaults in einem „System der Unterwerfung" (ebd.) als produktive Kraft zu Höchstleistungen herausgefordert. Inwiefern ist allerdings innerhalb des sportlichen Feldes ersichtlich, dass dieses von gesellschaftlichen „Macht- und Herrschaftsbeziehungen" (ebd.) besetzt ist? Oder muss man dem Bereich des Sports attestieren, dass hier ausschließlich die sportliche Leistung unabhängig von Geschlecht und Nationalität zählt?

Vergleicht man das geschätzte Einkommen 2010 von Birgit Prinz, Stürmerin im deutschen Fußballnationalteam, und Miroslav Klose, Stürmer im deutschen Fußballnationalteam, kommt man zu folgendem Ergebnis:

Birgit Prinz, die innerhalb ihrer Karriere bislang 128 Tore erzielte, und bereits dreimal mit dem Titel „Weltfußballerin des Jahres" gekürt wurde, erreichte 2010 ein Jahreseinkommen von etwa 130.000 Euro. Das Jahreseinkommen von Miroslav Klose, der bisher 61 Tore erspielte, betrug etwa 7.000.000 Euro. Dieses Beispiel bildet keine Ausnahme, sondern zeigt deutlich die Diskrepanz der Gehälter im deutschen Profifußball, die für den Vergleich aller Spieler/innen des deutschen Fußballnationalteams gilt[48]. Was bedeutet diese Diskrepanz, worin liegt sie begründet? Und welche Konsequenzen ruft sie hervor? Ziel des sportlichen Wettkampfes ist nichts anderes als der Sieg. Es geht nicht in erster Linie darum, „schönen Fußball" oder „schönes Hockey" zu spielen, wenn die Mannschaft „schön" spielt, aber verliert, findet auch das schöne Spiel keine öffentliche Anerkennung mehr. Den Bereich des Sports zeichnen in unserer Gesellschaft wie kaum ein anderer Eigenschaften und Verhaltensweisen aus, die traditionell Männern zugeschrieben werden. Leistungsfähig, risikobereit, durchsetzungsfähig, kräftig, athletisch gelten als Eigenschaften, die Männer aufweisen sollten, um erfolgreich am sportlichen Wettkampf teilzunehmen. Im Sinne des sportlichen Diskurses bedeutet dies für die Rolle der Frau, dass Frauen im „Kampfgetümmel" nichts zu suchen haben, da dies der Natur ihres Wesens widerspricht. Sport ist Kampf, ist Auseinandersetzung, ist ein Kräftemessen, bei dem Frauen nicht mithalten können, das ihrem Körperbau nicht entspricht, und das nicht im Einklang steht mit den Charaktereigenschaften und Verhaltensweisen, die Frauen ausmachen.[49]

Insbesondere im Sport werden die Folgen des Prozesses erkennbar, den Judith Butler, mit ihrer Konzeption der Habitustheorie Bourdieus[50] folgend, mit der Konstruktion des biologischen und sozialen Geschlechts anhand des Körpers und der damit verbundenen stereotypischen Zuschreibungen beschrieben hat. Bereits mit Beginn der Etikettierung weiblich ist davon auszugehen, dass der Bereich des Sports, zumindest der Hochleistungsbereich, für das als weiblich identifizierte Individuum als gesperrt und unangemessen angesehen wird. Weiblichkeit wirkt als Ausschlusskriterium für den sportlichen Sektor[51].

---

[48] Vergleiche hierzu u.a. den Bericht in Spiegel Online von Steffen Daniel Meyer: Gehältervergleich im Fußball: Ein Job, zwei Welten vom 23.06.2011 auf der Internetseite: http://www.spiegel.de/wirtschaft/unternehmen/gehaltervergleich-im-fussball-ein-job-zwei-welten-a-768611.html. Zugriff am 03.03.2013.

[49] Hier sollte allerdings angeführt werden, dass es im Bereich Sport Ausnahmen gibt. Das heißt, es existieren sportliche Felder, die auch Frauen zugestanden werden, z.B. Tanzsport. Allerdings ist die Frage, inwiefern solche Sportarten in der Öffentlichkeit auf gleiche Anerkennung treffen wie andere Bereiche des Sports. So sei an ein herrschendes Vorurteil erinnert, der Tanzsport sei ja eigentlich „kein richtiger Sport".

[50] Nach Bourdieu bezeichnet der Habitus die Gesamtheit der Handlungs- und Denkmuster eines Individuums. Jedes Individuum gehört nach Bourdieu einer bestimmten sozialen Klasse innerhalb der Gesellschaft an. Der Habitus jedes Einzelnen bildet sich durch die unbewusste Verinnerlichung der Normen, Grundüberzeugungen und Verhaltensstrategien der jeweiligen sozialen Klasse aus. Diese sozialen Klassen besitzen allerdings nicht dieselben Teilhabemöglichkeiten am gesellschaftlichen System, vielmehr sind die Zugangs- und Teilhabechancen ungleich verteilt.

[51] Robert Gugutzer erklärt hierzu: „Die binäre Geschlechterdifferenz entwickelt und erhält im Sport ihre normative Kraft deshalb, weil hier die „Natur" des Körpers ein fundamentales Prinzip darstellt" (Gugutzer 2011: 46).

Entscheidet sich Frau trotzdem, auf diesem Feld Karriere zu machen, hat dies zwei Konsequenzen. Zum einen kann diese Entscheidung dazu führen, dass die Athletin Vorurteile in der Form erfährt, dass sie keine richtige Frau sein kann, möglicherweise als „Mannweib" oder Lesbe tituliert und beschimpft wird. Eine weitere Folge stellt die bereits oben erwähnte dar: Die Sportlerin erlebt, dass sie für gleiche oder bessere Leistung weniger Geld erhält als ihr männlicher Gegenspieler, was nicht nur bedeutet, dass sie sich mit dieser Form der Benachteiligung auseinandersetzen muss, sondern sie möglicherweise noch andere Wege sucht, um ihr Gehalt aufzubessern, indem sie für sich wirbt und Aufmerksamkeit generiert.

Hierbei nutzen die Sportler/innen häufig die Medien als Mittel, den eigenen Bekanntheitsgrad zu erhöhen. Sportler/innen vermarkten sich selbst, um so im Bereich des Sports ihren Marktwert zu steigern. Daniela Schaaf und Jörg-Uwe Nieland stellen in diesem Zusammenhang fest: „In den vergangenen 40 Jahren hat sich die Sexualisierung des Sports in den Medien deutlich ausdifferenziert. (…) So erfolgt insbesondere die redaktionelle Darstellung von Sportlerinnen zunehmend in erotischen Posen, ihr Aussehen und ihre attraktive Ausstrahlung werden zur wichtigsten Bildaussage, während ihre erzielte Leistung oder der errungene Sieg in den Hintergrund rücken" (2011: 10). So ließen sich beispielsweise die Nationalspielerinnen des U 20-Kaders auf dem Cover des Playboys vom Juli 2011 unter der Überschrift: „Weltmeisterlich! So schön sind Deutschlands Fußball-Nationalspielerinnen" abbilden[52].

Der medialen Inszenierung in den Medien können sich aber auch männliche Sportler kaum entziehen. Diese sollten, der stereotypen dichotomen Geschlechterkonzeption und deren Zuschreibungen folgend, Stärke, Durchsetzungsfähigkeit und Kraft ausstrahlen[53]. Festzuhalten ist allerdings, dass die Abbildung männlicher Sportler in sexualisierter, erotischer Form im Vergleich zu den Athletinnen weitaus weniger bzw. kaum vorhanden ist. Hierbei wird ganz deutlich, dass die Medien ein Bild der Sportler/innen

---

[52] Auch die Eiskunstläuferin Katarina Witt zierte 1998 das Titelbild des Playboys.

[53] Immer wieder wird in diesem Zusammenhang der Fußballer David Beckham angeführt, der mit einer metrosexuelle Ausstrahlung erfolgreich wirbt. Dies ist allerdings weniger als eine Aufweichung des binären Geschlechtercodes des Sports zu verstehen, sondern vielmehr als eine Werbestrategie Beckhams, so noch weitere Personenkreise als Zielgruppe für seine Produkte zu gewinnen. Schaaf / Nieland bezeichnen dieses Vorgehen als „Flirt mit seinen schwulen Fans" (2011: 13). Guido Zurstiege stellt hierzu fest: „Die Äußerungen Beckhams und die medialen Reaktionen widersprechen nicht dem im Männerfußball geltenden Zwang zur Heterosexualität; vielmehr zeigen sie einmal mehr seinen Popstar-Status" (2011: 164). Beckham hat nie Zweifel an seiner heterosexuellen Orientierung zugelassen, das metrosexuelle Auftreten ist daher als ein Akt der Selbstdarstellung, ein Wecken von Interesse, ein Spiel mit dem vermeintlich Anderem zu verstehen. Der Status als „Popstar" und gleichzeitig als Fußballer erlaubt es ihm, die Grenzen der normativen Ordnung im Sport zu überschreiten, ohne dafür Sanktionen zu erwarten.

bemühen, dass sich eindeutig an den stereotypen Differenzen des binären Geschlechtercodes unserer Gesellschaft orientiert. Weniger tritt dabei die Leistung, die Stärke, Ausdauer, das Geschick der Sportlerinnen in den Vordergrund der medialen Berichterstattung als vielmehr Attribute wie schön, süß, erotisch[54]. Betrachtet man hingegen die Informationsvermittlung über männliche Sportler durch die Medien wird hier das Hauptaugenmerk auf deren sportliche Leistung, den sportlichen Ehrgeiz und deren sportliches Geschick gelegt. So konstatieren Bettina Rulofs und Ilse Hartmann-Tews: „Diese Ausführungen zeigen, dass das inkorporierte kulturelle respektive erotische Kapital die entscheidende Voraussetzung für eine erfolgreiche Selbstvermarktung von weiblichen Sportprofis darstellt. Die Signalisierung eines sexuell anziehenden Körpers führt zu einer schnellen Generierung von Aufmerksamkeit und verhilft zu einem Popularitätsschub, den insbesondere Vertreterinnen aus Randsportarten selbst mit ihren Siegen und Rekorden sonst nie erreichen könnten" (2011: 131).

Im Sinne Bourdieus wandeln die Sportlerinnen durch die Nutzung der medialen Inszenierung ihr inkorporiertes kulturelles Kapital, ihre attraktive Ausstrahlung in Verbindung mit ihrem sportlichen Können, in monetäres Kapital um. Das internalisierte Wissen um die Geschlechternorm und der auf den Dispositionen dieser Norm beruhende entfaltete Habitus führen zum einen dazu, dass sich Sportlerinnen dieses Wissen nutzbar machen können, um gesellschaftlich erfolgreich (in Form eines höheren Bekanntheitsgrades, der sich beispielsweise in Werbeverträgen oder ähnlichem niederschlagen kann) sein zu können, haben aber andererseits zur Folge, dass die Sportlerinnen durch diese Art der Selbstvermarktung den heteronormativen und binären Geschlechtercode und die traditionellen Machtverhältnisse der Gesellschaft stützen und (re)produzieren[55].

---

[54] Betont werden muss hier allerdings, dass dies nicht ausschließen soll und kann, dass es Berichte über Sportlerinnen gibt, die diese stereotypen Zuschreibungen ausblenden, und die sich auf die Leistung der Athletinnen beziehen.

[55] Hierzu stellen Rulofs/Hartmann-Tews fest:„ Es kann also festgehalten werden, dass über Sexualisierungen im medialen Produktionsprozess Geschlechterdifferenzen und zugleich Machtungleichheiten im Sport konstruiert werden" (2011: 110).

1.1.4.2. Die Verschränkung zwischen Geschlecht und Aids

Mit dem Einzug der Immunschwächekrankheit Aids als Thema der bundesdeutschen Öffentlichkeit in den 80er Jahren rückte ein Krankheitsbild in die öffentliche Diskussion, das bislang beinahe unerforscht war, und über das kaum Wissen vorlag. Aids war letztlich nur bekannt als eine Art „Seuche der Dritten Welt", aber keine Angelegenheit der modernen, westlichen Gesellschaft. Unkenntnis führt zu Angst; Angst darüber, nicht zu wissen, wie diese Krankheit übertragen wird und wie man sich davor schützt, und in letzter Konsequenz die große Angst davor, dass diese Krankheit den Tod bedeutet. Jede Information und jeder Hinweis werden in einer Situation von Desorientierung und Angst zu einem Rettungsanker, einer Möglichkeit des Sich-Festhaltens, Halt und Sicherheit-Findens.

Mit der Feststellung, dass Aids insbesondere durch ungeschützten Analverkehr übertragen wird, rückte „die Szene der Homosexuellen" in das Fadenkreuz der Diskussion über die Prävention, Ausbreitung und Bekämpfung von Aids. In der medialen Berichterstattung und der öffentlichen Debatte wurde die Beziehung männlicher Homosexueller zu einem gesellschaftlichen und sozialen Problem stilisiert. Auch heute findet in einigen Statistiken zum Thema Aids eine Einteilung nach Risikogruppen statt, innerhalb der „Männer, die mit Männern Sex haben (MSM)"[56] eine eigene Risikogruppe darstellen. Ute Schad stellt hierzu fest: „Darüber hinaus stigmatisiert diese Klassifizierung Homosexualität zum Risikofaktor per se, obwohl das Virus nur durch bestimmte, keineswegs exklusiv homosexuelle Sexualpraktiken übertragen wird. Ein Homosexueller, der in einer festen Zweierbeziehung lebt oder konsequent safer sex betreibt, ist genau so wenig gefährdet wie ein Heterosexueller mit analogem Verhalten[57]. Die Unfähigkeit, sexuelle Praktiken von sexueller Orientierung zu trennen, trägt zu Missverständnissen über den Übertragungsweg des Virus in der allgemeinen Bevölkerung bei und mobilisiert latente Vorurteile gegenüber einer sexuellen Minderheit" (Schad 1991: 23).

Homosexualität wird an Stigmata gekoppelt, die im Hinblick auf eine (angebliche) Begünstigung der Aids-Übertragung in der Gesellschaft kursieren, so werden negativ besetzte Begriffe wie Unreinheit, Sündenlohn, ungeordnete

---

[56] Vergleiche beispielsweise die Bulletin 48 des Bundesamtes für Gesundheit der Schweiz vom 22. November 2012 zum Thema: Übertragbare Krankheiten. HIV- und STIs 2012: Trend weiterhin steigend, Basel 2012.
[57] Betrachtet man nämlich die Prognose des Bundesamtes für Gesundheit aus der Schweiz für 2012 fällt auf, dass hier ungefähr gleich viele Fälle von HIV durch heterosexuelle Übertragung wie durch homosexuelle Ansteckung vorhergesagt wurden, vgl. vorangehende Fußnote.

Sexualität, Promiskuität, Leichtsinn[58] mit der homosexuellen Orientierung in Verbindung gebracht.

In einer Untersuchung zur Berichterstattung aller Ausgaben in den Jahren 1983 – 1986 der Magazine Bunte, Quick, Stern und SPIEGEL zum Thema Aids kommt Ute Schad uneingeschränkt zu dem Schluss, dass sich in allen Zeitschriften die Berichterstattung über Aids auf die vermeintliche Lebensweise der Homosexuellen fokussiert. Die Identität des Homosexuellen wird in diesem Zusammenhang ausschließlich durch seine sexuelle Orientierung bestimmt, andere Faktoren und Lebensbereiche werden ausgeklammert. Die Persönlichkeit des Einzelnen (Homosexuellen) wird auf seine Homosexualität reduziert. „Die Aids-Berichterstattung der untersuchten Zeitschriften konzentrierte sich, wenn auch mit unterschiedlicher Intensität, auf das Phänomen Homosexualität und wurde so zu einer Diskussion über die soziale Bewertung einer sexuellen Minderheit und der ihr zugestandenen Entfaltungsmöglichkeiten. Im Rahmen der Thematisierung von Homosexualität erfolgt lediglich im „Stern" keine explizit negative Klassifizierung dieser sexuellen Orientierung und der damit verbundenen Lebensform", so Schad (1991: 211).

Das öffentliche Meinungsklima stand mit dem Aufkommen von Aids und der engen Verzahnung dieser Krankheit mit dem Thema Homosexualität vor dem Dilemma, dass der politische und in Teilen auch der gesellschaftliche Diskurs der 80er Jahre zu Homosexualität diese Orientierung als eine legale, nicht strafbare und auch oftmals legitime tolerierte. Das hatte zur Folge, dass in der Öffentlichkeit eine Art Kategorienbildung vorgenommen wurde, in der zwischen den Homosexuellen, die zwar schwul sind, aber ihrer sexuellen Neigung nicht nachgehen bzw. verantwortungsbewusst verhüten, und denjenigen, die sich aufgrund ihres triebhaften und verantwortungslosen Sexuallebens mit dem HIV-Virus infiziert haben, gewissermaßen also selbst die Schuld an ihrer Ansteckung tragen, unterschieden wurde[59].

Doch beschränkt sich die aktuelle Auseinandersetzung zum Thema Schuld im Zusammenhang mit Aids nicht ausschließlich auf die Infizierten. Sie werden vielmehr als eine potentielle Gefahr des Gesellschaftskörpers wahrgenommen,

---

[58] Vergleiche Schad 1991: 23 ff. im Zusammenhang mit Stigmata zu Aids.
[59] Wie tief dieses Bild in der Gesellschaft verankert war, zeigt das Zitat eines Chefarztes, der im Zusammenhang mit einer HIV-Übertragung ausgelöst durch die Transfusion des Blutes eines mit HIV-Infizierten erklärte:
„Die Bluter sind doch völlig unschuldig an ihrem Schicksal. Und es sind doch so viele Kinder dabei" (Spiegel 1984/45: 111).
Die „Bluter" können für ihre Infektion nicht verantwortlich gemacht werden, ihnen gebührt damit das gesellschaftliche Mitleid. Diejenigen hingegen, die sich auf sexuellem Wege oder durch infizierte Injektionsbestecke mit Aids angesteckt haben, haben durch ihr eigen- und unverantwortliches Handeln die Krankheit herbeigeführt und sich somit schuldig gemacht.

haben offenkundig gesellschaftliche Werte und Normen missachtet, nach denen man als Mitglied der Gesellschaft zum Wohle der Gesellschaft handelt und eine gesellschaftliche Verantwortung für das soziale Miteinander trägt. Hinzu kommt, dass die Infizierung zu einer Belastung des Sozial- und Gesundheitssystems und die Richtlinie unserer wirtschaftlichen und gesellschaftlichen Ordnung stört, die einfordert, dass die Einzelnen als Arbeitskräfte zu funktionieren haben, die Leistung erzielen, und die diejenigen argwöhnisch beäugt und verurteilt, die diese Leistung nicht erbringen können.

An Aids erkrankte Homosexuelle werden damit doppelt stigmatisiert: Zum einen als Betrüger an dem gesellschaftlichen Ideal, das davon ausgeht, dass jeder zum Funktionieren der Gesellschaft beizutragen hat, und diese nicht durch eine selbstverschuldete Krankheit belasten sollte, zum anderen als Abweichler vom heteronormativem Diskurs und somit als ein Gefahr für die gesellschaftliche Grundordnung. Der Diskurs über Aids wird im Sinne Goffmans (1977) in einen „frame" eingebunden, ein Interpretationsschema, das mit diesem Thema unweigerlich verbunden wird, das es mit anderen Konflikten verstrickt, und in dem bestimmte Überzeugungen und Einstellungen wirken und propagiert werden.

Auch die Medien nutzen, damit ein Thema als gesellschaftlich relevant eingestuft wird, framing-Konzepte, die diesem Gegenstand im öffentlichen Diskurs eine besondere Brisanz verleihen und das Interesse der Öffentlichkeit wecken[60]. Im Fall der Berichterstattung zum Thema Aids wird hier seitens der Medien ein framing-Konzept bemüht, das für die an Aids erkrankten Homosexuellen zur Folge hat, dass sich diese mit einer Vielzahl an Vorurteilen und Stigmata auseinandersetzen müssen[61].

Vorurteile gewinnen insbesondere dann an gesellschaftlicher Bedeutung, wenn sie öffentlichkeitswirksam eingesetzt werden, aus ihnen Handeln und ein diskriminierendes Verhalten gegenüber den Stigmatisierten erwachsen, und sich diese Vorurteile negativ auf das Leben der Betroffenen auswirken. Bedienen sich daher die Medien im Zusammenhang mit dem Thema Aids eines framing-Konzepts, das sich an Vorurteilen gegenüber Homosexuellen bedient,

---

[60] Bergmann stellt zur Funktionsweise der Medien als Themen(v)ermittler fest:
„Die Medien spielen dabei eine wichtige Rolle, sie liefern ein Set von „packages", die einem Thema Bedeutung verleihen. Den Kern solcher packages nennen die Autoren[60] „frame", er stellt eine organisatorische Idee dar, der Journalisten wie Publikum unausgesprochen folgen" (Bergmann 1997: 43).
[61] Mit Alphons Silbermann ist unter Vorurteil „eine positive oder negative, eine günstige oder ungünstige Attitüde zu verstehen sowie eine Beziehung dieser Attitüde zu einer übermäßig stark verallgemeinerten und daher schon im Ansatz falschen Überzeugung" (Silbermann 1985: 199).

diskriminieren sie eine Minderheit in unserer Gesellschaft und schüren homophobe Einstellungen und Überzeugungen.

1.1.4.3. Die Medien als Agent der heteronormativen Grundordnung

Sowohl die Informationsvermittlung durch die Medien zum Thema Aids als auch die Darstellung der Geschlechterverhältnisse in der medialen Berichterstattung aus dem Bereich des Sports machen deutlich, dass die Medien keinesfalls entkoppelt von den Richtlinien und Akzeptabilitätskriterien unseres gesellschaftlichen Systems agieren. Vielmehr wird anhand dieser beiden Bereiche ersichtlich, dass die Medien durch die Art ihrer Berichterstattung das vorherrschende Gesellschaftssystem stützen und zu einer Reproduktion der normativen Grundordnung unserer Gesellschaft beitragen. Lautmann erklärt hierzu: „In dem vielgliedrigem Prozess sozialer Kontrolle fällt den Massenmedien auch die Funktion zu, Normen über „angemessenes" Verhalten zu veröffentlichen; sie wirken mit am Zustandekommen einer Moral – jenes Kodex von Vorstellungen über zulässiges, anständiges und sittliches Verhalten, die im Gewissen der Akteure verankert sind"[62] (Lautmann 1977: 217).

Im Zusammenhang mit der medialen Berichterstattung über Aids ist festzuhalten, dass hier auf Vorstellungen über angemessene Verhaltensweisen im Bereich der sexuellen Orientierung rekurriert wird. Gleichgeschlechtliche Sexualität zwischen Männern wird mit Argwohn beäugt, wer sich als Homosexueller mit Aids infiziert, ist (selbst) schuldig, schuld an seinem eigenen Leidensweg, schuldig eines „Verbrechens" gegen das Kollektiv Gesellschaft. Die homosexuelle Orientierung wird als eine Neigung Weniger, als eine Neigung, getragen von einer gesellschaftlichen Minderheit, dargestellt. Homosexualität wird damit als das Nicht-Normale etikettiert und mit verschiedenen diffusen Ängsten verbunden. Die breitgefächerten Spielarten sexueller Orientierungen fernab jeder kategorialer und dichotomer Einbindung als homo- oder heterosexuelle Orientierung werden ausgeblendet. In den Blick genommen wird hingegen die heteronormative Grundordnung, die unser gesellschaftliches System formt und durchdringt, und deren Wirkung sich auch auf die Tiefen der Wissenskultur der Medien erstreckt.

---

[62] Ähnlich äußert sich auch Ute Schad zur Funktion der Medien: „Über die Veröffentlichung und Kommentierung von sexuellen Lebensweisen, Moralnormen und Rollenschablonen übernehmen die Massenmedien eine wichtige Funktion im Prozess sozialer Kontrolle. Sie fungieren als ein Medium der Normalisierung und Disziplinierung, indem sie gleichzeitig Normen über angemessenes Verhalten propagieren und gewissen Verhaltensweisen als Devianz klassifizieren" (Schad 1991: 103).

Auch in anderen Handlungsfeldern unserer Gesellschaft wird die Rolle der Medien als Organ der sozialen Kontrolle und Agent der heteronormativen Grundordnung ersichtlich. Die Ausführungen über die mediale Vermittlung der Geschlechterverhältnisse im Sport haben deutlich gezeigt, dass hier für Frauen und Männern bestimmte Verhaltensweisen als natürlich deklariert werden, die Machtungleichheiten zwischen den Geschlechtern hervorrufen und stützen, und gleichzeitig zu seiner Stabilisierung des heteronormativen Systems beitragen.

1.1.5. Zum Stigma – Management eines Tabus

Tabus[63] in unserer modernen, freien Gesellschaft? Das scheint zunächst absurd, denkt man an die grundlegenden Rechte, die in Deutschland allen Bürgern die freie Entfaltung der Persönlichkeit und die freie Meinungsäußerung garantieren. Und doch ist es keineswegs so, dass in Deutschland über alles gesprochen und/oder alles getan werden kann und darf. In unserem Kulturraum gibt es klare Vorstellungen über Tabus, die von allen geteilt werden, und von denen wir wissen, dass deren Übertretung zu Konsequenzen führt, indem sie von der Gesellschaft sozial sanktioniert wird. Tabus werden wie Normen von den Mitgliedern einer Gesellschaft internalisiert, sind damit Teil des inkorporierten, kulturspezifischen Wissensvorrates. Als solches stellen Tabus konstruierte Phänomene unserer gesellschaftlichen Wirklichkeit dar, die auf Grund ihrer Konstruktion wandelbar sind. So geben Tabus Aufschluss über die strukturelle Ordnung, die Grenzen des gesellschaftlich Erwünschten zu einer bestimmten Epoche innerhalb eines definierten Kulturraums.

Gemeinsam gesetzte Tabus sind in unserem westlichen Kulturraum heute zum Beispiel im Bereich des Essens zu finden, so existiert das Tabu, dass wir in Deutschland keine Katzen oder Hunde essen. Als weitere Tabus besitzen in unserer Gesellschaft beispielsweise das Kannibalismus-Tabu oder das Inzest-Tabu Geltung. Hingegen gibt es „Tabus aus alter Zeit", wie zum Beispiel das Verbot, das besagte, dass Frauen keine Hosen tragen dürfen, die man aus heutiger Sicht als überholt und unsinnig bezeichnen würde. Zum Zusammenhang zwischen Tabu und Verbot erklärt Volker Woltersdorff: „Das Tabu wird definiert als ein besonderes Verbot, das sakralisiert, selbstverständlich und unausgesprochen die sittlichen Grundlagen menschlichen

---

[63] Der Begriff „Tabu" ist hervorgegangen aus dem polynesischen Verbotskomplex, der als tapuz bezeichnet wurde, „Tapu bezeichnete somit Heiliges/Gefährliches/Kraftvolles/Ansteckendes/durch Berührung zu Meidendes und schließlich Verbote" (Woltersdorff 2008: 99 ff.). Der Begriff wurde 1777 von James Cook nach Europa „importiert", vgl. Woltersdorff Volker, in: Ute Frietsch u.a., a.a.O., S. 99 – 113, vgl. dazu auch beispielsweise Abmeier, Karlies 2012: 37.

Zusammenlebens bestimmt und daher keiner Institution bedarf, die es verantwortet. Die genaue Abgrenzung zum Verbotsbegriff ist allerdings fließend" (Woltersdorff 2008: 99).

1990 wurden in einer Untersuchung zum Begriff des Tabus in unserer Gesellschaft auf die Aussage hin: „Heutzutage wird oft von Tabus gesprochen. An was denken Sie dabei?"[64], 85 verschiedene Begriffe benannt. Allerdings stellt die Verfasserin der Untersuchung, Karin Seibel, fest: „Die Vielzahl der Themen zeigt, dass die vorgetragenen Tabus sehr individuell sind, die starke Häufung beim Thema Sexualität belegt aber, dass es weitgehend Konsens über die Annahme gibt, dass Sexualität in unserer Gesellschaft ein Tabu sei. Wenn unter Sexualität die Gesamtheit der geschlechtlichen Lebensäußerungen verstanden wird, so wird nicht diese selbst tabuisiert, sondern vermeintliche oder tatsächliche Abweichungen von einer allgemeinen Sexualnorm" (Seibel 1990: 280).

In diesem Sinne wäre Homosexualität immer noch als ein Tabu zu verstehen. Denn derjenige, der eine sexuelle Orientierung aufweist, die der heteronormativen und heterosexuellen Ordnung unserer Gesellschaft widerspricht, weicht von der gesellschaftlichen Übereinkunft über die Normalität sexueller Neigungen ab. Obwohl also in unserer Gesellschaft unentwegt über Sexualität en detail berichtet und permanent darüber gesprochen wird, und davon auch der Bereich der Homosexualität als sicheres, publikumswirksames Feld nicht ausgespart bleibt, funktioniert hier das Tabu als Richtlinie, die beinhaltet, dass sich jedes Individuum an die Heteronormativität und die Einhaltung des binären Geschlechtercodes unseres gesellschaftlichen Systems hält. So erklärt Woltersdorff: „Geschlechtliche Diversität wird einerseits begrüßt, andererseits ist die zweigeschlechtliche Zuordnung immer noch gesellschaftlicher Zwang" (Woltersdorff 2008: 107).

Allerdings darf trotz der heteronormativen Grundordnung eines nicht übersehen werden: Unsere gesellschaftliche Wirklichkeit wird konstruiert durch die Existenz verschiedener sozialer (Handlungs-)Felder und (Lebens-)Bereiche, deren inhärente Kräfte in Wirkbeziehungen untereinander treten. Das bedeutet, dass sich die heteronormative und heterosexuelle Ordnung zwar in vielen privaten, sozialen, politischen und ökonomischen Bereichen unserer Gesellschaft Bahn bricht, sie von der öffentlichen Meinung als Normalität propagiert wird und von einer großen Gruppe der Bevölkerung gestützt wird. Legt man in diesem Zusammenhang aber den Fokus auf die Lebenswirklichkeit

---

[64] Seibel, Karin: Zum Begriff des Tabus. Eine soziologische Perspektive, Frankfurt am Main 1990, S. 277 ff.

der Individuen, gilt es festzuhalten, dass sich die Lebenswelt und die Normalität des Individuums aus verschiedenen Handlungsfeldern zusammensetzen. Nach Bourdieu bewegt sich das Individuum in bestimmten sozialen Feldern der Gesellschaft, die seine persönliche Lebenswelt bilden. Für diese Handlungsfelder ist jeweils ein bestimmter „Habitus"[65] kennzeichnend. Die Mitglieder eines sozialen Handlungsfeldes übernehmen diesen Habitus, der auf bestimmten Einstellungen, Orientierungen, Verhaltensdispositionen und Denkschemata beruht, und versetzen sich somit in die Lage, konform an dem jeweiligen Handlungsfeld zu partizipieren. Diese Inkorporation der für das Handlungsfeld geltenden Verhaltens-, Deutungs- und Handlungsschemata bewirkt, dass sich das Individuum innerhalb des eigenen sozialen Handlungsfeldes darauf verlassen kann, dass das eigene Verhalten, Handeln, dessen Einstellungen und Orientierungen auf eine für es erwartbare Reaktion treffen. Diese erwartbaren Meinungen und Verhaltensmuster können somit als unhinterfragte Wahrheiten gelten, die für die Mitglieder des sozialen Handlungsfeldes einen absoluten Geltungsanspruch besitzen, der nicht angezweifelt wird. Bourdieu bezeichnet dieses Phänomen mit dem Begriff der „Doxa". Hierunter versteht er, dass die Regeln, Normen und Richtlinien von den Mitgliedern eines sozialen Handlungsfeldes als gegebene Selbstverständlichkeiten, und nicht als ihnen übergestülptes Regelwerk, wahrgenommen werden. Somit werden diese Regeln, „die so sind, wie sie sind, weil sie schon immer so gewesen sind" (Müller 1986: 174), akzeptiert und führen dazu, dass jedes Mitglied auf das erwart- und akzeptierbare Verhalten der anderen vertrauen kann.

Dass unsere Gesellschaft durch eine heteronormative Grundordnung geprägt ist, die viele Bereiche der gesellschaftlichen Wirklichkeit durchdringt, ist eindeutig zu konstatieren. Allerdings existieren trotzdem Handlungsfelder in unserer Gesellschaft, die andersartige sexuelle Orientierungen als die der heterosexuellen zulassen, die der gängigen Geschlechternorm widersprechen und die versuchen, die heteronormative Ordnung zu durchbrechen. Homosexualität stößt dann auch innerhalb dieser Handlungsfelder auf breite Akzeptanz und unterliegt keinem Tabu. Homosexuelle gehören hier „natürlich" zum sozialen Handlungsfeld dazu[66]. Innerhalb dieses Bereichs sozialer

---

[65] Vgl. hierzu die Anmerkungen in Fußnote 54.

[66] Auch der Erfolg des Travestie-Künstlers Conchita Wurst beim Eurovision Song Contest 2014 muss im Zusammenhang mit dem Habitus des sozialen Handlungsfeldes gesehen werden. So gehört es gerade zum Habitus der Welt der Musik und der Kunst, dass Künstler/innen, um kreativ zu sein und als solche zu gelten, irgendwie anders, „durchgeknallt" oder „verrückt" sein müssen. Hier gehört Andersartigkeit vielmehr zum guten Ton und zur „Mode" (im Sinne von Lockes „Gesetz der Mode" zu verstehen, was nach Locke bedeutet, dass sich ein Individuum, um an einem sozialen Handlungsfeld partizipieren zu können, über die Gesetze der Mode, die innerhalb dieses Systems

Wirklichkeit bedeutet Homosexualität dann Normalität, eine Normalität, über die nicht diskutiert wird/werden muss. Ferner existieren aber auch soziale Handlungsfelder gesellschaftlicher Gruppen, innerhalb der homosexuelle Neigungen offen geächtet werden (dürfen). Innerhalb dieses sozialen Handlungsfeldes gilt es als legitim, diese Abneigung (innerhalb des „geschützten Raums" des Handlungsfeldes), trotz des Wissens um den gesellschaftlich erwünschten Diskurs eines „vorurteilsfreien Verhaltens", zu bekunden. Die Mitglieder dieses sozialen Handlungsfeldes haben trotz des Bruchs mit der vermeintlich allgemeingültigen gesellschaftlichen Norm zu Toleranz und vorurteilfreiem Verhalten mit keinerlei Sanktionen zu rechnen, vielmehr würde hier eine tolerierende und akzeptierende Haltung zu einem Ausschluss aus oder einer Stigmatisierung innerhalb der Gruppe führen[67].

Für den einzelnen Homosexuellen bedeutet die Vielfalt unterschiedlicher sozialer Handlungsfelder, dass die Wahrnehmungen und Einstellungen ihm gegenüber innerhalb seiner gesellschaftlichen Lebens- und Handlungsbereiche variieren können. Goffman unterscheidet in Bezug auf den Umgang mit Stigmatisierten drei Bereiche der gesellschaftlichen Wirklichkeit:

1. verbotene Bereiche: Als solche bezeichnet Goffman „Bereiche, außerhalb der Grenzen des Erlaubten, innerhalb der Enthüllung Ausstoßung bedeutet",

2. bürgerliche Bereiche: Dies stellen für Goffman „Bereiche dar, innerhalb derer Personen von der Art des Individuums vorsichtig und manchmal übertrieben so behandelt werden, als wären sie nicht disqualifiziert für die übliche Akzeptierung",

3. abgesonderte Bereiche: Diese sind für Goffmann „Bereiche, in denen Personen von der Art des Individuums exponiert sind, und das Verbergen des Stigmas nicht nötig haben"[68].

Bezieht man diese Einteilung auf das Thema Homosexualität, lässt sich zum einen feststellen, dass hier im Sinne Goffmans abgesonderte Bereiche existieren, innerhalb der ein Homosexueller seine sexuelle Ausprägung nicht

---

vorherrschen, informieren und diese einhalten muss (vgl. Locke 2006: 447)). Insofern ist der Sieg von Conchita Wurst nicht verwunderlich, ob er tatsächlich verallgemeinernd als Toleranzbarometer in Europa gewertet werden kann, ist eher fraglich. Zumindest aber hat er zu einer (erneuten) Auseinandersetzung in wohl allen europäischen Ländern zum Thema Homosexualität geführt. Insofern kann der Erfolg und der Auftritt von Conchita Wurst als Motor einer öffentlichen Diskussion gelten und stellt möglicherweise ein kleines Rädchen auf dem Weg hin zu einer gesellschaftlichen Gleichstellung und Akzeptanz der homosexuellen Neigung und aller anderen sexuellen Orientierungen dar.

[67] Ein Beispiel hierfür sind Gruppen mit nationalsozialistischer Ideologie.

[68] Zitate vgl. Goffman, Erving 1967: 104 ff..

verbergen muss, diese nicht tabuisiert und als ein Stigma angesehen wird, sondern vielmehr zum Habitus des sozialen Handlungsfeldes dazugehört. Das können bestimmte Szenelokale, -treffs, -veranstaltungen usw. sein, das kann aber auch der Freundeskreis sein, der Homosexualität als eine „normale sexuelle Orientierung" unter vielen versteht.

Buba/Vaskovics (2001) haben in ihrer Studie zur Benachteiligung gleichgeschlechtlich orientierter Personen und Paare vier soziale Handlungsfelder unserer Gesellschaft im Hinblick auf den Umgang mit Homosexualität untersucht[69]. Für den Bereich des Freundeskreises gaben nur wenige der Befragten[70] an, ihre Homosexualität geheim zu halten. Allerdings berichteten auch hier immerhin vier Fünftel von diskriminierendem, benachteiligendem Verhalten.

Im Bereich der Familie und der Verwandtschaft wird laut Aussagen der Befragten die Homosexualität oftmals verschwiegen. Buba/Vaskovics stellen in diesem Zusammenhang fest: „Gerade in diesem Handlungsfeld bedeutet Geheimhaltung also nicht, keine Benachteiligung zu erleben, sondern problematische Folgen der Offenlegung zu verhindern" (Buba/Vaskavics 2001: 18).

Die Situation am Arbeitsplatz hingegen erleben die meisten Befragten laut Buba/Vaskovics als nicht prekär, nur sehr wenige fühlen sich ausschließlich benachteiligt[71]. Von Bedeutung hierfür ist die Wahl des Arbeitsplatzes, die einer bestimmten Selektion folgt. Bevorzugt und ausgewählt werden beispielsweise die Arbeitsplätze, die sich durch ein bestimmtes Diversity Management, in der Implementierung von Maßnahmen wie betrieblichen Diskriminierungsverboten, bewusstseinsbildenden Maßnahmen, „work-life-balance-Konzepten[72], auszeichnen. So stellt Thomas Köllen in seiner Untersuchung fest: „Sowohl die Ergebnisse der Fallstudie als auch der Querschnittserhebung zeigen deutlich, dass ein positiver Zusammenhang zwischen dem Vorhandensein von Diversity Management zu sexueller Orientierung und dem von Schwulen und Lesben wahrgenommenen Arbeitsklima besteht" (Köllen 2010: 180).

Buba/Vaskovics konstatieren im Zusammenhang mit den Aussagen der Befragten zum Diskriminierungserleben am Arbeitsplatz außerdem: „Allerdings

---

[69] Diese vier Handlungsfelder sind natürlich nicht als die einzigen Bereiche unserer Alltagswelt zu verstehen, innerhalb derer ein Umgang mit Homosexualität stattfindet. Vielmehr könnten selbstverständlich Analysen zum Thema Homosexualität in Bereichen wie dem Militär, der Kirche oder der Strafjustiz zu bedeutenden Ergebnissen führen.

[70] Die Ergebnisse von 581 Befragten wurden im Rahmen einer standardisierten Erhebung erfasst.

[71] In der Studie von Dominic Frohn, in der er sich mit der gleichgeschlechtlichen Lebensweise als Thema am Arbeitsplatz auseinandersetzte, gaben hingegen insgesamt 77,5% der 2230 Online - Befragten an, Diskriminierung am Arbeitsplatz erlebt zu haben, vgl. Frohn 2007: 14.

[72] Vergleiche u.a. Köllen 2010: 35.

erfassen wir nicht die benachteiligenden Erfahrungen von homosexuellen Frauen und Männern, die sich in der Arbeitswelt niemand gegenüber geoutet haben, aber dennoch Zeugen von Abwertung gleichgeschlechtlich orientierter Lebensweise etc. sind oder die Nachteile der Geheimhaltung den potenziellen offenen Benachteiligungen vorziehen" (Buba/Vaskovics 2001: 157).

Für den Bereich der Öffentlichkeit berichteten drei Viertel der Befragten von Erfahrungen mit Diskriminierung und Benachteiligung.[73] Mit Goffmans Einteilung wäre der Umgang der Öffentlichkeit mit Homosexualität im „verbotenen Bereich" anzusiedeln, denn die Reaktion der anonymen Öffentlichkeit sieht für die Wahrnehmung von Homosexualität Sanktionierung in Form von teils offener, teils verdeckter Diskriminierung und Benachteiligung vor. Der Homosexuelle wird für schuldig befunden, die Grenzen des Erlaubten überschritten zu haben, und wird dafür stigmatisiert. In diesem Fall liegt der Grund für die Stigmatisierung letztlich darin, dass der Homosexuelle mit seinem Verhalten die Stabilität der heteronormativen Ordnung gefährdet. In der Forschung zu Homophobie[74] werden allerdings noch weitere Thesen zur Erklärung von Antihomosexualität angeführt. So erklärt Ute Schad:
„Eine wesentliche individual- und sozialpsychologische These begreift Antihomosexualität als Abwehr eigener Triebwünsche (sogenannte latente Homosexualität)" (Schad 1991: 53).

Eine weitere Erklärung für Homophobie sieht Lautmann in der „Sündenbockthese", laut der eine Minderheit oder Subkultur von einer großen Gruppe als Ventil genutzt wird, um Aggressionen abzubauen[75], und in dem Versuch, die traditionelle Familie als stabilisierendes Element für den gesellschaftlichen Status quo aufrechtzuerhalten[76].

Die Bereiche Arbeitsplatz, Freundeskreis und Familie und Verwandte lassen sich im Sinne der Einteilung Goffmans dem „bürgerlichen Bereich" zuordnen. So berichten Brigitte Reinsberg und Edith Rossbach im Zusammenhang mit dem Umgang mit einem homosexuellen Familienmitglied von einer Form des Totschweigens, die in ihrer Studie 64 % der 400 befragten lesbischen Frauen angaben. Die Frauen erklärten, dass sie, trotzdem sie ihre homosexuelle Orientierung innerhalb ihrer Familie preisgaben, als Heterosexuelle behandelt wurden. Permanent wurden sie nach ihrem Freund gefragt, obwohl allen

---

[73] Vergleiche hierzu Buba / Vaskovics 2001: 17 – 19.
[74] Lautmann definiert Homophobie „als die Summe aller Normen, Werte und Einstellungen, die homosexuelles Verhalten negativ beurteilen", und „als die Summe aller Maßnahmen, die auf eine Unterdrückung homosexuellen Verhaltens hinauslaufen" (Lautmann 1977: 40).
[75] Vergleiche Lautmann 1977: 22 ff..
[76] Vgl. Lautmann 1977: 51.

bekannt war, dass sie lesbisch sind. Goffman bezeichnet diese Form des Stigma-Managements als „kuvrieren" (Goffman 1967: 128 ff., 159 ff.):

Innerhalb der Familie wird der Versuch unternommen, dem Stigma der Homosexualität keine Aufmerksamkeit beizumessen, vielmehr so zu tun, als gäbe es dieses Stigma nicht. Auf diese Art und Weise wird vom stigmatisierten Individuum verlangt, sich so zu verhalten, als ob es „normal" sei, die andersartige sexuelle Orientierung (zumindest in diesem Handlungsfeld) nicht auszuleben. In der Folge kann das Individuum dann damit rechnen, dass es auch wie ein Normaler behandelt wird. Gleichzeitig verdeutlicht dieser Prozess und der familiäre Umgang mit der Homosexualität dem Individuum, dass es andersartig ist, aus der Reihe tanzt, und dass es akzeptieren muss, dass es als nicht normal angesehen wird. Sowohl das stigmatisierte Individuum, das vorgibt, etwas zu sein, das es nicht ist, also letztlich eine (sexuelle) Identität vortäuscht, die es nicht hat, als auch die Familienmitglieder, die eine Schein-Normalität[77] konstruieren, schaffen damit eine soziale Situation, in der die Täuschung und die Lüge erforderlich sind, um den Frieden, die Ordnung in der Familie zu bewahren. Insofern wird das Schauspiel wechselseitiger Täuschung und Lüge zu einem erwünschten Prinzip des Verhaltens. So stellt Goffman fest: „Von den Stigmatisierten wird taktvoll verlangt, wie Gentlemen zu sein und ihr Glück nicht zu erzwingen; sie sollten die Grenzen der ihnen gezeigten Akzeptierung nicht weiter auf die Probe stellen und sie auch nicht zur Basis weiterer Forderungen machen" (Goffman 1967: 150).

In diesem Zusammenhang spricht Goffman von der „Natur einer guten Anpassung" (Goffman 1967: 150): „Sie erfordert, dass das stigmatisierte Individuum sich heiter und unbefangen als den Normalen wesentlich gleich akzeptiert, während es zur gleichen Zeit jene Situationen vermeidet, in denen es Normale schwierig finden würden, das Lippenbekenntnis abzulegen, sie akzeptierten ihn gleichermaßen" (Goffman 1967: 150). Totschweigen ist allerdings nicht immer die in den Familien gewählte Form des Umgangs mit Homosexualität. So gaben in der Erhebung von Reinsberg/Rossbach immerhin 48% der Frauen an, innerhalb der Familie verbal angegriffen worden zu sein.[78]

Thomas Köllen berichtet in seiner Untersuchung zum Einfluss von Diversity Management im Umgang mit Homosexualität am Arbeitsplatz von sieben Grundstrategien homosexueller Führungskräfte zum Managen des Stigmas:

1. „sich in der Öffentlichkeit als heterosexuell darstellen" (60 f.),

---

[77] Vgl. Goffman: „So lässt man eine *Schein – Akzeptierung* die Basis für eine *Schein – Normalität* bilden" (1967: 152).
[78] Vergleiche Schriften der Friedrich – Naumann – Stiftung, Liberale Texte, Rolf Ellermann (Hg.) 1987: 11 – 16.

2. „sich unauffällig verhalten und dem Thema am Arbeitsplatz ausweichen" (61 f.),
3. „das „Abnormale" als „normal" darstellen" (62 f.),
4. „sich durch positive Eigenschaften hervortun und ein Polster schaffen" (63),
5. „sich die richtige Organisation bzw. Position suchen/sich selbstständig machen" (64),
6. „sich Verbündete suchen" (62),
7. „explizit zu seiner sexuellen Orientierung stehen" (64).

Diese Strategien sind (mit Ausnahme der beiden letzten) Taktiken der Geheimhaltung. Das Individuum versucht, die sexuelle Identität zu verbergen, um einer Stigmatisierung und deren negativen Folgen aus dem Weg zu gehen. Gründe dafür sind in der Angst des Homosexuellen vor Benachteiligung und Diskriminierung, aber auch in der Furcht vor Ausgrenzung und sozialer Isolation zu sehen. Für das Individuum ist mit der Befolgung einer Strategie der Geheimhaltung ein großes Maß an Energie und Aufmerksamkeit verbunden. Permanent sieht es sich mit der Aufgabe konfrontiert, den anderen Gesellschaftsmitgliedern etwas vorzugaukeln, was es nicht ist, und sich gleichzeitig immer wieder zu vergewissern, ob die anderen nur ja nicht gemerkt haben oder auch nur vermuten, dass es eben „anders" ist, und nicht normentsprechend.

Hierzu führt Blaschke (2008:40) aus: „War sein Stiefvater für seine Entwicklung verantwortlich? Oder seine Mutter? Er hoffte, dass er vielleicht doch noch gesund werden würde. Nichts wünschte er sich mehr. Das Versteckspiel begann. Er durfte sich nichts anmerken lassen, wenn er die kumpelhaften Umarmungen während des Torjubels oder die Partnerübungen im Training genoss. Es entstand keine erotische Beziehung, so weit war Marcus noch nicht, er sehnte sich nach gewöhnlichen Berührungen, die ihm fehlten".

Der hohe Energieaufwand, der für das Versteckspiel aufgebracht werden muss, führt außerdem dazu, dass das Individuum diese Energie nicht mehr an anderer Stelle einsetzen kann. Für den Bereich des Arbeitsplatzes könnte das mit einem Verlust an Leistungsfähigkeit einhergehen. Innerhalb der Familie oder der Verwandtschaft könnte das einerseits zur Folge haben, dass sich das Individuum häufig gereizt oder aggressiv verhält, sich zurückzieht, womöglich depressiv wird oder aber ein Doppelleben führt. Goffman stellt hierzu fest: „An dieser Stelle sieht man, dass eine Person, die „täuscht", ein Doppelleben führt, und dass der Informationszusammenhang der Biographie verschiedene Modi von Doppelleben erlauben kann" (Goffman 1967: 99)[79].

Im Zusammenhang mit dem Stigma-Management am Arbeitsplatz bei Offenlegung der Homosexualität kommt Norbert Zillich in seiner Untersuchung zu Diskriminierungserlebnissen homosexueller Männer zu dem Schluss, dass es eine Tendenz homosexueller Männer zu einer Bagatellisierung ihrer Diskriminierung am Arbeitsplatz gibt. Zillich geht davon aus, dass sich der homosexuelle Mann mit dem Coming Out mit dem ihm nun zugewiesenen devianten Status arrangiert, und erklärt das Arrangement damit, dass es viel Kraft erfordert, sich permanent mit homophoben Diskriminierungen, Beleidigungen und Beschimpfungen auseinandersetzen zu müssen[80]. Hierzu stellt auch Gisela Bleibtreu-Ehrenberg fest: „Viele diskriminierte Vorurteilsopfer und Sündenböcke neigen dazu, sich mit der negativen Haltung zufrieden zu geben und diese zu akzeptieren, teilweise ein Verhalten an den Tag zu legen, dass dem Vorurteil recht gibt" (Bleibtreu-Ehrenberg 1978: 358).

So fühlt sich der Diskriminierende in seiner Auffassung bestätigt, was zur Folge hat, dass er sich gegenüber dem Stigmatisierten weniger aggressiv verhält. Für das stigmatisierte Individuum bewirkt diese Strategie damit einerseits einen Selbstschutz, andererseits manifestiert es damit den Status als Abweichler, Ausgestoßener, „Anderer", und muss mit den sich daraus ergebenden Konsequenzen leben. In dem Fall würde sich das Individuum mit dem Vorurteil arrangieren, indem es dieses als zu seiner Persönlichkeit zugehörig akzeptiert und im Sinne einer „self-fulfilling prophecy"[81] agiert.

---

[79] Mit Doppelleben bezeichnet Goffman das Phänomen, dass das Leben einer Person von seinem Umfeld als vollkommen transparent wahrgenommen wird, das Umfeld somit der Ansicht ist, den Freund bzw. die Freundin „durch und durch" zu kennen, hingegen aber gleichzeitig ein oder mehrere weitere Wirkungskreise des Individuums (sei es eine Affäre, sei es der Aufenthalt in einem bestimmten Milieu, seien es bestimmte Treffpunkte oder Szeneclubs) existieren, von denen das Umfeld nichts weiß.

[80] Vergleiche Zillich, Norbert: Forschungsbericht zu den Diskriminierungserlebnissen homosexueller Männer, 45 Leitfadeninterviews, in: Schriften der Friedrich – Naumann – Stiftung 1985, hg. von Rolf Ellermann, S. 21 – 50. Hier kommt allerdings die Frage auf, ob die Strategie der Bagatellisierung des Diskriminierungserlebens der Männer nicht auch oder möglicherweise sogar vielmehr mit dem „Selbstbild eines Mannes" als mit der Abwendung eines übermäßigen Kraftaufwandes zu tun hat. Dass ein Mann homosexuell ist, hat nicht gleichzeitig zur Folge, dass er seine (Geschlechts-)Identität als nicht – männlich wahrnimmt. Die Muster stereotyp männlicher Verhaltensweisen können hier auch weiterhin evident sein, was für den homosexuellen Mann mit Diskriminierungserleben bedeuten kann, dass dieser die Diskriminierung bagatellisiert oder leugnet, um nicht als Opfer, als schwach und verletzlich – eben als weiblich – etikettiert zu werden.

[81] Robert K. Merton (1957, engl. Original 1949) entwickelte das Konzept einer „self – fulfilling prophecy", das durch Edwin Lemert (1951) und später durch Howard Becker (1973) weiterentwickelt wurde. Die Theorie geht davon aus, dass die Klassifikation abweichenden Verhaltens durch Prozesse gesellschaftlicher Zuschreibung zustande kommt. Die Definition abweichenden Verhaltens obliegt allerdings nicht allen Individuen der Gesellschaft, sondern

Auf welche Art und Weise eine Person mit Vorurteilen und Stigmatisierungen umgeht, hängt sowohl vom Umfeld ab, in dem das Individuum lebt, als auch von den Erfahrungen, die es innerhalb seiner Biografie gesammelt hat, sowie von den Ressourcen, auf die das Individuum zurückgreifen kann. Was für das eine Individuum als Stigmatisierung wahrgenommen wird, muss für ein anderes nicht als Abwertung gedeutet und als Diskriminierung aufgefasst werden. Was der eine als Zurückweisung betrachtet, in deren Folge er sich isoliert, kann einen anderen dazu bringen, seine Ressourcen zu bündeln, und sich gegen die Zurückweisung, die Stigmatisierung aufzulehnen.

Butler stellt im Umgang mit Zuschreibungen, Kategorien und Begriffen, die auf widersprüchliche Art und Weise gedeutet werden können, fest: „Der Anruf als „Frau" oder „Jude" oder „Schwuler" oder „Schwarzer" oder „Chicana" lässt sich je nach Kontext als Bekräftigung oder Beleidigung hören und auffassen (...). Wird dieser Name gerufen, dann wird überwiegend gezögert, ob man antworten soll und wie, denn es geht hier darum, ob die durch den Namen performierte zeitweise Totalisierung[82] politisch Kraft verleiht oder aber lähmt, ob der Ausschluss, ja die Gewalt der durch diesen bestimmten Anruf performierten totalisierenden Identitätsreduktion eine politische Strategie oder aber eine Regression ist, oder ob sie, falls lähmend und regressiv, auf andere Art auch hilfreich ist" (Butler 2001: 92).

Butlers Ausführungen werden durch die Diskurstheorie Foucaults gestützt. Denn im Sinne Foucaults kann ein Vorurteil, verstanden als ein unsachgemäßes, auf Hörensagen hin getroffenes Urteil, in dem sich Machtbeziehungen offenbaren, zugleich Widerstand erzeugen[83]. Dies kann bei dem stigmatisierten Individuum zur Entwicklung einer Strategie führen, die darin besteht, die eigene geschlechtliche Identität und Orientierung „jetzt erst recht" zu zeigen und auszuleben[84].

---

insbesondere den gesellschaftlichen Instanzen. Das als Abweichler stigmatisierte Individuum bildet aufgrund der Zuschreibung bestimmte abweichende Selbstdefinitionen aus, die einen Teil von dessen Identität ausmachen, vgl. Lamnek, Siegfried 1999: 185 ff..

[82] Mit der „zeitweisen Totalisierung" meint Butler, dass das Individuum durch das Benennen als „Schwuler", „Schwarzer" etc., von den anderen ausschließlich durch die „Brille dieser Kategorie" wahrgenommen wird. Alle Äußerungen, alle Verhaltensweisen werden im Zusammenhang mit dieser Kategorie erklärt und gedeutet. Die Identität des Subjekts wird auf seine Geschlechtsidentität reduziert.

[83] Vgl. hierzu auch die Ausführungen in Kapitel 1.1.1. Heteronormativität als Direktive sexueller Orientierung.

[84] Der Christopher Street Day ist in diesem Zusammenhang als Beispiel anzuführen, geht es doch hier den Beteiligten auch darum, durch teils (sexuelle) Provokation vor dem Hintergrund der heteronormativen und heterosexuellen Ordnung unserer Kultur die verschiedenen Facetten der sexuellen Orientierung in unserer Gesellschaft sichtbar zu machen, und auf strukturelle Ungleichheiten zwischen homo- und heterosexueller oder vollkommen andersartiger sexueller Neigung zu verweisen.

Auch mit den Ausführungen Butlers zu einer „diskursiven Konstituierung des Subjekts" (Butler 1995: 262) kann das Vorurteil dazu beitragen, die (geschlechtliche) Identität des Individuums zu formen oder zu festigen. In Bezug auf die Ausbildung der sozialen Geschlechtsidentität stellt sie nämlich fest: „Die Praxis, vermittels derer die Entstehung sozialer Geschlechtsidentität, das Verkörpern von Normen, erfolgt, ist eine zwingende Praxis, eine gewaltsame Erzeugung, sie ist aus dem Grund aber nicht vollständig determiniert" (Butler 1995: 317).

Anhand der Entwicklung der weiblichen Geschlechtsidentität erklärt Butler den Prozess der Gewinnung der sozialen Geschlechtsidentität zu einem transitiven Vorgang, mit dem Benennen als Mädchen wird dem Individuum die weibliche, geschlechtliche Identität zugewiesen. Im Sinne der Performativitätstheorie Butlers wiederholt sich dieser Vorgang im Leben jedes Menschen in vielerlei Situationen und bestätigt somit regelmäßig die zugeschriebene Geschlechtsidentität[85].

Für den Homosexuellen kann somit ein Diskurs, der seine homosexuelle Orientierung zum Thema hat und in dem er immer wieder als Homosexueller bezeichnet wird, zu einer Stabilisierung der eigenen, homosexuellen Geschlechtsidentität beitragen. Das Vorurteil würde insofern also zur Festigung der sexuellen Identität beitragen, da der Homosexuelle sich durch die Performativität immer wieder in seiner sexuellen Identität bestätigt (sieht).

Allerdings ist ein derartiger Umgang mit Vorurteilen nur vor dem Hintergrund möglich, dass das Individuum Ressourcen an Verhaltens- und Handlungsweisen abrufen kann, die es eine derartige Strategie entwickeln lassen. Es kann diese Strategie aber auch nur dann verfolgen, wenn es das Umfeld als ein solches einschätzt, das in der Konsequenz nicht zu Sanktionen greift, die es oder/und die eigene Identität zerstören (können oder wollen). Somit spielt das politische Umfeld des Homosexuellen eine bedeutende Rolle dafür, ob dieser eine Strategie des offenen Umgangs mit der homosexuellen Orientierung wählt[86].

Auch im Bereich des Arbeitsplatzes kann das Bekenntnis zur Homosexualität Sanktionen in Form von Zurückweisungen, Beleidigungen, Beschimpfungen hervorrufen. Ein Coming Out am Arbeitsplatz kann zu einer Stigmatisierung führen, die sich in einem respektlosen Umgang oder aber in Benachteiligungen

---

[85] Vergleiche Butler 1995: 178 ff.

[86] Beispielsweise ist es für einen Homosexuellen innerhalb eines faschistischen Regimes letztlich unmöglich, seine sexuelle Orientierung preiszugeben, da er um die negativen Auswirkungen (Gefängnis, Tod) weiß. Lautmann 1977 definiert im Zusammenhang mit Faschismus und Anti – Homosexualität: „Homophobie ist ein universelles Merkmal faschistischer Herrschaft" (300). Er führt hier die Zeit des Nationalsozialismus an, in der Homosexuelle, wie auch andere Gruppen, die die Herrschaftsziele der Nationalsozialisten unterwandern könnten, verboten wurden. Homophobie wird instrumentalisiert, um die Ziele der Herrschenden durchsetzen zu können (vgl. ebd.: 300 ff.).

hinsichtlich der Entlohnung, der Einstufung der Arbeitsleistung oder der Karriereentwicklung zeigt[87].

Die Konsequenzen einer solchen Sanktionierung liegen auf der Hand: Die Homosexualität wird totgeschwiegen und in verborgene, abgesonderte Bereiche verlagert, in denen der einzelne Homosexuelle seine Neigungen nicht verbergen muss.

1.1.6. Homosexualität im deutschen Fußball

Den Bereich des Fußballsports als ein gesondertes Phänomen unserer gesellschaftlichen Wirklichkeit im Zusammenhang mit dem Thema Homosexualität in den Blick zu nehmen, lässt Rückschlüsse über Strukturen, Kategorien und Wirkmechanismen unserer Gesellschaft zu. Fußball ist das Massenphänomen unserer Gesellschaft, 5-6 Millionen Zuschauer/innen verfolgen die Bundesligaspiele am Samstag, 2014 sahen sich allein in Deutschland 26,4 Millionen Zuschauer/innen das WM-Spiel zwischen der deutschen National-Elf und Portugal im Fernsehen (ARD) an[88].

Fußball ist Hobby, verbindet in den Vereinen, in den Stadien, beim Public-Viewing Menschen unterschiedlichster sozialer und ethnischer Herkunft. Fußball ist Heimat, schwören doch viele Fußballspieler und Fans dem von ihnen umschwärmten Verein und Club „ewige Treue"[89] und finden darin Orientierung und Halt. Fußball ist Arbeit(-splatz), so sichert der Fußballsport einem Profi seinen Lebensunterhalt.

Gerade vor dem Hintergrund, dass das Interesse am Fußballsport viele Menschen verbindet, manifestieren sich in diesem Bereich gleich einem

---

[87] Vergleiche Köllen 2010: 53 f.

[88] Vergleiche Degele / Janz 2011: 8 in der Studie der Friedrich-Ebert-Stiftung sowie http://de.m.fifa.com/worldcup/news/y=2014/m=6/news=tv-zuschauer-der-ersten-fifa-wm-spiele-brechen-rekorde-2378105.html. Zugriff am 20.07.2014.

[89] Offensichtlich wird dies besonders anhand der Fangesänge, vgl. der Refrain eines Liedes zu Ehren des 1. FC Köln:
„Mer schwöre dir he op Treu un op Iehr:
Mer stonn zo dir FC Kölle
Un mer jon met dir wenn et sin muß durch et Füer
Halde immer nur zo dir FC Kölle!

Ov jung oder alt - ov ärm oder rich
Zesamme simmer stark FC Kölle
Durch dick un durch dünn - janz ejal wohin
Nur zesamme simmer stark FC Kölle
Mer schwöre dir he op Treu un op Iehr...".

Mikrokosmos verschiedenste strukturelle Grundsätze unserer gesellschaftlichen Ordnung, gleichzeitig wirken die Strukturprinzipien des Handlungsfeldes auf unser Gesellschaftssystem ein.

So schafft Fußball zwar eine Verbindung zwischen den verschiedenen Individuen, besitzt damit also ein integrierendes Moment, beruht aber gleichzeitig auf Strukturen von Ausgrenzung. Der Fußballsport ist im Kern eine Sportart, in der sich zwei gegnerische Mannschaften gegenüberstehen, die in einer Wettbewerbssituation um den Sieg kämpfen. Mannschaften, die zwei klar voneinander abgegrenzte Kollektive bilden, innerhalb der bestimmte Grundsätze, Richtlinien und Maßregeln gelten. Mannschaften, die von den Vereinsmitgliedern und Fans unterstützt werden, deren Gefühl von Zusammengehörigkeit darin begründet liegt, dass sie sich zum gleichen Verein bekennen, was gleichzeitig bedeutet, dass sie die gegnerischen Vereine ablehnen, bzw. sich von diesen abgrenzen.

Fußball ist Wettbewerb, Fußball ist Kampf. Damit verlangt der Fußballsport nach stabilen, selbstsicheren, zähen, rationalen, durchsetzungsfähigen und selbstbeherrschten Persönlichkeiten, nach Eigenschaften also, die in unserer heteronormativen Grundordnung der männlichen Identität zugeschrieben werden. Trotzdem sich in vielen Fußballvereinen Mannschaften mit weiblichen Spielerinnen etabliert haben, und die deutsche Frauennationalmannschaft auf große internationale Erfolge blicken kann (zweimaliger Weltmeister, siebenfacher Europameister), gilt der Fußballsport bis heute als eine Domäne der Männer, innerhalb der fußballspielende Frauen und Mädchen als „Mannweiber" oder „Kampflesben" etikettiert werden und auf Grund ihres Geschlechts Diskriminierung oder Stigmatisierung erleben. Dass Männer und nicht Frauen Fußball spielen (sollten) ist ein Code des inkorporierten Wissensbestandes des gesellschaftlichen Handlungsfeldes des Fußballs (bzw. Fußballsports). So führte die binäre Logik der heterosexuellen Normalität unseres gesellschaftlichen Systems 1955 zu einem Beschluss des DFB, der besagte, es „a) unseren Vereinen nicht zu gestatten, Damenfußball-Abteilungen zu gründen oder Damenfußball-Abteilungen bei sich aufzunehmen, b) unseren Vereinen zu verbieten, soweit sie im Besitz eigener Plätze sind, diese für Damenfußballspiele zur Verfügung zu stellen, c) unseren Schieds- und Linienrichtern zu untersagen, Damenfußballspiele zu leiten".[90]

---

[90] Niederschrift über den ordentlichen Bundestag des DFB am 30.7.1955 in Berlin, S. 12, DFB-Archiv, Frankfurt/M., zitiert nach Simone Wörner / Nina Hölsten: Frauenfußball – zurück aus dem Abseits, aus APUZ 16 – 19 / 2011, abgerufen auf der Internetseite http://www.bpb.de/apuz/33342/frauenfussball-zurueck-aus-dem-abseits?p=all am 08.04.2013.

Dieser Beschluss bewirkte, dass über das Verbot der Platzvergabe an weibliche Fußballerinnen die Ausgrenzung dieser aus dem Bereich des Fußballsports erreicht wurde.

Als (wissenschaftliche) Begründung wurde hier beispielsweise die Studie des niederländischen Psychologen Fred J.J. Buytendijk 1953 herangezogen, der in dieser Untersuchung feststellte: „Ob darum das Getreten werden weiblich ist, lasse ich dahingestellt. Jedenfalls ist das Nichttreten weiblich. Im Fußballspiel zeigt sich in spielender Form das Grundschema der männlichen Neigungen und der Werte der männlichen Welt".[91]

Deutsche Fußballkultur basiert auf den Grundfesten traditioneller Rollenbilder und deren stereotyper Zuweisungen und lehnt somit alles ab, was nicht dem inkorporiertem Wissen und dem Habitus dieses sozialen Handlungsfeldes entspricht.

Nina Degele und Caroline Janz erklären in der Studie der Friedrich-Ebert-Stiftung 2011 hierzu: „Schwule Kicker als verweiblichte Männer und Fußballerinnen als vermännlichte Frauen haben die Funktion, Fußball als heteronormativ geschlossenes Gefüge herzustellen, zu befestigen und nach außen abzusichern" (Degele/Janz 2011: 24 f.).

In diesem Zusammenhang ist festzuhalten, dass das Fehlverhalten des „schwulen Kickers" bzw. der „Fußballerin" auf jeweils unterschiedlichen Ebenen zu verorten ist. Im Fall der fußballspielenden Frau findet der Tabubruch auf der Ebene des Geschlechts statt, so sollte es einer Frau, die sich als „wahrhaft weiblich" begreift von vornherein klar sein, dass das Fußballspiel keine Sportart ist, deren Wahl von ihr seitens der Gesellschaft erwünscht wird. Wählt sie dennoch diesen Sport, bricht sie mit den inkorporierten Codes der weiblichen Geschlechtsidentität. Die Konsequenz und Erklärung unserer heteronormativen Gesellschaft bezüglich eines solchen Verhaltens kann nur auf die Feststellung hinauslaufen, dass diese Frau irgendwie anders und anormal ist, sie letztlich bestimmt eine Lesbe oder „eine Frau in Männergestalt" ist.

Das Fehlverhalten des homosexuellen männlichen Fußballspielers erfolgt hingegen auf der Ebene der Sexualität und nicht auf der des Geschlechts. So stellt der Bereich des Fußballsports für Männer gewissermaßen eine Zuweisung und ein Merkmal männlicher Geschlechtsidentität dar. Gabriele Dietze konstatiert zum Verhältnis von Fußballsport und männlicher Geschlechtsidentität: „Der Männerbund Fußball ist dabei eine besondere, weil

---

[91] Fred J.J. Buytendijk: Das Fußballspiel. Eine psychologische Studie, Würzburg 1953, S. 20, zitiert nach Simone Wörner / Nina Hölsten: Frauenfußball – zurück aus dem Abseits, aus APUZ 16 – 19 / 2011, abgerufen auf der Internetseite http://www.bpb.de/apuz/33342/frauenfussball-zurueck-aus-dem-abseits?p=all am 08.04.2013.

symbolisch aufgeladene Bühne zur Konstruktion von (nationaler) Männlichkeit. Unter dem Bourdieu'schen Modell der „männlichen Herrschaft" betrachtet ist er ein Forum für ernste Spiele, die ehrgleiche Männlichkeiten produzieren" (Dietze 2012: 62). Im Sinne des Fußballsports als Männerbund zeichnet sich dieses System durch verschiedene Rituale und Kriterien der Inklusion bzw. Exklusion aus. Derjenige findet in diesem Bund Anerkennung, der als Grundvoraussetzung zunächst eine männliche Geschlechtszugehörigkeit aufweist. Mit dieser kulturell und gesellschaftlich begründeten und in gewissem Sinne „quasi-natürlichen" (weil es schon immer so gewesen ist) Grundvoraussetzung geht das Wissen um bestimmte Rituale, Arten der Kommunikation, Verhaltensweisen und Handlungsmuster einher. So gehört auch zum unsichtbaren Wissensbestand des Systems Fußball, dass Homosexualität unter Männern innerhalb dieses Handlungsfeldes, das sich über einen Diskurs von traditioneller Männlichkeit definiert, nicht existiert. Schwul sein ist nicht kompatibel mit den Erwartungen, die an einen männlichen Fußballspieler gerichtet werden. Wer ein „echter Fußballspieler" sein will, der sollte auch ein „echter Kerl" sein. Hart, durchsetzungsfähig, kraftvoll sollte er sein, und eben nicht diejenigen Verhaltens- und Kommunikationsarten aufweisen, die homosexuellen Männern zugesprochen werden, wie zum Beispiel sensibel, rücksichtsvoll, verweichlicht oder ängstlich zu sein. Tanja Walther-Ahrens (2011:40) führt hierzu an: „Die herkömmlichen Rollenbilder sind es auch, die für Lesben und Schwule nur eine kleine Auswahl möglicher Sportarten in Frage kommen lassen: Schwule haben Angst vor Bällen. (…) Schwule sind Tänzer oder Eiskunstläufer (…)".

Homosexuelle im Fußballsport würden die kulturell gewachsene Ordnung dieses gesellschaftlichen Systems bedrohen. Sie würden die vermeintlichen Wahrheiten dieses Bereichs gesellschaftlicher Wirklichkeit auf den Kopf stellen, der für viele Menschen als Heimat wahrgenommen wird. Homosexualität im Fußball wird verborgen, verschwiegen, oder als ein Diskurs genutzt, um sich abzugrenzen und um damit das Zusammengehörigkeitsgefühlt der Anderen, der „Normalen", der „echten Fußballer und Fans" zu stärken. Insbesondere in einem Bereich des Sports, in dem es Usus ist, dass die Spieler gemeinsam duschen und sich nackt zeigen, in dem allerdings der Code dieses Handlungsfeldes vorgibt, die Nacktheit und Körpernähe keinesfalls als Erotik sondern ausschließlich funktionalistisch zu interpretieren, wird Homosexualität als Gefährdung des Systems wahrgenommen. So stellen Nina Degele und Caroline Janz in der Studie der Friedrich-Ebert-Stiftung 2011 fest: „Die Dramatik der Begegnung mit Schwulen unter der Dusche ist lediglich durch die Vermeidung des Bückens und der Präsentation des nackten Hinterns zu entschärfen. Die Präsenz von Schwulen macht für sie diese Situation zur

Bedrohung schlechthin. Schwul steht im Fußball also nicht nur für die Tabuisierung von Sexualität, sondern auch von Körperlichkeit und Kontrollverlust. So verbirgt sich hinter Strategien der ‚Wegdefinition' von Homosexualität aus dem Fußball auch die Angst vor Körpernähe, Nacktheit und Verletzbarkeit" (Degele/Janz 2011: 18).

Homosexualität wird im Sinne dieser Ausführungen rein auf den Sex reduziert, einem Homosexuellen wird unterstellt, fortwährend sexuell motiviert zu sein. Auch für die Rituale des Fußballspiels selbst stellt ein homosexueller Spieler ein Risiko dar: „Schließlich ist der Torjubel auch kein Ausdruck von Zärtlichkeit im sexuellen Sinne. Im Gegenteil: Hier geht es um die kumpelhafte Demonstration eines männlichen Kollektivs, eines Männerbundes – weit entfernt von jeglicher Erotik" (Leibfried/Erb 2011: 28).

Umarmungen oder Küsse werden im Fußball als Beweise und Rituale „guter Kameradschaft" und innerer Verbundenheit gedeutet, die Gegenwart homosexueller Spieler auf dem Platz würde hingegen eine Unterbindung dieser Rituale zur Folge haben, da dann der Umarmung oder dem Kuss ein sexuelles Motiv nachgesagt würde. Letztlich würde dies mit Blick auf den Habitus zu einer Entwertung und damit gleichzeitig zu einer Zerstörung des Rituals führen. Da diese Rituale allerdings die soziale Wirklichkeit der Welt des Fußballs mitformen und konstruieren, sie für die Mitglieder des Handlungsfeldes Fußball als sinnstiftend erlebt werden und zum Habitus dieses gesellschaftlichen Feldes gehören, ist Homophobie im Fußballsport im Sinne der Ausführungen von Nina Degele und Caroline Janz als „spezifische Form inkorporierten Wissens zu verstehen, die im Fußball durch bestimmte Kommunikationsweisen und Handlungsmuster Wirkmacht hat" (vgl. Degele/Janz 2011: 60).

Auch die „politische Korrektheitsoffensive" (Degele/Janz 2011: 42) sowie die Aufnahme von Grundsätzen und Bekenntnissen zu Antidiskriminierung in den Stadien- und Vereinsordnungen hat bislang im Zusammenhang mit beleidigenden und diskriminierenden Äußerungen gegenüber Homosexuellen wenig Wirkung erzielt. Vielmehr scheint Homophobie noch heute existentieller Teil der Fußballwirklichkeit[92] zu sein. So stellt Tanja Walther – Ahrens fest: „Auffällig ist, dass Rassismus und Rechtsextremismus im Unterschied zu anderen Formen der Diskriminierung wie etwa Sexismus und Homophobie von Fans in der Regel wahrgenommen und zum Teil problematisiert werden.

---

[92] Als eine Konsequenz dieser Situation ist auch das Schicksal des 37-jährigen Justin Fashanu zu werten, der als großes Fußballtalent bei Norwich City galt, bis er als Schwuler geoutet wurde, und den ein 17-jähriger Junge 1998 beschuldigte, ihn in London in einer Garage vergewaltigt zu haben: „In einem Abschiedsbrief, den die BBC Monate später veröffentlichte, bekräftigte er noch einmal, dass der Junge bereitwillig Sex mit ihm gehabt haben soll: „Schwul und eine Person des öffentlichen Lebens zu sein, ist hart", schrieb er. „Ich fühle, dass ich wegen meiner Homosexualität kein faires Verfahren bekommen würde"" (Blaschke 2008: 27). Fashanu erhängte sich noch 1998.

Feindlichkeit gegenüber Frauen und Homosexuellen werden jedoch meist als „normaler" Bestandteil der Fußballkultur verharmlost" (Walther-Ahrens 2011: 124).

Vor diesem Hintergrund kann die folgende Aussage Angela Merkels vom September 2012 zum Interview eines homosexuellen Fußballspielers, in dem dieser seine Erfahrungen schildert und dabei namentlich nicht genannt werden will: „Er lebt in einem Land, in dem er sich vor einem Outing nicht fürchten muss. Wir können nur das Signal geben, dass er keine Angst haben muss"[93], nur als eine Verkennung der Wirklichkeit, als eine Ausdruck des Phänomens der gespaltenen Akzeptanz gedeutet werden.

Fazit: Gespaltene Akzeptanz als Indikator für die Grenze sexueller Vielfalt

„Zwanziger[94] redet gegen Homophobie an, das ist ehrenwert, das unterscheidet ihn von seinen Vorgängern – aber das ist keine Revolution, denn Streit und Widerstand auf Augenhöhe nimmt er nicht in Kauf: 2008 verglich der damalige Trainer Christoph Daum die Homosexuellen mit Pädophilen. 2010 kündigte Michael Becker, der Manager des langjährigen Nationalmannschaftskapitäns Michael Ballack, in einem Essay des Nachrichtenmagazins Der Spiegel an, ein ehemaliger Nationalspieler werde bald eine „Schwulencombo" auffliegen lassen" (Blaschke 2012: 280).

Sowohl in der Politik als auch in vielen anderen gesellschaftlichen Handlungsfeldern treffen wir auf öffentliche Beteuerungen staatlicher oder institutioneller Repräsentantinnen und Repräsentanten, die entweder bekräftigen, in Deutschland sei Homosexualität kein Tabu mehr und jeder (Homosexuelle) könne sich angstfrei outen, oder aber die bekunden, man müsse sich in Deutschland klar und anhand offizieller Stellungnahmen und Aktionen gegen Homophobie positionieren. Bereits dieser Widerspruch macht deutlich, dass Homosexualität keineswegs als eine sexuelle Orientierung anzusehen ist, die durchweg auf gesellschaftliche Akzeptanz trifft. Vielmehr existieren in unserer Gesellschaft unsichtbare Wissensbestände, Kräfteverhältnisse, Strukturen und Kategorien, die die Auslebung sexueller Freiheit begrenzen.

---

[93] Das Zitat Merkels ist dem Artikel aus Focus Online: „Homosexuelle Fußballprofis. Kanzlerin Merkel: Angst vor Outing in Deutschland unnötig" von agr/sid auf der Internetseite http://www.focus.de/sport/fussball/bundesliga1/homosexuelle-fussball-profis-kanzlerin-merkel-angst-vor-outing-in-deutschland-unnoetig_aid_819139.html entnommen, abgerufen am 09.04.2013.
[94] Theo Zwanziger ist der ehemalige DFB-Präsident.

Diese Grenzen sind als Diskurse zu verstehen, innerhalb derer Machtbeziehungen wirken. So zeichnet sich unsere deutsche, vermeintlich weltoffene und tolerante Gesellschaft durch Diskurse von Heteronormativität aus, die nicht nur den Bereich der Sexualität, sondern weite Teile unseres gesellschaftlichen Systems durchdringen. Alles Andersartige, Fremde, alles, außerhalb des heteronormativen Codes wird - zumeist wohl verborgen - als abweichend etikettiert, und damit abgelehnt, sanktioniert und stigmatisiert. Das betrifft sowohl sexuelle Orientierungen, die nicht dem heterosexuellen Prinzip unserer Gesellschaft entsprechen wie Homosexualität, Bisexualität, Intersexualität u.v.m., es umfasst aber beispielsweise auch berufliche Orientierungen, die nicht mit den stereotypischen Idealen und Zuweisungen von Frau und Mann übereinstimmen[95].

Heteronormativität ist Teil der westlichen Kultur und hat Tradition. Über inkorporierte Rituale und Politiken werden in den unterschiedlichen Handlungsfeldern unserer Gesellschaft traditionelle, kulturell verankerte Normen und Strukturkategorien als unanfechtbare Wahrheiten reproduziert und wirken sich stabilisierend auf die Gesamtgesellschaft aus.

Mit Blick auf die Diskurstheorie Foucaults[96] lässt sich der „moderne" Diskurs zu Individualisierung, der in der Direktive der Selbstverwirklichung des Individuums gipfelt und damit auch die Freiheit der sexuellen Orientierung postuliert, als Widerstand gegenüber den restriktiven Auswirkungen der heteronormativen Grundordnung verstehen.

Vor diesem Hintergrund lebt jedes Mitglied unserer Gesellschaft in einem Spannungsfeld, das sich durch die Existenz konkurrierender Diskurse auszeichnet, die einerseits individualisierte Individuen erwünschen, die sich aber andererseits nicht individualisiert verhalten sollen. Diese Ambivalenz nimmt „von außen" Einfluss auf das Individuum, manifestiert sich aber auch im Einzelnen selbst. So trifft die individuelle Wahrnehmung des öffentlichen Klimas, in dem sich die ambivalenten Diskurse über erwünschte Verhaltensweisen und Orientierungen spiegeln, auf das bereits inkorporierte Wissen des Individuums in Form internalisierter – und teils widersprüchlicher – Akzeptabilitätskriterien, Verhaltensmaßstäbe und hegemonialer gesellschaftlicher Diskurse.

Mit Bezug auf den Bereich der Sexualität in unserer Gesellschaft, und in dieser Untersuchung insbesondere mit Blick auf die Spielarten sexueller Orientierung, lässt sich feststellen, dass hier ambivalente Diskurse wirken, die sich an „double

---

[95] Anzuführen sind hier zum Beispiel eine Frau in Führungsposition, ein Mann als „Vollzeitvater", ein Homosexueller als Fußballprofi.
[96] Vgl. hierzu auch die Ausführungen in Kapitel 1.1. Zu den Voraussetzungen für die Wirkung gespaltener Akzeptanz, 1.1.1. Heteronormativität als Direktive sexueller Orientierung.

standards" ausrichten. Hier herrschen einerseits öffentlich verkündete und offiziell festgeschriebene Standards vor, nach denen jede/r frei seiner sexuellen Orientierung nachgehen kann, so lange er damit nicht die Freiheit des Anderen einschränkt (z.b. Missbrauchsverbot), und andererseits verborgene oder halböffentliche[97] Standards, nach denen in unserer Gesellschaft andersartige sexuelle Orientierungen, die der heterosexuellen Norm widersprechen, Ablehnung, Sanktionierung oder Stigmatisierung erfahren.

Diese gespaltene Akzeptanz im Bereich der sexuellen Orientierung wirkt sich bedeutend auf das Leben und die (Geschlechts-)Identität jedes Individuums in unserer Gesellschaft aus. In diesem Zusammenhang ließe sich zunächst annehmen, dass die gespaltene Akzeptanz im Bereich der sexuellen Orientierung für Individuen, die sich als heterosexuell erleben, keine Auswirkungen hat, da sie nicht dem normativen Code widersprechen. Nach Butler (2001) sind allerdings auch homophobes Verhalten und antihomosexuelle Einstellungen als Abwehrmechanismen eigener homosexueller Triebwünsche zu verstehen[98].

Für Individuen, die sich als nicht heterosexuell wahrnehmen, kann die gespaltene Akzeptanz innerhalb unserer Gesellschaft im Bereich der sexuellen Orientierung großes Leid hervorrufen und deren Sozialisation und (geschlechtliche) Entwicklung bedeutend belasten. Einerseits erleben und beobachten sie, dass sie „anders", nicht „normal" sind, nicht der (heterosexuellen) Norm entsprechen, sich daher ihrer vermeintlich „falschen" sexuellen Neigung schämen (müssen), und dass sie, wenn sie sich outen, mit Diskriminierung, Benachteiligungen, Sanktionen rechnen müssen. Auf der anderen Seite wird ihnen suggeriert, alle Arten sexueller Orientierung seien in Deutschland willkommen, dass in unserer Gesellschaft Geschlecht und Begehren keine Kategorien von Klassifizierung seien, und dass das Ideal Geltung habe, offen mit jeder Form von Sexualität umzugehen.

Diese Ambivalenz führt dazu, dass die homosexuelle oder jede andere, nicht-heterosexuelle Orientierung verschwiegen wird, das Individuum entwickelt bestimmte Strategien, um das nicht erwünschte Begehren zu verbergen.

Was lässt sich nach den Ausführungen dieses Kapitels zusammenfassend über die Wirkung von gespaltener Akzeptanz auf dem Feld der sexuellen Orientierung feststellen?

---

[97] Vgl. hierzu die Ausführungen gegen Ende des Kapitels I. Zur Akzeptanz von Homosexualität, Fußnote 24.

[98] Vgl. hierzu die Ausführungen in Kapitel 1.1.1. Heteronormativität als Direktive sexueller Orientierung.

➢Gespaltene Akzeptanz indiziert auf dem Feld der sexuellen Orientierung die Grenze, das Tabu, deren Überschreitung das Individuum dazu bringen kann, sich selbst zu verleugnen, was bis zur eigenen Selbstzerstörung führen kann.

➢Gespaltene Akzeptanz indiziert auch diejenige Grenze, die identitätsstiftend und strukturbildend wirkt, an die sich die Individuen halten können und die ihnen Orientierung und einen Rahmen (framing) bietet, um ein soziales System zu erschaffen, das auf eindeutigen Vorstellungen von Formen der Sexualität, des Begehrens und der Liebe aufbaut.

➢Gespaltene Akzeptanz indiziert gleichzeitig jene Grenze, deren Existenz enthüllt, dass es neben der Wirklichkeit, die als „p.c." und „normal" propagiert (und mit Sicherheit auch von vielen als Lebensrealität wahrgenommen und internalisiert) wird, andere, weitere Wirklichkeiten gibt, die nicht gesehen werden (wollen) oder im Verborgenen gehalten werden.

➢Gespaltene Akzeptanz indiziert zudem die Grenze, die durch ihr Gebot der Heterosexualität und dem damit einhergehenden Verbot andersartiger sexueller Orientierungen eine Schein-Normalität aufrechterhält und reproduziert und damit zu einer Stabilisierung der heteronormativen Grundordnung unserer Gesamtgesellschaft führt.

➢Gespaltene Akzeptanz indiziert ebenfalls die Grenze des „guten Geschmacks[99]" auf dem Feld des sexuellen Begehrens und ist ein Indiz für die Scheinheiligkeit propagierter Gleichwertigkeit und Akzeptanz im Bereich der sexuellen Orientierung.

---

[99] Die „Grenze des guten Geschmacks" kann hier im Sinne von Lockes Gesetzen zum guten Ruf bzw. den Gesetzen zur Mode verstanden werden: „...und so tun sie nur das, was ihnen die Gemeinschaft, der sie angehören, den guten Ruf erhält" (Locke 2006: 447).

2. Zur Akzeptanz des Islam

„Deutschland ist vom Auswanderungs- zum Einwanderungsland geworden", erklärte die Vorsitzende des Sachverständigenrats deutscher Stiftungen für Integration und Migration, Christine Langenfeld, zum Gutachten des Jahres 2012[100]. Aktuellen Studien zufolge leben in Deutschland heute zwischen 3,8 bis 4,3 Millionen Muslime, im Verhältnis zur Gesamtbevölkerung der Bundesrepublik machen die Muslime damit einen Anteil von 4,6 bis 5,2 Prozent aus. Von den hier lebenden Muslimen besitzt fast die Hälfte (45%) die deutsche Staatsangehörigkeit[101]. Mit Bezug auf die soziale und identifikatorische Integration der Muslime in Deutschland geht aus der Studie des Bundesamtes für Migration und Flüchtlinge von 2009 „Muslimisches Leben in Deutschland", die sich auf eine Datenbasis von 6.004 Befragten aus 49 muslimisch geprägten Herkunftsländern stützt, hervor, dass „die Häufigkeit der sozialen Kontakte zu Personen deutscher Herkunft relativ hoch ist und Muslime gleichzeitig eine hohe Bereitschaft zu mehr Kontakt mit Deutschen zeigen"[102]. 51% der Muslime mit deutscher Staatsbürgerschaft erklären sogar, dass sie sich Deutschland mehr verbunden fühlen als dem Land, aus dem sie stammen[103]. Insgesamt wird die Kontaktintensität zwischen Muslimen und Personen deutscher Herkunft als sehr hoch bewertet. In diesem Zusammenhang wird allerdings darauf hingewiesen, dass Muslime im Vergleich zu Angehörigen anderer Religionen insgesamt seltener Kontakt zu Personen deutscher Herkunft haben, sie sehr stark in eigenethnische Netzwerke eingebunden sind[104].

Wolfgang Frindte u.a. stellt in einer Studie aus dem Jahr 2011 im Auftrag des Bundesinnenministeriums zu den „Lebenswelten junger Muslime in

---

[100] Zitat aus Handelsblatt Online vom 12.04.2013. Online unter: http://www.handelsblatt.com/politik/deutschland/gutachten-deutschland-ist-ein-einwanderungsland/8058818.html. Abgerufen am 24.04.2013.

[101] Vergleiche u.a. in: Bundeszentrale zur politischen Bildung (Hg.) 2012 sowie Gesemann 2010: 19 oder auch die Studie des Bundesamtes für Migration 2009: 11.

[102] Vgl. Studie des BAfMuF 2009: 337.

[103] Vgl. ebd.: 338.

[104] Vgl. ebd.

Deutschland"[105] fest, dass mehr als drei Viertel der Muslime (78%) Integration befürworten, und viele über eine positive Bindung zu Deutschland und positive persönliche Beziehungen zu Personen deutscher Herkunft berichten (vgl. Frindte u.a. 2011: 604 ff.).

Alle in dieser Untersuchung erfassten aktuellen Studien, die die Lebenswelt der Muslime in Deutschland thematisieren[106], zeigen auf, dass sich muslimisches Leben in Deutschland durch eine ausgeprägte Varianz hinsichtlich der politischen Einstellungen, der religiösen Praxis und der sozialen Integration auszeichnet. Sowohl die Herkunft der Muslime als auch deren religiöse Ausrichtung, sei es schiitisch, alevitisch, ahmadi oder sunnitisch ist von Heterogenität geprägt, und nicht als eine monolithische Einheit zu verstehen, sondern vielmehr als eine Vielfalt verschiedenster religiöser Strömungen auf einer gemeinsamen Grundlage, die als Islam bezeichnet wird. Muslime machen einen Teil der Bevölkerung Deutschlands aus, gehören zum öffentlichen und gesellschaftlichen Bild Deutschlands, beleben die Kultur der Städte in Deutschland und sind aus den Klassenzimmern, den Unternehmen, den Vereinen, der Nachbarschaft, dem Freundeskreis und vom Arbeitsplatz nicht mehr wegzudenken.

(Kulturelle) Vielfalt wird nicht nur als Devise unserer bundesdeutschen Gesellschaft propagiert, sondern hat gleichzeitig Eingang gefunden in Unternehmenskonzeptionen und Richtlinien der verschiedensten gesellschaftlichen Vereine, Organisationen und Institutionen. So wurde

---

[105] In Rahmen der Studie des Bundesministeriums des Innern (Hg.): Lebenswelten junger Muslime in Deutschland. Ein sozial- und medienwissenschaftliches System zur Analyse, Bewertung und Prävention islamistischer Radikalisierungsprozesse junger Menschen in Deutschland. Abschlussbericht von Wolfgang Frindte u.a., Berlin 2011, wurden in einer Mehrgenerationenfallstudie 18 qualitative Interviews (mit Muslimen zwischen 14 und 32 Jahren) ausgewertet. Zusätzlich wurden in zwei Erhebungswellen Telefonbefragungen von Muslimen in Deutschland im Alter zwischen 14 und 32 Jahren durchgeführt, die erste Befragung im Jahr 2009 erfasste 923 Personen, in die zweite Erhebung im Jahr 2010 gingen die Daten von 450 Personen ein. Die Auswertung muslimischer Internetforen und eine Medienanalyse (vgl. Kapitel zur Darstellung des Islams in den Medien) rundeten die Studie des Innenministeriums ab.

[106] Hierzu gehören u.a. die folgenden Studien und Untersuchungen:
  1. Bundeszentrale zur politischen Bildung (Hg.): „Zahlen und Fakten", „Soziale Situation in Deutschland", September 2012,
  2. Gesemann, Frank: Zur Integrationsforschung in Deutschland, Berlin 2010,
  3. Bundesamt für Migration und Flüchtlinge zu „Muslimisches Leben in Deutschland", Nürnberg 2009,
  4. Bundesministerium des Innern (Hg.): Lebenswelten junger Muslime in Deutschland. Ein sozial- und medienwissenschaftliches System zur Analyse, Bewertung und Prävention islamistischer Radikalisierungsprozesse junger Menschen in Deutschland. Abschlussbericht von W. Frindte u.a., Berlin 2011,
  5. Ministerium für Arbeit, Integration und Soziales des Landes Nordrhein-Westfalen (Hg.): Muslimisches Leben in Nordrhein - Westfalen, Düsseldorf 2010.

beispielsweise 2006 die „Charta der Vielfalt" in Deutschland unter der Schirmherrschaft von Angela Merkel[107] initiiert, der sich bis heute 1366 Unternehmen in Deutschland angeschlossen haben. Das Ziel der Charta ist es: „(…) ein Arbeitsumfeld zu schaffen, das frei von Vorurteilen ist. Alle Mitarbeiterinnen und Mitarbeiter sollen Wertschätzung erfahren – unabhängig von Geschlecht, Nationalität, ethnischer Herkunft, Religion oder Weltanschauung, Behinderung, Alter, sexueller Orientierung und Identität. Die Anerkennung und Förderung dieser vielfältigen Potenziale schafft wirtschaftliche Vorteile für unsere Organisation. Wir schaffen ein Klima der Akzeptanz und des gegenseitigen Vertrauens. Dieses hat positive Auswirkungen auf unser Ansehen bei Geschäftspartnern, Verbraucherinnen und Verbrauchern sowohl in Deutschland als auch in anderen Ländern der Welt"[108]. Toleranz gegenüber dem Anderen, vorurteilsfreies Verhalten gegenüber dem vermeintlich Fremden besitzen als anerkannte Maßstäbe und nicht zu hinterfragende Richtlinien des Verhaltens in unserer Gesellschaft allgemeine Gültigkeit. So kann dann auch beispielsweise Navid Kermani für die Lebenswelt von Muslimen in Europa feststellen: „In kaum einem anderen Land auf der Welt sind kulturelle oder religiöse Minderheiten vollständig gleichberechtigt. Aber im Vergleich zu den meisten anderen und gerade zu den islamischen Ländern genießen die Minderheiten in Europa ein hohes Maß an Freiheit und Emanzipation, auch die Muslime" (Kermani 2009: 40).

Insbesondere in Deutschland, geprägt durch dessen nationalsozialistische Vergangenheit, bestimmen die folgenden Maximen, Werthaltungen und Grundsätze im Zusammenhang mit dem Umgang mit Minderheiten maßgeblich die öffentliche Meinung und den öffentlichen Diskurs:

- Alle Menschen sind als gleichwertig anzuerkennen.
- Die Freiheit ist als uneingeschränktes Gut aller Menschen zu verteidigen.
- Die kulturelle Vielfalt ist als Bereicherung zu bewerten.
- Jede Kultur ist als gleichrangig zu akzeptieren.
- Minderheiten sind als schützenswert zu betrachten.

---

[107] In diesem Zusammenhang zitiert Spiegel Online die Kanzlerin mit den Worten: „(…) Für Bundeskanzlerin Angela Merkel ist der Islam ein Teil Deutschlands. In einer Telefonschaltkonferenz der CDU mit rund 7000 Parteimitgliedern plädierte sie für mehr Toleranz gegenüber den mehr als drei Millionen Muslimen in der Bundesrepublik. "Wir sollten da ganz offen sein und sagen: Ja, das ist ein Teil von uns", sagte Merkel " (Zitat der Bundeskanzlerin Dr. Angela Merkel in einem Auszug in Spiegel Online vom 26.09.2012. Online unter: http://www.spiegel.de/politik/deutschland/merkel-islam-ist-ein-teil-von-deutschland-a-858218-druck.html. Abgerufen am 24.04.2013).

[108] Die „Charta der Vielfalt" ist online unter: www.charta-der-vielfalt.de/ abrufbar.

Vor dem Hintergrund dieser Richtlinien ist zunächst anzunehmen, dass in Deutschland das Zusammenleben verschiedener Kulturen gelingen sollte. Die Ergebnisse der Studien bestätigen dies insofern, als dass hier die muslimische Bevölkerung von häufigen und positiven persönlichen Beziehungen zwischen Deutschen und Muslimen berichtet. Auch die Aussage, dass sich viele Muslime stärker mit Deutschland als mit ihrem Herkunftsland identifizieren, kann als Indiz dafür gelten, dass sich die Muslime innerhalb ihres sozialen Umfeldes als anerkannt und in die sie umgebende Gemeinschaft integriert wahrnehmen. Die Maximen, die die öffentliche Meinung bestimmen, bilden gleichzeitig „Diskurse korrekter Gesinnung" aus; Diskurse, über die transportiert wird, was und welche Werthaltungen, Normen und Verhaltensweisen als die sozial und gesellschaftlich erwünschten anzusehen sind.

Allerdings zeichnet sich unsere soziale Wirklichkeit durch ein Netz von Kräfteverhältnissen und divergierender Diskurse aus. Das bedeutet für unser Gesellschaftsleben und die öffentliche Meinung, dass diese einerseits von Diskursen korrekter Gesinnung bestimmt werden, andererseits hier aber auch teils verborgene Diskurse wirken, die eine abweichende Gesinnungsnormativität beinhalten. Bezogen auf das Zusammenleben von Personen deutscher Herkunft und Muslimen bedeutet dies, dass neben dem öffentlich propagierten Diskurs sozialer Erwünschtheit Diskurse existieren, die in der kulturellen Vielfalt keine Bereicherung sehen, sondern diese beispielsweise (aus der Sicht der Personen deutscher Herkunft) als „Bedrohung der eigenen Kultur" ablehnen, und die (aus der Perspektive der muslimischen Bevölkerung) das Verhältnis der Personen deutscher Herkunft zu Muslimen als „negativ-distanziert" bewerten. So geht aus der Studie des Bundesinnenministeriums eindeutig hervor:

„Auffallend ist, dass zwar über positive persönliche Beziehungen mit Deutschen berichtet wird, die Gesamtgruppe der Deutschen jedoch trotzdem als negativ-distanziert beschrieben wird" (Frindte u.a. 2011: 604). Diese Ambivalenz wird auch anhand der Ergebnisse einer Umfrage des Allensbacher Instituts für Demoskopie von 2012 ersichtlich. Auf die Frage hin: „Halten Sie den Islam insgesamt für eine Bedrohung, oder sind das nur bestimmte radikale Gruppen, von denen eine Bedrohung ausgeht?" vertreten 74 % der Befragten deutscher Herkunft die Meinung, dass nur bestimmte Gruppen oder einzelne Anhänger einer bestimmten radikalen Gruppierung eine Bedrohung für Deutschland (den Westen) darstellen. Nur 19% der Befragten geben als Antwort auf diese Frage an, dass der Islam insgesamt für sie bedrohlich sei[109].

---

[109] Vergleiche Institut für Demoskopie Allensbach (Hg.): Die Furcht vor dem Morgenland im Abendland. Eine Dokumentation des Beitrags von Dr. Thomas Petersen in der Frankfurter Allgemeinen Zeitung Nr. 272 vom 21. November 2012. Originalmanuskript , Tabellen, Schaubilder aufrufbar online unter www.ifd_allensbach.de/uploads.

Gleichzeitig bejahen dieselben Befragten zu 48% die Frage: „Glauben Sie, dass es in nächster Zeit auch hier in Deutschland zu Spannungen mit der muslimischen Bevölkerung kommt, oder ist das nicht zu befürchten?"[110]. Diese Ergebnisse zeigen folgendes: Einerseits scheint es in der deutschen Bevölkerung eine Bereitschaft zu geben, den Islam nicht als Ganzheit wahrzunehmen und per se als „radikal" oder „bedrohlich" zu verurteilen, sondern einzelne radikale Anhänger als Gefahr einzustufen. Andererseits scheint unter den Personen deutscher Herkunft im Hinblick auf den Islam das Grundgefühl einer Bedrohung vorzuherrschen. Dorothee Pielow erklärt hierzu: „Tief in das Bewusstsein hat es sich eingeprägt, es gehe für Andersgläubige eine ständige Bedrohung von den Anhängern des Islams aus, und es wird die Frage gestellt, ob diese gefühlte Bedrohung ihren Ursprung vielleicht im Wesen dieser Lehre hat und welche Rolle in ihr das Böse einnimmt" (Pielow 2008: 13). Diese ambivalenten Diskurse manifestieren sich im Körper der Einzelnen in unserer Gesellschaft, ganz deutlich wird dies auch an einem Beispiel, das ich selbst im Rahmen meiner gymnasialen Lehrtätigkeit erlebt habe:

Nach der Volksinitiative „Gegen Masseneinwanderung" in der Schweiz im Februar 2014, bei der sich 50,3% der Wähler/innen für die Vorlage der rechtskonservativen Schweizerischen Volkspartei für eine Begrenzung der Einwanderung und 49,7% dagegen aussprachen[111], diskutierten die Schülerinnen und Schüler eines Politikkurses der Oberstufe eines Gymnasiums über diese Entscheidung. Die Diskussion ergab zunächst, dass ein Großteil derjenigen, die sich zu Wort gemeldet hatten, die Entscheidung der Schweizer kritisierten und auf die Frage hin, ob auch in Deutschland Einwanderung begrenzt werden solle, mit Ablehnung reagierten. Die abschließende geheime Abstimmung zeigte jedoch ein anderes Bild: 56% der Schüler/innen des Kurses würden demnach auch in Deutschland Einwanderung begrenzen wollen, 44% würden ein derartiges Votum ablehnen. Dieses Ergebnis bestätigt damit den Ausgang der Abstimmung des Politikkurses von 2009[112].

Die Diskrepanz zwischen der öffentlich geäußerten Einstellung und der geheimen Abstimmung der Schülerinnen und Schüler lässt sich auf deren inkorporiertes Wissen zurückführen: Während sie einerseits um die öffentlich propagierten Werthaltungen wissen und ihnen klar ist, dass sie in unserer Gesellschaft das Bild[113] einer toleranten und vorurteilsfreien Person abzugeben

---

[110] 29% der Befragten erklären, dass Spannungen in nächster Zeit nicht zu befürchten seien, 23% äußern sich dahingehend, dass sie „unentschieden" sind. Vergleiche ebd.

[111] Den Ergebnissen liegt eine Wahlbeteiligung von 55,8 % zugrunde.

[112] Vgl. hierzu die Ausführungen in der Einleitung.

[113] Im Begriff des „Bildes" sind sowohl Selbstbild als auch Fremdbild enthalten. Das Individuum will einerseits von den anderen Gesellschaftsmitgliedern als tolerant erlebt werden, will sich selbst aber auch als tolerant wahrnehmen.

haben (und dieses auch abgeben wollen, denn sie selbst sind im Sinne des inkorporierten Wissensvorrats von diesen Werten geprägt), sind sie gleichzeitig durchdrungen von weiteren, abweichenden (verborgenen) Diskursen, von denen einer das Gefühl einer vermeintlichen Bedrohung durch den Islam kultiviert, das sich beispielweise in der Ablehnung des Baus von Minaretten als sichtbares Zeichen des Islam manifestiert[114]. Den Schüler/innen ist bewusst, dass sie im Falle einer Zuwiderhandlung gegen den Diskurs der öffentlichen Meinung, den Diskurs korrekter Gesinnung mit Sanktionen zu rechnen haben, daher werden die persönlichen Überzeugungen, die sich entgegen dem propagierten Diskurs richten, in der Öffentlichkeit zurückgehalten – der Schein korrekter Gesinnung wird gewahrt. Diese Ausführungen machen deutlich:

Wie im Bereich der sexuellen Orientierung festgestellt, wirkt auch im Verhältnis eines großen Teils der deutschen Bevölkerung zum Islam das Phänomen der gespaltenen Akzeptanz, gestützt auf teils verborgene, machtvolle Diskurse. Für den Bereich sexueller Orientierung wurden diese verborgenen Diskurse und verdeckten gesellschaftlichen Mechanismen aufgezeigt und damit sichtbar. Doch welche unsichtbaren (Macht-)Diskurse, (Herrschafts-) Strategien und Mechanismen existieren in der Haltung und Beziehung der Deutschen zum Islam? Was sind die Gründe dafür, dass hier die gespaltene Akzeptanz wie auch im Bereich der sexuellen Orientierung wirken kann? Und vor allem: Welche Funktion erfüllt die gespaltene Akzeptanz im Zusammenhang mit dem Islam?

2.1.Zu den Voraussetzungen für die Wirkung gespaltener Akzeptanz

2.1.1.Die Semantik der „Eigentlichkeit" im Diskurs über den Islam

Die Ergebnisse der bereits zitierten Allensbach-Umfrage aus dem Jahr 2012 verdeutlichen die Diskrepanz zwischen erwünschter Einstellung und genereller Überzeugung zum Gefährdungspotential des Islam. Während die erwünschte Einstellung besagt, dass „nicht alle Muslime über einen Kamm zu scheren sind" und die Gefahr von Einzeltätern ausgeht, existiert die generelle Wahrnehmung des Islam als monolithischer Block, der in seiner Gänze als Bedrohung anzusehen ist, und der ambivalente oder negative bis hin zu feindlichen Gefühlen und Einstellungen hervorruft. Doch welche Gründe führen zu dieser Wahrnehmung? Wie kommt es, dass mit dem Islam das Grundgefühl einer Gefahr verbunden wird?

---

[114] Vgl. hierzu die Ausführungen in der Einleitung.

Dass von radikalen Anhängern des Islam ein hohes Gefahrenpotenzial für unsere Gesellschaft[115] ausgeht, lässt sich weder leugnen noch sollten solche Realitäten aufgrund der Angst vor möglichen Konsequenzen, die diese Aussagen für das Zusammenleben zwischen den unterschiedlichen Kulturen und Religionen haben könnten, verschwiegen werden. Spätestens seit dem 11. September wurde deutlich, dass es innerhalb der Muslime Gruppierungen und einzelne Anhänger gibt, die aggressiv versuchen ihre religiösen und gesellschaftlichen Vorstellungen durchzusetzen, und Gewalt und Schrecken als Mittel nutzen, um ihre Ziele zu verwirklichen. Diese radikale Ausprägung des Islam fällt unter den Begriff des Islamismus. Im Gegensatz zum Islam, für den keine allgemeingültige Definition existiert, sondern der vielmehr als ein „Diskursfeld" (Halm 2008) anzusehen ist, in dem von unterschiedlichen Gruppen und Akteuren ausgehandelt wird, was den Islam kennzeichnet und ausmacht[116], ist Islamismus als eine Ideologie zu verstehen.

So beanspruchen die Vertreter des Islamismus die uneingeschränkte und ausschließliche Deutungsmacht über die Auslegung des Korans und die Umsetzung des Islam. Alle diejenigen, seien es Nicht-Muslime oder aber auch andere Muslime, die für eine abweichende Einstellung eintreten, werden als Ungläubige oder nicht wahrhaft Gläubige bekämpft. Matthias Rohe stellt in diesem Zusammenhang fest: „Muhammad Ahmad Rassoul, dessen Werke in zahlreichen islamischen Buchhandlungen und Moscheen in westlichen Staaten vertreten werden, wendet sich in seinem Buch mit dem Titel Das deutsche Kalifat (Köln 1993) scharf gegen Demokratie und Christen. (…). Islamisten propagieren in besonders scharfer Form der Ablehnung der – sehr pauschal auf Libertinage, Sittenverfall, Materialismus und Heuchelei reduzierten – „westlichen" Lebensform" (Rohe 2010: 180). Ziel der Islamisten ist es letztlich in der Verquickung von Staat, Politik und Religion einen islamischen Gottesstaat zu errichten, in der der Koran und die Sunna als Richtlinien für das private und das öffentliche Leben uneingeschränkt und unhinterfragt gelten. Vor dem Hintergrund dieser sich auf den Islam berufenden Ideologie konstatiert Rohe zum Diskurs über den Islam in unserer Gesellschaft: „Die Debatte über den Islam in diesem Land und in Europa wird sich nicht mehr ohne den Sicherheitsaspekt führen lassen, auch wenn dieser angesichts der übergroßen Mehrheit friedlich und offen gegenüber den Grundlagen dieser Gesellschaft lebenden Muslime nicht dominieren darf" (Rohe 2010: 183).

Dieses Fazit von Matthias Rohe trifft im Kern den „wunden Punkt" des Einstellungsverhaltens von Personen deutscher Herkunft gegenüber Muslimen.

---

[115] In diesem Zusammenhang ist mit „unserer Gesellschaft" die gesellschaftliche Wirklichkeit Deutschlands in Verbindung mit den westlichen Bündnispartnern gemeint.
[116] Vergleiche hierzu Halm 2008.

Der Wunsch Rohes nach einer persönlichen Haltung gegenüber dem Islam, in der „der Muslim an sich" nicht unter Generalverdacht gestellt wird, lässt sich vor dem Hintergrund der vermeintlichen ontologischen Wahrheit, die sich nicht erst seit dem 11. September in das Unterbewusstsein westlicher Kulturen eingenistet und als integraler Bestandteil des unhinterfragten Wissensbestands unserer Gesellschaft über das (böse) Wesen des Islam Gültigkeit hat, kaum einlösen. Diesen Zusammenhang beschreibt Heiner Bielefeldt in seinem Aufsatz „Das Islambild in Deutschland. Zum öffentlichen Umgang mit der Angst vor dem Islam" (2010) wie folgt: „Der Grund dafür (gemeint ist hier: die generelle negative Einstellung gegenüber dem Islam, Anm. der Verfasserin) könnte darin bestehen, dass Erscheinungsformen eines religiösen Autoritarismus oder einer religiös motivierten terroristischen Gewalt als besonders symptomatisch für den Islam angesehen werden, dessen „wahres Wesen" sich darin zeige. Die Tatsache, dass eine große Mehrheit der Muslime nicht islamistisch eingestellt ist (…), wird damit als schieres Faktum nicht bestritten, entfaltet jedoch in einer solchen Sichtweise keine systematische Bedeutung. Die unterschiedlichen Formen muslimischen Lebens (…) verbleiben im Schatten des vermeintlich „eigentlichen" Islam, der nach wie vor mit Fanatismus, Autoritarismus und Militanz assoziiert wird" (Bielefeldt 2010: 181).

Hervorzuheben ist hier die von Bielefeldt gewählte Formulierung des „eigentlichen Islam". Was wird anhand dieser Formulierung ersichtlich? Die Wahrnehmung der Muslime in der bundesdeutschen Öffentlichkeit ist beeinflusst von negativen Projektionen. Den Muslimen werden bestimmte (negative) Eigenschaften zugeschrieben, die sich zum einen aus einer Art tradierter überlieferter Abgrenzung des christlich geprägten Abendlandes gegenüber dem Orient und zum anderen aus der gegenwärtigen Vorstellung des Islam als Bedrohung des Westens bzw. der westlichen Kultur und deren Werte rekrutieren[117]. Heute zu erklären, dass es keine liberalen Muslime gebe, die, trotzdem sie sich als Muslime begreifen, gleichzeitig die freiheitlichen Prinzipien unserer Verfassung anerkennen, die sich somit einerseits als Muslim und andererseits als Deutsche/r wahrnehmen, wäre eine Verkennung der Realität, und wird wohl von den wenigsten als Tatsache geleugnet.

Dieses nicht zu bestreitende Faktum wird allerdings im Sinne des framing-Konzepts von Goffman in einen bestimmten Kontext eingebunden und vor diesem Hintergrund erklärt. In diesem Fall wird die Realität eines liberalen Islam im Sinne des gesellschaftlichen Konzepts über den „eigentlichen Islam"

---

[117] Als Beispiel hierfür sei an die Rede des ehemaligen Präsidenten der USA, George Bush, erinnert, der nach den Anschlägen des 11. Septembers zu einem Kampf des „Guten" gegen das „Böse" aufrief und letztlich die gesamte arabische und islamische Welt mit der Bezeichnung der „Achse des Bösen" als generelle, permanente Gefährdung des Westens darstellte.

erläutert. Muslime, die liberale Ansätze vertreten, werden im Sinne des framing-Konzepts als „nicht - echte" Muslime etikettiert. Das führt zu einer Sicht auf Muslime, in der Muslime nicht als handelnde Individuen wahrgenommen werden, sondern in der das Individuum, dessen religiöse, islamische Orientierung einen Teil der Identität ausmacht, auf das Stereotyp des „eigentlichen Muslim" reduziert wird. Und zum Stereotyp des „eigentlichen Muslim" gehören einerseits alle Vorurteile und Klischees, die von fremden- und islamfeindlichen Agitatoren propagiert werden[118], andererseits aber auch die Realität eines tatsächlichen Bedrohungspotenzials sowie der Missachtung bestimmter liberaler Wertvorstellungen[119] durch einzelne (radikale) Anhänger des Islam, die in der Typisierung zu einem „eigentlichen Muslim" dem Islam und den Muslimen generell zugewiesen werden. Hierzu stellt Carolin Emcke fest: „Muslime im Singular scheint es nicht mehr zu geben. Sie sind als Individuen (…) zunehmend unsichtbar, als Personen, die auch über ihre Funktionen, ihre Berufe oder ihre Aktivitäten wahrgenommen werden könnten, als Ärzte, Theaterregisseure oder Arbeiter bei Opel" (Emcke 2010: 219).

Muslim zu sein und sich zum Islam zu bekennen, ist als ein Teil der religiösen und kulturellen Orientierung eines Individuums zu verstehen, und kann als eine Komponente zur Bildung einer individuellen Identität angesehen werden. So erklärt Navid Kermani: „Ich bin Muslim, ja – aber ich bin auch vieles andere. Der Satz „Ich bin Muslim" wird also in dem Augenblick falsch, ja geradezu ideologisch, wo ich mich ausschließlich als Muslim definiere – oder definiert werde" (Kermani 2009: 19). Dieses Zitat zeigt nicht nur auf, dass „das Muslim-Sein" nur *ein* Merkmal der Persönlichkeit ausmacht, sondern hier wird auch der Prozess des „zum Muslim-Werdens" deutlich. Durch stetige Interpellation als Muslim im Sinne der Vorstellung vom „eigentlichen Muslim" gewinnt die religiöse und (teils) kulturelle Ausrichtung Dominanz über die weiteren Persönlichkeitsanteile des Individuums. Das führt einerseits zu einer permanenten Reproduktion des Diskurses über die „Eigentlichkeit" des Islam und der Muslime in unserer Gesellschaft. Andererseits kann dies aber auch dazu beitragen, dass sich im Selbstbild der muslimischen Bevölkerung der Diskurs darüber, wie ein Muslim wahrgenommen wird und laut des Diskurses der „Eigentlichkeit" zu sein hat, derart festigt und sich als inkorporiertes Wissen in den Körpern manifestiert, dass sie sich immer stärker mit dieser Vorstellung identifizieren. In diesem Zusammenhang stellt Kermani fest: „In gewisser Weise passen sie sich genau dem Bild an, dass sich die Mehrheitsgesellschaft

---

[118] Siehe hierzu auch Kapitel 2.1.5.: Mediale Inszenierung und Islam.
[119] Hiermit ist unter anderem die Gleichwertigkeit und Gleichberechtigung von Mann und Frau gemeint.

von den Muslimen macht: ganz und gar durch die Religion definiert zu sein" (Kermani 2009: 89 f.).

Auch Carolin Emcke konstatiert hierzu: „Für Muslime ist die Wahrnehmung anderer, das verzerrte, negativ selektive Fremdbild von Muslimen und dem Islam (…), so sehr zur alltäglichen Erfahrung geworden, dass es heute einen Teil ihrer Identität ausmacht. Nicht weil sie sich selbst plötzlich für intolerant, kriminell oder rückständig hielten, sondern weil sie sich dauernd dazu verhalten müssen, dass sie so betrachtet werden, und weil dieses Feindbild dazu führt, dass sie vielleicht keine Praktika bekommen, keine Jobs, dass sie nicht einmal ins Schwimmbad dürfen, wenn sie ein Kopftuch tragen etc." (Emcke 2010: 217). Gemäß einer self-fulfilling prophecy haben sich dann die den Muslimen zugewiesenen Attribute und Eigenschaften so ausgewirkt, dass diese die stereotypen Zuschreibungen als identitätsbildend wahrnehmen und übernehmen. Dieser Prozess ist allerdings nicht nur durch die von Butler (2001) angeführte Interpellation zu erklären, sondern auch im Sinne des labeling approach[120]. Für einen Muslim in Deutschland bedeuten die diesen Theorien zugrundeliegenden Prozesse, dass er als „liberaler Muslim" nicht ernst genommen wird. Im Umkehrschluss hat das zur Folge, dass ein Muslim, der als ein „echter Muslim" wahrgenommen werden und sich selbst auch als ein solcher sehen will, sich dem Diskurs über den „eigentlichen Muslim" anpassen muss. Das kann bedeuten, dass hier dann tatsächlich als abweichend erklärte Verhaltensweisen und -muster übernommen werden und sich in Folge dessen das Individuum über das abweichende Verhalten selbst definiert[121].

Allerdings stellte Wolfgang Frindte u.a. in der bereits zitierten Studie des BMI „Lebenswelten junger Muslime in Deutschland" fest: „Vor allem junge Muslime aus dem traditionellen türkischen und nordafrikanischen Arbeitermilieu (…) lehnen (…) einen fundamentalistischen Islam ebenso wie einen militanten globalen Jihad entschieden ab. Mit der Neuinterpretation des Islams durch fundamentalistische Prediger können sie persönlich oft nichts anfangen, und die Positionen islamistischer Extremisten scheinen ihnen meist im Detail gar nicht bekannt zu sein" (Frindte, Wolfgang u.a. 2011: 646). Des Weiteren führt er aus:

---

[120] Diese Theorie zur Erklärung devianten Verhaltens geht davon aus, dass es in einer Gesellschaft bestimmte Gruppen – Gruppen von Personen deutscher Herkunft – gibt, die die Macht gegenüber anderen Gruppen – die muslimische Minderheit in Deutschland – besitzen, die Normen durchzusetzen, an denen sie interessiert sind. Diese Normen finden dann Eingang in den allgemeingültigen Kanon gesellschaftlichen Verhaltens und Handelns der Gesellschaft und haben zur Folge, dass diejenigen, die diese Normen nicht umsetzen, als abweichend etikettiert und ihnen bestimmte Attribute und Eigenschaften zugeschrieben werden. Gleichzeitig beinhaltet das eine Reduktion der Verhaltensspielräume des deklarierten „Abweichlers".
[121] Vergleiche zur Theorie des labeling approaches die Ausführungen in Lamnek, Siegfried (1999): 185 ff.

„Die überwiegende Mehrheit der Muslime distanziert sich mehr als deutlich von religiös motivierter Gewalt und religiös motiviertem Terrorismus. Dies gilt auch für fundamentalistisch-wahhabitische Strömungen. Auch für diese Muslime sind Terroristen entweder Wahnsinnige oder Kriminelle, die gezielt (und aus politischem Kalkül) den Islam für ihre jeweiligen machtpolitischen Ziele instrumentalisieren" (ebd.: 647).

Diese Ausführungen Frindtes machen noch einmal deutlich, dass es notwendig ist, ein Bewusstsein dafür zu schaffen, dass Terrorismus und Gewaltanwendung im Zeichen des Islam das Werk und die Mittel radikaler Einzeltäter oder Gruppierungen sind, und dass unter den Muslimen selbst, in der eigenen Glaubensgemeinschaft, die Durchsetzung des Islam durch Gewalt verurteilt wird. Insgesamt gilt es festzuhalten, dass im Zusammenhang mit dem Islam in unserer Gesellschaft gegenwärtig verschiedene Vorstellungen und Wirklichkeiten existieren, die teilweise in einem divergenten und diametral entgegengesetzten Verhältnis zueinander stehen, aber gleichzeitig ihre Wirkkraft entfalten können. Anzuführen sind hier insbesondere:

1. Eine Wirklichkeit, die die Vorstellung einer Gleichzeitigkeit von liberalem, freiheitlichem Gedankengut und islamischem Glauben befördert,
2. eine Wirklichkeit, in der sich radikale Anhänger des Islam abweichend und gewalttätig verhalten,
3. eine (öffentliche) Wirklichkeit, in der die korrekte Gesinnung vorurteilsfreien Verhaltens gilt,
4. eine (teils verborgene) Wirklichkeit, die das Bild eines „eigentlichen Islam"[122] transportiert, die sich aber, gerade aufgrund dessen, dass sie einerseits im Verborgenen und andererseits im Unterbewusstsein wirkt und Bestandteil des tradierten und kulturellen Wissensbestandes der sogenannten westlichen Welt, des christlich geprägten Abendlandes ist, als ontologische Wahrheit, als Grundgefühl und innerste Überzeugung, in die Körper der Individuen eingeschrieben hat.

2.1.2. Religion und Religiosität zwischen Öffentlichkeit und Privatheit

Nach einer Umfrage von TNS-Infratest im Auftrag des SPIEGEL Magazin Online vom 4. Dezember 2009[123] sowie einer Erhebung des Allensbacher

---

[122] Komplementär dazu existieren auch im Zusammenhang mit den Begriffen „der Westen" oder „der/die Deutsche" bestimmte Bilder, Vorstellungen und Projektionen.
[123] Die Umfrage ist dem Artikel „Deutsche gespalten über Minarett – Verbot" zu entnehmen und online unter http://www.spiegel.de/politik/deutschland/umfrage-deutsche-gespalten-ueber-minarett-

Instituts von November 2012[124] lehnt die Hälfte der Befragten den Bau von Minaretten in Deutschland ab, während hingegen die andere Hälfte den Minarettbau toleriert oder befürwortet. In diesem Zusammenhang sollten allerdings auch die Befragungen zu einem Verbot von Minaretten in der Schweiz, die vor der eigentlichen Volksabstimmung durchgeführt wurden, angeführt werden. Den Umfragen zufolge hätte sich nämlich die Mehrheit der Schweizer (53%) gegen ein Minarettverbot aussprechen müssen, nur 37% der schweizerischen Bevölkerung traten in den vorausgegangenen Erhebungen für ein Verbot von Minaretten ein[125]. Stattdessen aber sprachen sich in der geheimen Volksabstimmung 57,5% der Schweizer gegen den Minarettbau aus. Die Ergebnisse aus der Schweiz als mögliches Spiegelbild deutscher Überzeugungen wahrzunehmen ist nicht nur vor dem Hintergrund der deutschen Vergangenheit falsch, sondern auch im Hinblick darauf, dass sich Deutschland und die Schweiz trotz der räumlichen und mit Sicherheit in vielen Fragen auch kulturellen Nähe im Umgang mit bedeutenden gesellschaftlichen Fragen und Problemen in wesentlichen Aspekten der politischen und demokratischen Kultur unterscheiden[126]. Tatsache ist allerdings, dass sich die deutsche Gesellschaft in der Frage um den Bau von Minaretten nicht nur uneinig ist, sondern dass dieses Thema heftige Diskussionen in der bundesdeutschen Öffentlichkeit ausgelöst hat und immer wieder auslöst, was man beispielsweise anhand der kontrovers geführten Debatten (der Jahre 2006-2013) um den Bau einer Moschee im Kölner Stadtteil Ehrenfeld erleben konnte und kann[127].

---

verbot-a-665274.html zu finden. Am 03.03.2013 wurde der Artikel aufgerufen. In der Erhebung von TNS – Infratest sprechen sich 44% der Befragten für ein Minarettverbot in Deutschland aus, 45% äußern die gegenteilige Meinung.

[124] Vergleiche Institut für Demoskopie Allenbach (Hg.): Die Furcht vor dem Morgenland im Abendland. Eine Dokumentation des Beitrags von Dr. Thomas Petersen in der Frankfurter Allgemeinen Zeitung Nr. 272 vom 21. November 2012. Originalmanuskript , Tabellen, Schaubilder aufrufbar online unter www.ifd_allensbach.de/uploads.

[125] Vergleiche hierzu unter anderem den Artikel der Süddeutschen „Wenn der Staat das Volk nicht mehr versteht" vom 17.05.2010, online unter http://www.sueddeutsche.de/politik/minarett-verbot-wenn-der-staat-das-volk-nicht-mehr-versteht-1.133875, sowie dem Artikel aus der FAZ vom 29.11.2009 „Schweizer verbieten den Bau von Minaretten", online unter http://www.faz.net/aktuell/politik/ausland/volksabstimmung-schweizer-verbieten-bau-von-minaretten-1885602.html. Beide abgerufen am 03.05.2013.

[126] Hier ist beispielsweise anzuführen, dass in der Schweiz die Volksabstimmung als ein Element direkter Demokratie bei Konflikten und Entscheidungen Anwendung findet. Die Gründe und Erklärungen dafür, dass in Deutschland auf repräsentativem Wege über politische und gesellschaftlichen Fragen entschieden und nur wenig Raum für basis- oder direktdemokratische Wege der Entscheidungen gegeben wird, werden in dieser Arbeit nicht weiterverfolgt und würden deren Rahmen sprengen.

[127] Vergleiche hier unter anderem den Artikel „Deutschland: Diskussion um Moschee – Bau in Köln" in Migration-info.de vom Netzwerk Migration in Europa und der Bundeszentrale für politische Bildung. Online unter http://www.migration-info.de/mub_artikel.php?Id=070502, abgerufen am 03.05.2013 sowie die Ausführungen von Navid Kermani 2009: 57 f.

Was sind die Gründe für diese heftigen Reaktionen und teils emotional aufgeladenen Wortgefechte? Welche Themen und Inhalte scheinen so wirkungsvoll zu sein, dass sie einen gesellschaftlichen Diskurs mit einem solchen Maß an Emotion, an gefühlter Bedrohung aufladen können? Wodurch wird dieses „Schreckgespenst" einer Bedrohung durch den Islam genährt? Samuel Huntington konstatiert in seiner 1996 erschienenen Analyse „Clash of Civilizations and the Remaking of World Order" einen grundsätzlichen Antagonismus zwischen den verschiedenen Kulturen der Welt, dessen Grundlage die jeweilige Religion darstellt. Bezieht man diese Aussage auf die Lebensrealität in Deutschland lässt sich für die religiöse Orientierung hier zunächst feststellen, dass laut aktueller Statistiken etwa ein Drittel aller Deutschen der evangelischen Kirche und ein Drittel der römisch-katholischen Kirche angehören. Ein Drittel der deutschen Bevölkerung ist hingegen konfessionslos. Zum Islam bekennt sich ein Anteil von 5% der Bevölkerung in Deutschland[128].

Diese Zahlen verdeutlichen zunächst, dass die Mehrheit der Deutschen, 2/3 der deutschen Bevölkerung, dem Christentum angehört, nur eine kleine Minderheit der in Deutschland lebenden Bevölkerung dagegen zählt sich zum Islam. Es lässt sich daher zum einen feststellen, dass man von Deutschland immer noch als von einem christlich geprägten Kulturraum sprechen kann. Allerdings deutet die hohe Zahl der Konfessionslosen in Deutschland (34%)[129] darauf hin, dass die Kirchen im Zuge der gesellschaftlichen Modernisierung und Individualisierung ihre traditionelle Rolle als Sinnstifter, Ordnungsinstanz und gesellschaftliche Repräsentanten allmählich einbüßen[130]. Vielmehr tritt die christliche Kirche in Deutschland gegenwärtig dann in Erscheinung, wenn es um ihre karitativen Einrichtungen wie Kindergärten, Schulen usw. geht oder bei zeremoniellen Anlässen. Diese Entwicklung der christlichen Religion und Religiosität in Deutschland wird häufig mit dem Begriff der Säkularisierung bezeichnet. Nach Heiner Meulemann bedeutet der Begriff „Säkularisierung" auf christliche Gesellschaften bezogen: „ (…) den Rückgang des Glaubens an einen persönlichen, wirklichen und lebendigen Gott – der in diese Welt und das Leben ihrer Bewohner eingreift – zugunsten von Vorstellungen, nach denen die Welt

---

[128] Vgl. hier u.a.: Bundeszentrale zur politischen Bildung (Hg.): „Zahlen und Fakten", „Soziale Situation in Deutschland", September 2012. Online unter: http://www.bpb.de/nachschlagen/zahlen-und-fakten/soziale-situation-in-deutschland/145148/religionszugehoerigkeit. Abgerufen am 06.05.2013.

[129] Vgl. hier u.a. die Zahlen des Statistischen Bundesamtes von 2014. Online unter http://fowid.de /fileadmin/datenarchiv/Religionszugehoerigkeit/Religionszugehoerigkeit_Bevoelkerung_Deutschlan d_2014.pdf, abgerufen am 26.03.2015.

[130] Als Grund dafür gibt u.a. Benedikt Giesing an: „Exklusive Wahrheitsansprüche der christlichen Lehren stehen im Gegensatz zu pluralen Lebenswelten" (Giesing 1998: 88).

gemäß ihrer Substanz und ihre Gesetzmäßigkeiten das menschliche Schicksal und alles andere in sich beschließt. Gott befindet sich entweder außerhalb dieser Welt oder verschmilzt mit ihr; an seine Stelle tritt die eine oder andere Vorstellung von Ganzheit. Säkularisierung bezeichnet demnach einen Übergang von Glauben an die Existenz eines persönlichen Gottes zu einer abstrakten Sicht der Welt" (Meulemann 2009: 693).

So geht beispielsweise aus den Ergebnissen des Religionsmonitors von 2008[131] hervor, dass der „implizite Glaube" der Befragten in den christlich geprägten Gesellschaften (Österreich, Spanien, Frankreich, Italien, Deutschland, Großbritannien, Schweiz) nicht als christlich, sondern als „säkular" einzuordnen ist (vgl. ebd.: 702). Religion und Glaube wird in unserer Gesellschaft zu einer möglichen Orientierung, einer wählbaren Option unter vielen anderen. „Wie" und (an) „was" die Einzelnen glauben, oder ob sie es gar nicht tun, diese Entscheidungen werden den Individuen überlassen. Allerdings stellt Monika Wohlrab-Sahr in diesem Zusammenhang fest: „Nun ist die soziale „Vererbung" von Religiosität und Religionslosigkeit zwar keine Zwangsläufigkeit, wie insbesondere der wachsende Glaube der Jüngeren an ein Leben nach dem Tod zeigt – dennoch ist sie nach wie vor der Regelfall" (Wohlrab-Sahr 2009: 164).

Diese Ausführungen zeigen folgendes: Die Konfessionszugehörigkeit und auch der religiöse Glaube hängt häufig mit der Konfession und dem Glauben der Elterngeneration zusammen. Bereits durch die Taufe (meist immer noch im Säuglingsalter) wird in der römisch-katholischen Kirche die Zugehörigkeit zu einer Konfession bestimmt. So ist der Weg des Individuums zwar (zunächst) „vorgezeichnet", die Auseinandersetzungen mit anderen religiösen Zugängen bieten diesem dann allerdings die Möglichkeit, anders zu wählen, und sich für oder gegen eine Konfessionszugehörigkeit und eine bestimmte Glaubensrichtung zu entscheiden. Hier spielt auch der Unterschied zwischen der Konfessionszugehörigkeit auf der einen Seite und dem Glauben auf der anderen Seite eine bedeutsame Rolle. Denn weder ist die bloße Konfessionszugehörigkeit gleichzusetzen mit Religiosität noch mit Glauben und andererseits heißt ein Bekenntnis zum christlichen Glauben heute nicht mehr gleichzeitig, dass sich derjenige auch als Zugehöriger zu einer Konfession versteht. Religion und Kirche sind zwar heute noch als Handlungsfelder eng miteinander verknüpft, denn natürlich speist sich die Kirche aus der (vermeintlichen) Religiosität und Konfessionszugehörigkeit ihrer Mitglieder, stellen aber heute im Gegensatz zu früher voneinander entkoppelte Felder dar. So kann man sich heute durchaus als religiös bezeichnen, aber keiner

---

[131] Der Religionsmonitor wurde von der Bertelsmann – Stiftung herausgegeben. Er stellt eine repräsentative Erhebung dar, in der jeweils etwa 1000 Befragte aus 21 verschiedenen Ländern befragt wurden.

Konfession angehören. Gleichzeitig ist möglich, dass jemand „von jeher", weil sie/er eben römisch – katholisch getauft wurde, der römisch-katholischen Konfession angehört (und auch Kirchensteuern zahlt), obwohl sie/er keineswegs die katholische Heilslehre und den katholischen Glauben vertritt.

Christliche Religion und Religiosität scheinen in unserer gesellschaftlichen Realität beinahe unsichtbar, gewinnen allerdings dann plötzlich an Bedeutung, wenn es um die rituelle Begleitung von bestimmten Ereignissen wie Hochzeit, Sterbebegleitung oder einer Beerdigung geht. Benedikt Giesing führt im Zusammenhang mit dem „Legitimations- und Akzeptanzpotential" (Giesing 1998: 89) des Religiösen an: „Als Interaktion mit dem Heiligen begründet es eine Haltung ehrfürchtigen Respekts, von dem auch weltliche Institutionen zehren können" (ebd.). Treffend ist diese Formulierung insofern, als dass es genau diese „Interaktion mit dem Heiligen" ist, die „Mensch" braucht oder an die „Mensch" in Situationen glauben will, die er meint, rational nicht bewältigen und/oder verstehen zu können, und anhand derer er die Grenze seiner rationalen Fähigkeiten und Vorstellungskraft wahrnimmt. In solchen Situationen ist es die Sinnwelt des Heiligen, die Überzeugung, dass es neben dem rational Verstehbaren noch etwas anderes gibt, an das „Mensch" glaubt oder glauben möchte. Ein Sinnsystem, das Liebe nicht als eine chemische Reaktion erklärt, oder das den Tod als Tür zur Öffnung einer weiteren Wirklichkeit begreift.

Im diesem Sinne muss auch die Feststellung Meulemanns noch einmal überdacht werden, der die gesellschaftliche Wirklichkeit Deutschlands hinsichtlich der religiösen Orientierung vor dem Hintergrund der Ergebnisse des Religionsmonitors 2008 als säkular bezeichnet hat. Meulemann ist mit Sicherheit dahingehend zuzustimmen, dass die christlichen Kirchen nicht mehr als wert- und normsetzende Instanzen und deren Lehren als unhinterfragte Wahrheiten für die gesamte deutsche Bevölkerung gelten. Das kritische, aufgeklärte Auge und die Entwicklungen der Moderne haben im Sinne Webers zu einer „Entzauberung der Welt" (1919) geführt, so hält auch das Heilige einer rationalen Betrachtung nicht stand, und christlicher Glaube leidet immer mehr an einem Verlust von Akzeptanz in unserer Gesellschaft. Hierzu stellt Giesing fest: „Das religiöse Bekenntnis der Deutschen ist in den letzten Jahrzehnten privater, unsichtbarer, intimer, seltener artikuliert und noch seltener explizit praktiziert worden. Dementsprechend weiß kaum jemand etwas über die religiösen Überzeugungen der Personen seines weiteren sozialen Umfeldes und schon gar nicht über die seiner Gesellschaft" (1998: 83 f.).

Auch Armin Nassehi erklärt vor dem Hintergrund der Ergebnisse des Religionsmonitors von 2008: „All diese Ergebnisse bestätigen die Grundthesen der stilbildenden Arbeit von Thomas Luckmann über die „unsichtbare Religion". (…) Luckmanns Stärke besteht darin, dass er die Individualisierung und Pluralisierung des religiösen Erlebens auf gesellschaftsstrukturelle Veränderungen zurückgeführt hat. (…) Dass in einer Gesellschaft mit individuellem Subjektivismus das religiöse Erleben individualisiert und privatisiert wird (..), ist durchaus zutreffend und nur die Kehrseite vormoderner Sozialformen, in denen Privatheit in dieser Form schlicht nicht erlebt werden konnte – (…)" (Nassehi 2009: 169 f.). Religion und Religiosität in Deutschland scheinen heute also dem Bereich des Privaten anzugehören und unsichtbarer Bestandteil unserer gesellschaftlichen Wirklichkeit zu sein. Aussagen, die einen selbst als „konfessionslos", „Heide" und „nicht an einen Gott glaubend" outen, werden heute gesellschaftlich akzeptiert und liegen in unserem modernen Selbstverständnis begründet. Hingegen scheinen gegensätzliche Überzeugungen durchaus ein Konfliktpotential in sich zu tragen. So zieht etwa die Aussage, dass man an Gott und an ein Leben nach dem Tod glaube und der katholischen Kirche angehöre, oftmals eine Art „Grundsatzdiskussion" über die Irrationalität christlichen Glaubens und die als dogmatisch empfundene Haltung der Kirche (dann) als Repräsentant der christlichen Heilslehre in bestimmten gesellschaftlichen Fragen (wie z.B. die Haltung der Kirche zu Homosexualität oder Empfängnisverhütung oder innerhalb der katholischen Kirche das Zölibat) nach sich.

Aber ist, wie Meulemann konstatiert hat, unsere Gesellschaft damit eine, die sich als säkular bezeichnen lässt? Armin Nassehi kommt in einer qualitativen Untersuchung, die im Frühjahr 2007 durchgeführt wurde[132], zu dem Ergebnis, dass die Befragten eine erstaunliche religiöse Kompetenz aufwiesen. So stellt er fest: „Die Interviews folgen zum größten Teil nicht jener bürgerlichen Erwartung an Konsistenz und konfessionelle Eindeutigkeit der religiösen Selbstbeschreibung. Sie zeichnen vielmehr ein Bild einer religiösen Realität, die in einer sich selbst als inkonsistent erlebten Gesellschaft darauf reagiert, alles miteinander kommensurabel zu machen, und somit eine Kulturalisierung religiöser Inhalte hervorbringt. Diese Inhalte müssen nicht mehr reflexiv, intellektuell oder konfessionell, also bekenntnismäßig zusammenpassen. Sie orientieren sich vielmehr an der möglichen Authentizität individueller religiöser Rede" (Nassehi 1998: 198).

Die Ergebnisse Nassehis machen deutlich, dass sich unsere Gesellschaft trotz der Unsichtbarkeit der Religion und des privaten Charakters von Religiosität und Glauben durch die Kompetenz auszeichnet, eine Kommunikation führen zu

---

[132] Im Rahmen dieser Untersuchung wurden 49 Interviews ausgewertet, die 2007 in Berlin und Ostwestfalen-Lippe geführt wurden (vgl.: Nassehi, Armin: Religiöse Kommunikation. Religionssoziologische Konsequenzen einer qualitativen Untersuchung, S. 169 – 203. In: Bertelsmann – Stiftung (Hg.): Woran glaubt die Welt? Analysen und Kommentare zum Religionsmonitor 2008, Gütersloh 2009).

können, die sich „an religiösen Erwartungsstilen" (ebd.: 199) ausrichtet. Daraus lässt sich schließen, dass die christliche Religion und Heilslehre Bestandteil des kulturellen Wissensvorrates der Mitglieder unserer Gesellschaft ist und damit auch (unsichtbaren) Einfluss auf das gesellschaftliche Miteinander nimmt. Insofern ist der Diagnose einer säkularisierten Gesellschaft in Deutschland nicht dogmatisch zuzustimmen. Vielmehr lässt sich der Umgang mit Religion und Glaube im Sinne einer „Bastel – Philosophie[133]", in Anlehnung an das Konzept einer „Bastel-Biographie", verstehen, in der das Individuum die eigene Überzeugung und „persönliche Lebensphilosophie" immer wieder neu vor dem Hintergrund kulturalisierter, religiöser Inhalte und Glaubensgrundsätze einerseits und den eigenen Erfahrungen und Erlebnissen andererseits überprüft, hinterfragt und reflektiert.

Auch die Aussage Giesings, dass das religiöse Bekenntnis in den letzten Jahren immer seltener artikuliert und praktiziert werde, darf nicht zwangsläufig zu der Folgerung führen, dass Glaube und Religion bald keinen Stellenwert mehr in unserer Gesellschaft einnehmen. So sind auch steigende Kirchenaustritte und weniger Beitritte nicht gleichzusetzen mit einem Untergang des christlichen Glaubens. Vielmehr ist davon auszugehen, dass die Moderne zu einer Entkopplung von Kirche als Institution und Religion/Glaube als Teil individueller „Lebensphilosophie" geführt hat. Die Ausbildung eines kritischen Bewusstseins, das auch nicht vor der vermeintlich ontologischen Wahrheit und dem Absolutheitsanspruch der kirchlichen Lehre Halt gemacht hat, hat das Individuum dazu befähigt, zwischen Kirche und Religion zu differenzieren. Diese Kompetenz einer differenzierten Wahrnehmung bezieht es auch auf die Glaubensinhalte der christlichen Heilslehre und anderer Religionen. Aus diesen wählt es die Prinzipien und Inhalte aus, die es überzeugen, und an die es glaubt (glauben kann).

Tatsache ist, „Glaube leben" und religiöse Praktiken finden heute selten öffentlich statt. Zwar gibt es partiell Kirchen-, Feiertage oder eine Papstwahl, allerdings sind dies Ereignisse, die über wenige Tage, allerhöchstens ein paar Wochen auf gesellschaftliches Interesse stoßen, um dann wieder von der öffentlichen Agenda zu entschwinden[134]. Tatsache ist aber auch, dass es in

---

[133] Der Begriff „Philosophie" soll hier im ursprünglichen Sinne als „Liebe zur Weisheit" verstanden werden. Weisheit wäre hier als die Fähigkeit des Individuums zu verstehen, eine individuelle Lebensphilosophie zu entwickeln, die von dem Individuum immer wieder selbstkritisch in Frage gestellt wird, und damit wandelbar und nicht statisch ist.
[134] Hierzu können auch Festtage wie Weihnachten oder Ostern gezählt werden. Tage, an denen die Kirchen plötzlich überfüllt sind, während hingegen an „normalen" Sonntagen nur vergleichsweise wenige Menschen in die Kirche gehen. Dieses Faktum kann auch als Indiz dafür gewertet werden, dass von einer Kulturalisierung der Religion ausgegangen werden kann. Dass man „an Weihnachten

unserer Gesellschaft Erlebnisse, Situationen und Lebensphasen gibt, in denen Glaubensinhalte und religiöse Riten einen bedeutsamen Platz im Umgang und Erleben dieser Ereignisse oder Lebensphasen einnehmen. Diese Bereiche sind heute zumeist im Privaten anzusiedeln. Das beinhaltet nicht nur Ereignisse wie Tod oder Sterben[135], sondern auch beispielsweise die (mögliche) Eltern-Phase im Leben eines Menschen, in der mit den kleinen Kindern häufig über Taufe, Religion, Festtage gesprochen wird, und möglicherweise religiöse Praktiken wie „abends beten" gepflegt werden. In diesem Zusammenhang ist anzumerken, dass es viele unterschiedliche Zugänge zum christlichen Glauben und dessen Umsetzung gibt, und dass dieser Zugang nicht nur im Sinne Giesings familiär vererbt wird, sondern dass sich natürlich auch das „soziale und kulturelle Milieu", aus dem die Einzelnen stammen, prägend auf deren religiöse und kulturelle Überzeugungen auswirkt. Das heißt, stammt jemand aus einem Milieu, dessen Orientierungen von der Überzeugung getragen werden, dass letztlich kein Gott, kein „Himmelreich" und nichts Überirdisches oder Transzendentales existiert, werden diese Ansichten auch die religiöse und kulturelle Überzeugung des Individuums prägen und beeinflussen. Insgesamt lässt sich damit für den Bereich der religiösen, (christlichen) Orientierung in Deutschland feststellen:

1. Eine Entkopplung zwischen Konfessionszugehörigkeit, Religiosität und Glaube hat stattgefunden.
2. Die Kirche als Institution büßt allmählich ihre traditionelle Rolle als Sinnstifter, Ordnungsinstanz und gesellschaftlicher Repräsentant ein.
3. Der innewohnende Glaube vieler ist als „säkular", im Sinne eines eher existentialistischen Glaubensmodells und einer weniger transzendenten Glaubensorientierung, zu bezeichnen.
4. Die Vorstellung von den Grundsätzen der christlichen Heilslehre als unhinterfragte ontologische Wahrheit wurde durch die „Kulturalisierung der religiösen Inhalte" (vgl. Nassehi 2009: 198) abgelöst.
5. Das religiöse Leben findet zumeist im privaten Rahmen statt.
6. Christliche Religiosität ist in der Öffentlichkeit kaum sichtbar.
7. Faktoren wie die Milieuzugehörigkeit oder bestimmte biografische Lebensphasen nehmen Einfluss auf die kulturelle und religiöse Orientierung und Überzeugung des Individuums.

---

in die Kirche geht (gehen sollte)", weiß jeder, ist Bestandteil unseres kulturellen Wissens und für viele geltende, gesellschaftliche Norm.
[135] Vgl. hierzu die Ausführungen im 3. Kapitel.

8. Dieses bastelt sich seine eigene, individuelle „Lebensphilosophie", in die auch kulturalisierte, religiöse Inhalte und Glaubensgrundsätze Eingang finden.

Vor dem Hintergrund dieser Diagnose zum gegenwärtigen Zustand des (christlich-) religiösen Lebens in Deutschland ist zu fragen, wie und ob sich islamischer Glaube, Religion und Kultur damit vereinbaren lassen und auf gesellschaftliche Akzeptanz treffen. Festzuhalten ist hier zunächst, dass sich muslimisches Leben in Deutschland in so verschiedenartigen Facetten zeigt wie auch das Leben des nicht-muslimischen Bevölkerungsteils. Wie bereits in Kapitel 2.1.1. ausgeführt: den „eigentlichen Muslim" gibt es nicht. Allerdings lassen sich bestimmte Aussagen über das islamisch-religiöse Leben in Deutschland treffen, die für eine Mehrheit der Angehörigen des islamischen Glaubens repräsentativ sind. So geht aus dem Religionsmonitor 2008 hervor, dass im Bereich der religiösen Intensität die Befragten aus der Türkei eine weit höhere Ausprägung auswiesen als die deutschen Befragten (vgl. Wohlrab-Sahr 2009: 165 ff.). Auch die Studie des Bundesamtes für Migration und Flüchtlinge: „Muslimisches Leben in Deutschland" (2009) stellt fest: „Muslime sind eine vergleichsweise religiöse Gruppe, und die Religion hat einen hohen Stellenwert in ihrem Alltagsleben. Jedoch kann nicht davon ausgegangen werden, dass dies alle gleichermaßen betrifft. Insgesamt ist etwa ein Drittel der Muslime stark religiös, wobei der Wert bei Muslimen aus dem sonstigen Afrika und der Türkei noch höher liegt als bei den anderen Herkunftsgruppen. Besonders für die Alltagspraxis (Besuch religiöser Veranstaltungen, Speisevorschriften usw.) hat die Religiosität eine hohe Bedeutung" (2009: 341 f.).

Über ein Drittel aller Muslime besucht mehrmals im Monat eine religiöse Veranstaltung, 57% aller in der Studie des Bundesamtes für Migration und Flüchtlinge erfassten Muslime geben an, sich uneingeschränkt an religiöse Fastenvorschriften zu halten (vgl. 2009: 155 ff.). Diese Beispiele machen deutlich, dass für Angehörige des Islam der Glaube und dessen Grundsätze weite Teile und Bereiche ihres Alltagslebens durchdringen oder sogar handlungsweisend bestimmen. Dieses „ganzheitliche", auf religiösen Grundsätzen fußende Lebenskonzept wird oftmals als fundamentalistisch bezeichnet. Stefan Huber und Volkhard Krech erklären hierzu, dass sich Fundamentalismus durch „eine exklusive Bindung an eine bestimmte religiöse Ausrichtung" (2009: 76) auszeichnet. Das bedeute aber nicht notwendigerweise, dass „Konzepte wie kognitive Rigidität, intellektueller Dogmatismus oder politische Gewaltbereitschaft" (ebd.) in diese Haltung mit eingehen[136].

---

[136] So auch beispielsweise Ruf 2012: 30.

Dies zeigen auch die Ergebnisse des Religionsmonitors 2008 in Bezug auf die Toleranz von Angehörigen der islamischen Glaubensgemeinschaft gegenüber Andersgläubigen. Hier wird deutlich, dass trotz der teilweise hohen Fundamentalismuswerte der befragten Muslime tolerante Einstellungen gegenüber anderen Religionen vorherrschen, somit eine fundamentalistische Geisteshaltung mit der Vorstellung eines religiösen Pluralismus[137] kompatibel ist (vgl. ebd.). Auch mit Blick auf die Einstellung gegenüber Angehörigen der eigenen Religionsgemeinschaft, die ihren Glauben in andersartiger Art und Weise ausleben, stellt Navid Kermani fest, dass „trotz der zunehmenden Religiosität der Bevölkerung immer noch 85% der Türken jemanden, der das Ritualgebet nicht einhält oder Alkohol trinkt, als guten Muslim betrachten" (Kermani 2009: 110).

Zusammenfassend lässt sich in Bezug auf das religiöse Leben der Angehörigen der islamischen Glaubensgemeinschaft feststellen: Bei einer Mehrheit der Angehörigen des Islam ist die religiöse Orientierung fester Bestandteil des täglichen Lebens, fließt als Gewohnheit, Ritual und Norm in deren Lebensalltag mit ein und stellt ein festes, klar den Alltag strukturierendes Ordnungs- und Sinnprinzip dar. Durch die festgelegten Gebetszeiten (fünfmal täglich) sind die religiösen Praktiken nicht nur auf den privaten Bereich beschränkt, sondern finden gleichzeitig Eingang in weitere Handlungsfelder wie den Arbeitsplatz etc. Damit findet religiöses, islamisches Leben im Gegensatz zum christlichen auch im öffentlichen Raum statt und ist sichtbarer Bestandteil unserer gesellschaftlichen Wirklichkeit. Auch der Ruf des Muezzin, der einen Muslim zum Gebet einlädt, erfolgt unüberhörbar in der Öffentlichkeit[138].

Sichtbar wird der Islam aber des Weiteren durch das Tragen des Kopftuchs. So geht aus der Studie des Bundesamtes für Migration und Flüchtlinge hervor, dass 28 % der in den erfassten Haushalten lebenden Musliminnen ein Kopftuch tragen, 72 % tun dies nicht[139]. Hieran wird deutlich, dass eine große Mehrheit der muslimischen Frauen kein Kopftuch trägt, dieses aber, da es einen auffallenden Gegensatz zur Bekleidung nichtmuslimischer Frauen darstellt, ein sichtbares und öffentliches Zeichen des Islam in unserer Gesellschaft ist. Und obwohl nur eine Minderheit der muslimischen Frauen ein solches trägt, wird das Tragen des Kopftuchs in der breiten Öffentlichkeit als ein Zeichen einer generellen Degradierung und einer prinzipiellen Ungleichbehandlung von

---

[137] Mit dem Begriff „religiöser Pluralismus" wird im Sinne Hubers eine Einstellung charakterisiert, die „von Offenheit und Toleranz gegenüber unterschiedlichen religiösen Traditionen" (Huber, Stefan u.a. 2009: 73) geprägt ist.

[138] Allerdings ruft der Muezzin in Deutschland in nur wenigen Gemeinden zum Gebet, und dann nur zum rituellen Freitagsgebet, aus Rücksicht vor den Anwohnern.

[139] Als wichtigsten Grund für das Tragen des Kopftuchs wird von über 90% der kopftuchtragenden Musliminnen angegeben, dieses aus religiösen Gründen zu tun (vgl. ebd.: 195 ff.).

Frauen im Islam gewertet, und wird damit als Widerspruch zum demokratischen, emanzipatorischen und aufgeklärtem Ideal unserer modernen Gesellschaft empfunden.

Ist jetzt – um auf die Ausgangsfrage zurückzukommen – islamischer Glaube und Kultur mit der gegenwärtigen Vorstellung der nichtmuslimischen Bevölkerung zu vereinbaren? Deutlich wird anhand der vorangegangenen Ausführungen, dass bei einem Vergleich des religiösen Lebens von Muslimen und Nichtmuslimen in Deutschland ein eindeutiger Gegensatz in der Intensität und der Präsenz von Religiosität und Glaube im privaten aber vor allem im öffentlichen Raum besteht. Mit dem Islam zu leben heißt für viele Muslime, den Glauben auch sichtbar und öffentlich zu praktizieren. Als Christ zu leben bedeutet für die meisten Christen, religiösen Praktiken im privaten Raum nachzugehen. Diese mehr unsichtbare, christliche Religiosität resultiert nicht zuletzt auch aus dem Wissen des „christlich-religiösen Menschen" darüber, dass „Christ-sein" nicht mehr en vogue ist.

Vielmehr wird heute erwartet, sich kritisch mit Kirche, Glaube und Religion auseinanderzusetzen, und man schon gute Gründe dafür anführen sollte, wenn man sich zur christlichen Kirche öffentlich bekennt. Doch letztlich ist das nichts anderes als ein Paradoxon: denn Glaube ist per se nicht rational zu begründen, vielmehr ist Glaube eine Art innere Überzeugung von der Existenz einer (irrationalen) „Heiligkeit". Dies macht noch einmal den Zustand der (christlich-) religiösen Orientierung in Deutschland deutlich:

Der innewohnende Glaube der Mehrheit in Deutschland ist als „säkular" im Sinne eines eher existentialistischen Glaubensmodells zu bezeichnen, und im Gegensatz zum Islam, dessen Grundsätze der Heilslehre als Richtlinien für eine große Zahl der Angehörigen der islamischen Konfession im täglichen Leben Bestand haben, wird die christliche Heilslehre nicht mehr als nicht zu hinterfragende Wahrheit angesehen. Etwa ein Drittel der Deutschen ist konfessions- und/oder religionslos, Religion und Kirche werden zwar als mögliche Wahloption für das individuelle Repertoire an Handlungsfeldern wahrgenommen, aber nicht gewählt[140]. Vor dem Hintergrund dieser Tatsache wird deutlich, dass es im Hinblick auf die Vereinbarkeit des Islam mit der Vorstellung der Mehrheit der deutschen Bevölkerung in Bezug auf die Rolle von Religion in der gesellschaftlichen Öffentlichkeit nicht nur um den Gegensatz zwischen zwei unterschiedlichen Heilslehren und deren Umsetzung geht, sondern auch um ein bestimmtes, grundsätzliches Modell von

---

[140] Dies ist nicht zuletzt im Sinne Webers auf die „Entzauberung" von Glaube, Religion und Kirche durch das kritische Bewusstsein der Moderne (und der Aufklärung), das sich als Maßstab und Richtlinie des Verhaltens und Handelns in unserer Gesellschaft und dessen internalisierten Wissensbestands verankert hat, zurückzuführen.

Gesellschaft. Monika Wohlrab-Sahr erklärt dazu: „Die Vergleichsdaten[141] legen die Vermutung nahe, dass es bei den wachsenden öffentlichen Auseinandersetzungen mit dem Islam in Deutschland nicht allein um einen christlich-gefärbten Kulturkampf á la „Kruzifix statt Kopftuch" geht, sondern auch um die Verteidigung eines bestimmten Modells von Säkularität und privater Religiosität. Zu den verschiedenen Stimmen, die sich hier Gehör verschaffen, gehört offenbar auch ein weltanschaulicher Säkularismus, dem eine öffentlich auftretende Religion generell suspekt ist (...)" (Wohlrab-Sahr 2009: 165 f.). Dies erscheint insbesondere vor dem Hintergrund eines bestimmten Verständnisses von Freiheit „suspekt", das sich in Deutschland insbesondere aus der Auseinandersetzung mit der nationalsozialistischen Vergangenheit entwickelt hat.

Dieses Verständnis von Freiheit beinhaltet mit Bezug auf die Religionsfreiheit einerseits das Recht eines jeden, seine Glaubensüberzeugung frei zu formen und seine Religion ungestört ausüben zu können. Andererseits gehört zu diesem Verständnis gleichzeitig die Freiheit, keiner Religion anzugehören, und sich für keinen Glauben entscheiden zu müssen, bzw. generell nicht an einen Gott oder mehrere Götter zu glauben, sozusagen also die Freiheit *von* Religion.

Die Ausführungen zeigen, dass sich eine Religion wie der Islam, der sich durch ein „selbstbewusstes Auftreten" in dem Sinne, als dass dessen Glaubensinhalte und -grundsätze öffentlich sichtbar und hörbar vertreten werden, auszeichnet, nicht ohne Konflikte mit dem von der Bevölkerungsmehrheit erwünschten gesellschaftlichen Konzept vereinbaren lassen wird bzw. lässt. Denn in diesem Konzept ist die Religion im Bereich der Privatheit anzusiedeln, um so einerseits säkularen Weltanschauungen Genüge zu leisten und um andererseits eine potentielle Gefährdung des von der Mehrheit getragenen Verständnisses von Freiheit durch eine sich öffentlich präsentierende und das öffentliche Leben konstituierende Religion auszuschließen.

2.1.3. Deutschlands kulturelle Identität

Dass die Vereinbarkeit des religiösen und kulturellen Lebens von Muslimen und Nichtmuslimen in Deutschland Konflikte hervorbringt, lässt sich nicht zuletzt anhand des immer wiederkehrenden Widerstandes gegen die Errichtung von Moscheen oder Minaretten beobachten. Dieser Widerstand hat nach Salomon

---

[141] Mit den „Vergleichsdaten" ist hier gemeint, dass einerseits Menschen aus der Türkei, die in Deutschland größte Migrantengruppe darstellen, und laut Religionsmonitor 2008 eine große religiöse Intensität aufweisen, und es andererseits eine große Gruppe von Deutschen gibt, die religions- und konfessionslos sind (vgl. Wohlrab – Sahr 2009: 165 f.).

Korn zwei Funktionen, die in der „stellvertretenden Abwehr christlicher Glaubensschwäche (…)" (2010: 249) und „in säkularer Ausprägung (…) als Ausdruck einer instabilen deutschen Identität und zunehmender kultureller Verunsicherung" (ebd.) liegen.

Wie lassen sich Korns Aussagen verstehen? Aus den Ausführungen des vorangegangenen Kapitels wurde deutlich, dass die christliche Religion für einen großen Teil der deutschen Bevölkerung keine sinnstiftende Funktion mehr erfüllt. Damit hat die christliche Religion (und die Kirche als deren Repräsentantin) auch ihre Rolle als einflussreiche Machtinstanz auf das gesamtgesellschaftliche Leben eingebüßt. Die Regeln, Ordnungen, Sinnsysteme und Werte, die traditionell das Leben aller geprägt haben, und an die man sich im Sinne von nicht zu hinterfragenden und uneingeschränkten Richtlinien des Verhaltens und Handelns halten konnte und musste, existieren nicht mehr. Gesellschaften benötigen allerdings allgemeingültige Normen und Werte, da ansonsten die soziale Kohäsion gefährdet ist und ein Zusammenbruch des gesellschaftlichen Systems droht.

In Deutschland existiert einerseits das kodifizierte Recht, das für die Gesamtbevölkerung gilt und ihr damit eine Ordnung und dem Individuum gleichzeitig Halt und Sicherheit gibt. Doch die Gesetzestexte stellen letztlich nur die Rahmenbedingungen für das Leben in unserer Gesellschaft dar. Sie formen nicht per se bereits eine „kollektive, deutsche Identität" und führen auch nicht bei den einzelnen Mitgliedern der Gesellschaft dazu, dass sie innerhalb dieser einen ausgeprägten Zusammenhalt wahrnehmen[142]. Für Andreas Zick ist Kohäsion „(…) nicht nur eine Kraft, die Gruppen oder Gesellschaften bindet, sondern auch ein normatives Konzept für ihre Mitglieder. Sie bewerten und messen den Zusammenhalt mit all seinen schon beschriebenen Facetten und klagen ihn ein" (Zick 2012: 158).

Gerade vor dem Hintergrund einer globalisierten Welt, in der dem Individuum Verbindlichkeiten und Eindeutigkeiten fehlen, und die von einer Beliebigkeit und der Wahl verschiedenster Optionen geprägt ist, sehnen sich die Einzelnen nach festen Zugehörigkeiten, die ihrem Leben eine Ordnung und einen Sinn

---

[142] Für Habermas stellt der „Verfassungspatriotismus" nach den Erfahrungen des Nationalsozialismus die einzig zulässige Form des Patriotismus dar (vgl. hierzu Habermas 2009). Doch beinhaltet das allgemeine Bekenntnis der Gesellschaftsmitglieder zur Verfassung gleichzeitig das Erstarken eines Zusammengehörigkeitsgefühls? Andreas Zick versteht unter sozialer Kohäsion: „(…) einen Zustand, der sich auf die (…) Interaktionen zwischen den Mitgliedern einer Gesellschaft bezieht, die durch Einstellungen und Normen charakterisiert werden und die ihrerseits Vertrauen, ein Gefühl der Zugehörigkeit und den Willen teilzuhaben und zu helfen, sowie deren Manifestation in Verhalten beinhalten" (Zick 2012: 158). Dieser Definition folgend kann soziale Kohäsion nicht ausschließlich über ein Verfassungsbekenntnis erreicht werden.

geben und ihnen eine Identität ermöglichen[143]. Im Hinblick auf die von der Bevölkerung wahrgenommene Stabilität und den gesellschaftlichen Zusammenhalt zeigt die aktuelle Studie „Deutsche Zustände" (hrsg. von Heitmeyer 2012) folgendes auf: „ (…) 2011 betrachten noch mehr als die Hälfte der Befragten den Zusammenhalt in der Gesellschaft als gefährdet. Fast ebenso viele äußern Überfremdungsängste, und rund 37% sind der Ansicht, kulturelle Unterschiede schadeten dem Zusammenhalt" (Zick 2012: 172).

Deutlich wird anhand dieses Ergebnisses, dass ein Zusammenhang zwischen wahrgenommener sozialer Kohäsion und der Angst der Befragten vor einer „Überfremdung" besteht. So beinhaltet für einen Großteil der Befragten die Herstellung von sozialer Kohäsion, von einem subjektiv empfundenen Gefühl des Zusammenhalts und gesellschaftlicher Stabilität, immer auch eine Abgrenzung des „Wir" vom „Anderen". Um der Gesellschaft als Kollektiv Identität zu verleihen, werden dem, was als „eigen" bezeichnet wird, positive Eigenschaften und Attribute beigemessen, dem Fremden hingegen die gegenteiligen, dichotomen und damit zumeist negativen Verhaltensweisen und Eigenschaften[144]. Klaus E. Müller stellt im Zusammenhang mit der Konstruktion kollektiver Identität und der Herstellung sozialer Kohäsion fest: „Verbunden mit dem Verabsolutierungsprinzip, dessen „Krone" der Ethnozentrismus[145] bildet, ergibt sich daraus mit zwingender Konsequenz ein letzter Identitätssicherungsmechanismus mit teils verheerenden Folgen für alle Kommunikation – die Negation. Damit ist das Bestreben gemeint, alles, was sich an Ungewohntem und Abweichendem, also Fremdartigem, in der umweltlichen Exosphäre findet, also im Widerspruch zur eigenen Seinsordnung und ihrem absolutem Geltungsanspruch steht, negativzusetzen, das heißt durch Verspotten, Verächtlichtmachen, durch Diskriminierung und Barbarisierung regelrecht „herabzuwürdigen", und zwar jeweils direkt proportional zum Maß der Deviation" (Müller 2000: 336).

Die Struktur sozialer Kohäsion, die sich an derartigen Mechanismen und Prinzipien ausrichtet, beruht auf der Auffassung eines homogenen Gesellschaftsbildes und einer homogenen Kultur. Soziale Kohäsion lässt sich nach dieser Vorstellung nur durch einheitliche, gleiche Werte, Normen, Verhaltensweisen und Einstellungen erreichen. Die Forderung nach einer

---

[143] So auch Lämmermann 2008: 181: „Denn das postmoderne Gespenst einer generellen Relativierung verunsichert und macht Angst. Diese Angst und Verunsicherung schlägt um in eine neue Sehnsucht nach Verbindlichkeit, Klarheit und einer unzweifelhaft göttlichen Wahrheit".
[144] Hierzu u.a. auch Erwin Wagner: „Das Fremde ist die *Negation* des *Eigenen*. Fremd ist gleichgesetzt mit „anders" und das bedeutet: unvereinbar mit dem Eigenen" (1995: 35).
[145] Hierzu vgl. Kapitel 1.1.1. Heteronormativität als Direktive sexueller Orientierung. Diese Direktive kann in Anlehnung an den Begriff des „Ethnozentrismus" als „Heterozentrismus" bezeichnet werden.

homogenen Gesellschaft entspringt der Vorstellung, dass die Schaffung einer solchen gleichzeitig soziale Kohäsion hervorruft. In dieser Vorstellung führt das, was als „fremd" sichtbar und wahrgenommen wird, dazu, dass kein Gefühl von Zusammenhalt und Zusammengehörigkeit entstehen kann und die Gesellschaft insgesamt als instabil und orientierungslos erlebt wird. Dabei werden gesellschaftliche Konzepte, die auf einer Diversität beruhen, vollkommen ausgeklammert, soziale Kohäsion scheint unter diesen Voraussetzungen nicht mit gesellschaftlicher Heterogenität vereinbar.

Dieses Bild von sozialer Kohäsion als homogene, konforme und kongruente Gemeinschaft lässt sich allerdings unter den gesellschaftlichen Bedingungen der Gegenwart nicht einlösen. Hier wird vor dem Hintergrund gefühlter Desintegration das Bild einer Gesellschaft beschworen, das im Gegensatz steht zu den Strukturen und Funktionsweisen eines demokratischen, pluralistischen Staates. So zeichnet sich die deutsche Gesellschaft sowohl durch ein Aufeinandertreffen verschiedener Kulturen als auch durch eine Vielfalt unterschiedlichster Lebensstile und –entwürfe aus. Die Gesellschaft in Deutschland ist geprägt von Statusunterschieden, die subjektiv von den Mitgliedern der Gesellschaft als Über- und Unterordnungsverhältnisse, von herrschenden und beherrschten Gruppen wahrgenommen werden. Die deutsche, gesellschaftliche Konstitution kann vor dem Hintergrund ihrer demokratischen Grundordnung gar nicht homogen sein.

Insofern existiert hier ein eindeutiges Dilemma zwischen dem Bedürfnis eines großen Teils der deutschen Bevölkerung, die unter sozialer Kohäsion eine homogene Gesellschaft versteht, und unserer gesellschaftlichen Grundordnung, die Heterogenität und Diversität fördert. Dieses Dilemma wird dann auf diejenigen projiziert, die vermeintlich offenkundig und sichtbar das gesellschaftliche Konzept von Homogenität gefährden. Hierzu stellt Werner Ruf fest: „Kultur oder Religion aber sind umso praktikablere Begriffe, als sie die Zuordnung von Menschen zu einem Konstrukt erlauben, das so in Wirklichkeit gar nicht existiert (…). Im Falle der Muslime spielt es gleichfalls keine Rolle, ob die gläubig oder säkular sind: Entscheidend scheint in beiden Fällen die Herkunft. Und in perverser Weise wird dann die Herkunft zum Ausgrenzungskriterium (…)" (2012: 79).

Diese Ausgrenzung wird in der Debatte um die so genannte „deutsche Leitkultur" ganz besonders deutlich: In jener wird gefordert, sich der deutschen Leitkultur anzupassen, wie „die Deutschen" zu werden und sich zu assimilieren. Diese Forderungen führen einerseits zu der Konsequenz, dass der ethnisch Deutsche auf Grund seiner Herkunft zu dem Volk gehört, das „leitet", ungeachtet dessen, welche Einstellungen und Überzeugungen er vertritt[146]. Herkunft wird hier per se zu einem Kriterium von Über- und Unterordnung, die leitende Kultur ist hier die deutsche Kultur, die zu übernehmen ist. Das zu erfüllen, ist allerdings unmöglich. Denn weder existiert ein einheitlicher Konsens darüber, was sich hinter dem Begriff der Leitkultur verbirgt, und welche Werte, Normen und Einstellungen darunter zu verstehen sind. Noch lässt die Vorstellung von der Existenz einer Leitkultur das tatsächliche und wahrhafte Gelingen einer kulturellen Anpassung des Anderen überhaupt zu. Mit Andreas Zick zeigt sich hier eine „klassische *double – bind* – Botschaft": „Gerade weil Minderheiten als „andere" kategorisiert werden und ihnen unterstellt wird, die „Leitkultur" nicht zu erfüllen, sitzen sie in der Falle. Die Ideologie einer „Leitkultur" schließt sie als „Fremde" zwangsläufig aus, lebt von der Verdächtigung, sie passten sich nicht genug an, und erhält die Wahrnehmung scheinbar unüberwindbarer kultureller Differenzen aufrecht. *Weil sie „andere" sind, sind sie „andere"[147]"* (Zick 2012: 173). Insofern entscheidet nicht das Verhalten des einzelnen Fremden, sondern dessen Herkunft über das Maß gesellschaftlicher Zugehörigkeit und Anerkennung, das ihm seitens der Gesellschaft zugestanden wird. Herkunft wird damit zu einer gesellschaftlichen Strukturkategorie, die über Ein- und Ausgrenzung, über In- und Exklusion entscheidet. Godwin Lämmermann spricht in diesem Zusammenhang von einer „Wagenburgmentalität": „Solche Wagenburgmentalität lässt die Beziehung zwischen den Menschen unterschiedlicher Mentalität und Herkunft scheitern, weil der jeweils andere ja gar nicht wirklich in den Blick gerät. Der andere wird ohne großes Hinsehen als gefährlich, obskur, dubios oder unheimlich eingestuft, ohne weiter hinzusehen" (Lämmermann 2008: 178).

So ist gerade die Debatte um die deutsche Leitkultur von einer solchen Wagenburgmentalität durchdrungen. Feststellbar ist diese Mentalität ebenfalls in der Warnung vor „Parallelgesellschaften" in Deutschland. Auch diese speist sich aus dem Bedürfnis nach sozialer Kohäsion und wird genährt von einem tiefen Gefühl von Desintegration und Desorientierung. Die entscheidende Frage, die sich hier immer wieder stellt, ist letztlich, wie sich unter den gegenwärtigen, gesellschaftlichen Bedingungen von kultureller, religiöser und individueller Diversität das Bedürfnis der Bevölkerung nach sozialer Kohäsion, Zusammenhalt und Orientierung stillen lässt.

Im Hinblick auf die Konstruktion einer kollektiven, deutschen Identität ist festzuhalten, dass diese von Konsequenzen aus der deutschen Vergangenheit

---

[146] „In der Vorstellung vieler ist der Prototyp des Deutschen ein Mitglied der dominanten „Alteingesessenen", die die „Leitkultur" verkörpern (ohne dass diese näher präzisiert würde)", so Zick 2012: 162.
[147] Hervorhebung durch die Verfasserin.

überschattet wird. So werden in Deutschland bestimmte Begriffe wie „Nation" oder „nationale Identität" häufig unvermittelt und unbewusst mit „nationalistisch", „patriotisch" und „vaterlandsliebend" verbunden, und tragen einen faden Beigeschmack von Rassenwahn und rassistischer Herrschaftsideologie mit sich. National(istisch) zu denken und sich zu verhalten, gehört in Deutschland zu den tabuisierten Zonen. Gleichzeitig existiert allerdings in der Bevölkerung durchaus der Wunsch nach einer kollektiven Identität, der man sich zugehörig fühlen kann. Dieses Dilemma ermöglicht es Populisten, mit der vermeintlichen „Stimme des Volkes" tatsächlich rassistische oder menschen-(gruppen-)verachtende Parolen und Forderungen als nationale Interessen und Wünsche der deutschen Bevölkerung zu verkaufen, da diese aus Gründen politischer Korrektheit das Bedürfnis nach nationaler Identität verschweigt[148]. Gleichzeitig führt dieses deutsche Tabu dazu, dass sich ehemals rassistische Muster und Vorstellungen jetzt im Kleide der Herkunft präsentieren. So wird der Begriff „Rasse" vermieden und ersetzt durch den Begriff des „Anderen", des „Fremden", dessen übergeordnete Strukturkategorie die Herkunft darstellt. Werner Ruf stellt zum Versuch der Deutschen (und des Westens), eine kollektive Identität zu schaffen fest: „Die westliche „Wir" – Sicht zeichnet sich aus durch ein Begriffsgemenge, das alte, aus den rassistischen Paradigmen des 19. Jahrhunderts stammende Vorstellungen verquirlt mit neuen Bedrohungsvorstellungen, die nun nicht mehr in den Formen klassischer militärischer Bedrohungen erscheinen, also nicht mehr als Konflikte zwischen territorial verfassten Nationalstaaten gedacht werden können, sondern eben auch „den Erhalt unserer Werteordnung und des politischen, wirtschaftlichen oder sozialen Systems" beinhalten" (Ruf 2012: 55).

Deutlich wird anhand dieser Ausführungen, welche Schwierigkeiten und Belastungen in die Entwicklung einer deutschen kollektiven Identität mit einfließen. So gibt es das (teils verschwiegene) Bedürfnis eines Großteils der Bevölkerung nach einer solchen Identität, gleichzeitig ist das Bedürfnis öffentlich „verdächtig" und wird dem Dunstkreis rassistischer Ideologie zugeordnet. In diesem Zusammenhang wird die Frage nach weiteren Merkmalen, Verhaltensweisen, Einstellungen und Überzeugungen, die eine kollektive deutsche Identität ausmachen, in der nicht die Herkunft als Strukturkategorie über die gesellschaftliche Zugehörigkeit und Anerkennung entscheidet, bedeutsam. Zu fragen ist hier, ob es in Deutschland möglich ist oder möglich sein wird, eine Person, die aus der Türkei stammt, gleichzeitig als Muslim, Deutschen und Türken wahrzunehmen und diese biografische

---

[148] Vgl. dazu ausführlicher das Kapitel 2.1.6. Zwischen Islamophobie und Islamkritik.

Diversität mit all ihren Konsequenzen[149] zu akzeptieren[150]. Denn die deutsche Gesellschaft wird bei ihrer Suche nach einer nationalen kollektiven Identität immer wieder scheitern, wenn sie diese an der Kategorie der Herkunft ausrichtet, da diese Kategorisierung einen prinzipiellen Gegensatz zu den Prinzipien und Strukturen unserer modernen, globalisierten Welt darstellt. Dies deutet darauf hin, dass sich die Schaffung einer deutschen Identität, die zu einem wachsenden Gefühl an Zusammengehörigkeit innerhalb der Bevölkerung beitragen und subjektive Empfindungen wie Desintegration und Bedrohung abmildern oder beseitigen kann, erst dann verwirklichen lassen wird, wenn man sich in Deutschland offen und sachgerecht auch über tabuisierte Themenfelder auseinandersetzt.

So ist beispielsweise der breite Konsens, der in unserer Gesellschaft in der Ablehnung des Antisemitismus besteht, Teil einer kollektiven, deutschen Identität. Allerdings scheint sich diese gesellschaftlich erwünschte und anerkannte antirassistische Haltung gegenüber Personen jüdischen Glaubens nicht unisono als grundsätzliche Überzeugung, die für alle Menschen gilt, auszuwirken. Zwar werden Muslime in Deutschland nicht mehr durch die Gattung der Rasse als „fremd"-artig oder „entartet" etikettiert. Stattdessen aber

---

[149] Der deutsche Grundwertekonsens, der aus den demokratischen Prinzipien und den Grund- und Menschenrechten besteht, ist allerdings nicht zu Disposition zu stellen. Das bedeutet, dass Ansichten und Überzeugungen, die beispielsweise die Gleichwertigkeit von Frau und Mann bedrohen, nicht zu tolerieren und / oder akzeptieren sind. Hier muss deutlich gemacht werden, dass in Deutschland nicht die Religion und die Kirche diejenigen Instanzen darstellen, die den Ordnungsrahmen unserer Gesellschaft formen, sondern dass es der Staat und das Grundgesetz sind, die das gesellschaftliche Miteinander in Deutschland regeln.

[150] Hier stehen sich völlig unterschiedliche Vorstellungen von Integration gegenüber, die von multikulturalistischen Ansätzen bis hin zu Assimilationskonzepten reichen. So erklärt Otto Schily 2002 beispielsweise: „Ich will nicht, dass sich eine homogene Minderheit entwickelt, deren erste Sprache Türkisch ist. Die Türken müssen hineinwachsen in unseren Kulturraum. Die Muttersprache muss Deutsch sein oder werden. (…) Minderheitenschutz heißt doch nicht, dass wir neue Minderheiten fördern müssen und dass jemand, der hierher kommt, eine Minderheit bilden kann. Integration heißt für mich: Der Zuwanderer lebt sich in die deutsche Kultur, in die deutsche Sprache ein. (…) Die beste Form der Integration ist Assimilierung (…)" (Auszug aus einem Interview mit Otto Schily in der Süddeutschen Zeitung vom 27. Juni 2002. Online unter http://www.bmi.bund.de/. Abgerufen am 24.04.2013). Dr. Wolfgang Schäuble führt hingegen 2008 aus: „Integration bedeutet nicht Assimilation, also das vollständige Aufgehen in der neuen Kultur (…). Integration bedeutet nicht die Negierung der eigenen Herkunft, der eigenen Identität oder der eigenen Religion. Sie hat vielmehr etwas mit einer tagtäglich gelebten Akzeptanz der Lebensbedingungen und Wertevorstellungen in der neuen Heimat zu tun. Integration bedeutet, sich zu einer Gemeinschaft zugehörig zu fühlen, ein gemeinsames Verständnis zu entwickeln, wie man in der Gesellschaft zusammenlebt. (…)" (Auszug aus der Rede von Dr. Wolfgang Schäuble zur Eröffnung der Fachkonferenz „Das Islambild in Deutschland: Neue Stereotype, alte Feindbilder?" am 27. Februar 2008 in Berlin. Online unter: http://www.deutsche-islam-konferenz.de/. Abgerufen am 24.04.2013).

wird Rasse durch die Kategorie der Herkunft ausgetauscht, so hat der Kern einer Ideologie der Ungleichheit und Ungleichwertigkeit weiterhin Bestand. Die öffentliche Auseinandersetzung um diese gesellschaftlichen Strukturen sowie die offene Debatte um die Werthaltungen und Überzeugungen in unserer Gesellschaft können als Voraussetzungen für die Entfaltung einer kollektiven Identität gelten. In diesem Zusammenhang sollte auch diskutiert werden, inwiefern heute zur Schaffung einer kollektiven Identität noch das Bild von einer Nation im Vordergrund stehen kann oder ob dieses nicht vielmehr im Sinne von Navid Kermani von der Vorstellung eines Europa abgelöst werden solle oder müsse. Hierzu führt er aus: „Meine Eltern sind vor über fünfzig Jahren zum Studium nach Deutschland gekommen. (…) Ich bin hier geboren, ich habe seit einigen Jahren neben dem iranischen auch den deutschen Pass, die Sprache, in der ich lebe und von der ich lebe, ist Deutsch. Und dennoch geht mir der Satz, Deutscher zu sein, nicht oft über die Lippen. Allenfalls sage ich´s im Doppel, beinahe entschuldigend: Deutsch-Iraner. Mein Cousin, der seit acht Jahren in den Vereinigten Staaten lebt, sagt jetzt schon, er sei Amerikaner. Man wird nicht Deutscher. Als Migrant bleibt man Iraner, Türke, Araber noch in der zweiten, dritten Generation. Aber: Man kann Europäer werden. Man kann sich zu Europa bekennen, weil es eine Willensgemeinschaft ist und nicht der Name einer Religion oder Ethnie" (2009: 139).

2.1.4.Das Islambild in Deutschland

Eine offene, sachgerechte Debatte über tabuisierte Themenfelder, über Strukturen und Mechanismen von In- und Exklusion, über gemeinsame und entgegengesetzte Werthaltungen trägt nicht nur zu einer Entfaltung kollektiver Identität bei, sondern hat auch Auswirkungen auf die Wahrnehmung des Anderen, des Fremden in der Gesellschaft. So stellt Kay Sokolowsky in seiner Untersuchung „Feindbild Moslem" (2009) die zunächst womöglich banal klingende These auf: „Gefürchtet wird nicht, was einer aus Erfahrung kennt, sondern was er sich ausmalt" (2009: 7). Sokolowsky verwendet in diesem Zusammenhang den Ausdruck der „Angsthaber". Diese Gruppe von Menschen definiert er als Menschen, die „ (…) den Fremden allein um dessen Fremdheit willen fürchten, (der Angsthaber)[151] denkt keine Sekunde lang daran, von seiner Angst geheilt zu werden. Er genießt den Schauder, den ihm seine Phantasien bereiten, viel zu sehr. (…) „Drohung" und „Bedrohung" sind die wichtigsten Begriffe im Wortschatz der Angsthaber. Dabei geht es nie um eine aktuelle

---

[151] Anmerkung der Verfasserin.

Gefährdung. Kein Femegericht, keine Gang und auch nicht der türkisch-stämmige Arbeitskollege lauern dem, der das Fremde per se fürchtet, mit Knüppel und Messer auf" (2009: 8 f.).

Sokolowskys Ausführungen erinnern an das Bedrohungsszenario, das nach den Anschlägen des 11. Septembers vom amerikanischen Präsidenten George Bush entwickelt wurde. So erklärte er in seinem Ersten Bericht zur Lage der Nation vom 29. Januar 2002: „ (...) Unser zweites Ziel ist es, den Terror unterstützende Regime daran zu hindern, Amerika oder seine Freunde und Bündnispartner mit Massenvernichtungswaffen zu bedrohen. Einige dieser Regime haben sich seit dem 11. September ziemlich ruhig verhalten. Aber wir kennen ihr wahres Gesicht. Nordkorea ist ein Regime, das sich mit Raketen und Massenvernichtungswaffen ausrüstet und gleichzeitig seine Bürger verhungern lässt. Der Iran strebt aggressiv den Besitz dieser Waffen an und exportiert den Terror, während einige wenige Ungewählte die Hoffnung des iranischen Volks auf Freiheit unterdrücken. Der Irak stellt weiterhin seine Feindseligkeit gegenüber Amerika zur Schau und unterstützt den Terror. (...) Staaten wie diese und ihre terroristischen Verbündeten stellen eine Achse des Bösen dar, die sich bewaffnet, um den Frieden auf der Welt zu bedrohen"[152].

Bush fasst in seiner Rede die islamisch geprägten Länder als einen monolithischen Block zusammen und konstruiert so ein klar umrissenes Feindbild. Die „Achse des Bösen" steht im direkten Gegensatz zur westlichen „guten" Welt. In der Verwendung dichotomer Begriffs- und Gedankengebäude erschafft Bush eine Wirklichkeit, in der sich zwei Kollektive als Antagonisten im Kampf um die Vorherrschaft in der Welt gegenüberstehen. Dementsprechend hat sich also im Sinne Bushs die islamische Welt gegen die westliche Welt verschworen[153]. Gerade auch die Vorstellung einer „geheimen, verdeckten Verschwörung" als etwas, was nicht sichtbar ist und im Verborgenen agiert, schürt Ängste in der Bevölkerung. Ängste davor, der Fremde könne überall sein, sich überall versteckt halten und seinen nächsten Anschlag planen[154]. Die Theorie einer Verschwörung wird instrumentalisiert, d.h. als Mittel dafür genutzt, um Angst zu erzeugen. Sie bewirkt, dass sich die Gesellschaft spaltet: in eine Gruppe der Angsthabenden, eine Gruppe der Machthabenden, die die Angsthabenden beschützen kann, und in die Gruppe derjenigen, die die Angst (vermeintlich) hervorrufen. Als eine weitere Gruppe

---

[152] Der Auszug aus der Rede Bushs wurde der Internetseite http://www.ag-friedensforschung.de/regionen/USA/bush-rede.html entnommen. Heruntergeladen wurde diese am 21.05.2013.
[153] Vergleiche hierzu auch Werner Ruf 2012: 31.
[154] Die Wirksamkeit von Verschwörungstheorien und deren Konsequenzen sowohl auf die Bevölkerung als auch auf die vermeintlich Verschworenen ist nicht zuletzt durch die Verfolgung der Juden zur Zeit des Nationalsozialismus deutlich geworden.

sollte noch die Gruppe derjenigen angeführt werden, die die Mechanismen und Strategien der Machthabenden erkennt und durchschaut, und in der Konsequenz Widerstand leistet.

So gerät jeder Muslim im Sinne der Verschwörungstheorie unter den Generalverdacht, einer terroristischen Gruppe anzugehören oder zumindest gegenüber dem Land, in dem er lebt, nicht loyal zu sein und dessen Grund- und Wertordnung nicht zu respektieren. Das Bild des „eigentlichen" Muslim wird durch die Verwendung von Stereotypisierungen und Vorurteilen konstruiert. Hier wird die Gruppenzugehörigkeit nicht über die persönlichen Eigenschaften des Individuums definiert, stattdessen wird das Individuum der Gruppe aufgrund der vermeintlich islam-typischen Eigenschaften und Merkmale zugewiesen. Auch die zitierte These Sokolowskys beschreibt diesen Vorgang: Hier geht es darum, dass die Vorbehalte gegenüber dem Islam durch Projektionen zustande kommen. Dies ist letztlich insbesondere deswegen möglich, weil der persönliche Austausch mit Muslimen selbst und eine differenzierte Auseinandersetzung mit den religiösen und kulturellen Geboten und Ritualen des Islam fehlt. Dieser fehlende persönliche Kontakt führt dazu, dass die Einzelnen anhand der medialen Berichterstattung und anhand öffentlicher Debatten Bilder über den Muslim per se und den Islam entwickeln, die zu einem Trugbild führen, das nur auf kleinen Ausschnitten der gesellschaftlichen Realität beruht.

Die Umfrage des Allensbacher Instituts von 2012 mit dem Titel „Das Image des Islam" gibt Aufschluss über einige der machtvollsten (Vor-) Urteile der deutschen Bevölkerung im Hinblick auf den Islam. So geben 83% der Befragten an, dass für den Islam die Benachteiligung der Frau prägend sei. 70% halten den Islam für fanatisch und radikal. 68% konstatieren eine Intoleranz des Islam gegenüber Andersgläubigen. 64% erklären, dass der Islam gewaltbereit sei. 60% sehen den Islam von Rache und Vergeltung geprägt. 59% stellen fest, dass dieser rückwärtsgewandt und konservativ sei. Nur 7% ordnen dem Islam die Achtung der Menschenrechte, Offenheit und Toleranz zu[155]. Allerdings muss bei den Ergebnissen dieser Erhebung bedacht werden, dass hier den Befragten 21 Aussagen vorgelegt wurden, unter denen sie diejenigen auswählen sollten, die ihnen am treffendsten erschienen. Das bedeutet, dass die Antworten nur bedingt die Grundüberzeugung der Befragten widerspiegeln können, da sie vorgefertigt waren, und damit einen Einfluss auf das Antwortverhalten der Befragten ausgeübt haben. Unzweifelhaft geben die Antworten allerdings eine

---

[155] Vgl. Institut für Demoskopie Allenbach (Hg.) 2012: a.a.O.

„Tendenz" der Befragten wieder, und geben damit Aufschluss über die von der Mehrheit der Bevölkerung getragenen Vorurteile gegenüber Muslimen[156]. Ähnliche Ergebnisse stellten auch die Autoren der Studie der Friedrich-Ebert-Stiftung „Die Abwertung der Anderen. Eine europäische Zustandsbeschreibung zu Intoleranz, Vorurteilen und Diskriminierung" aus dem Jahr 2011 fest. Den Ergebnissen der Studie zufolge sehen 52,5% der Befragten in Deutschland den Islam als eine Religion der Intoleranz an, nur 16,6% erklären, dass sich die muslimische Kultur gut anpasse, 76,1% äußern sich dahingehend, dass die muslimischen Ansichten über Frauen unseren Werten widersprechen, und 27,9% sind der Ansicht, dass viele Muslime islamistische Terroristen als Helden betrachten[157]. Welche Beweggründe und Persönlichkeitsmerkmale führen dazu, dass ein großer Teil der Bevölkerung dem Islam mit Vorurteilen begegnet? Andreas Zick u.a., die Verfasser der eben zitierten Studie, konstatierten, dass ein zentraler Beweggrund und charakteristisches Persönlichkeitsmerkmal für die Ausbildung von Vorurteilen und auch für die Entwicklung rechtsextremistischer und rechtspopulistischer Einstellungen der Autoritarismus darstellt. Autoritarismus wird von den Autoren im Sinne der Ausführungen von Theodor Adorno und Max Horkheimer über „Die autoritäre Persönlichkeit" verstanden. Diese entwickelten vor dem Hintergrund der nationalsozialistischen Vergangenheit ein Syndrom der autoritären Persönlichkeit: „Diese Autoritätsgebundenheit bedeutet [...] die bedingungslose Anerkennung dessen, was ist und Macht hat und dem irrationalen Nachdruck auf konventionelle Werte [...] und entsprechend auf konventionelles, unkritisches Verhalten. Innerhalb dieses Konventionalismus wird hierarchisch gedacht und empfunden: man verhält sich unterwürfig zu den idealisierten moralischen Autoritäten der Gruppe, zu der man sich selber rechnet, steht aber zugleich auf dem Sprung, den, der nicht zu dieser gehört oder den man glaubt für unter einem stehend ansehen zu dürfen, unter allen Vorwänden zu verdammen" (Horkheimer / Adorno 1975: 367 f.)[158]. Um eine Aussage über die autoritäre Neigung der Befragten treffen zu können, wurden von Andreas Zick u.a. zwei Antwortkategorien erstellt:

---

[156] Kritisch anzumerken ist in diesem Zusammenhang allerdings auch, dass bereits der Titel der Umfrage „Das Image des Islam" dazu beiträgt, in verallgemeinerter, typisierter Form Ansichten über den Islam generell und den Muslim per se zu äußern.

[157] Vgl. die Studie der Friedrich-Ebert-Stiftung (Hg.) 2011.

[158] Weiterhin zeichnet sich die autoritäre Persönlichkeit nach Adorno/Horkheimer durch die „Anerkennung jeglicher gegebenen Ordnung" verbunden mit einer „tiefen Schwäche des eigenen Ichs" aus (vgl. ebd.: 368).

Die autoritäre Persönlichkeit beurteile nach Ansicht der Autoren die Welt nach „zweigeteilten Klischees" und „ist geneigt, die unveränderliche Natur oder gar okkulte Mächte für alles Übel verantwortlich zu machen" (ebd.).

1. „Um Recht und Ordnung zu bewahren, sollte man härter gegen Unruhestifter vorgehen", und
2. „In der Schule sollten Schüler vor allem lernen, was Disziplin bedeutet" (2011: 87).

79,2% aller Befragten in Deutschland stimmten hier der ersten Aussage zu, die zweite Aussage befürworteten sogar 81,3% (vgl. ebd.). In einem weiteren Schritt stellte Zick eine hohe Korrelation zwischen dem Konstrukt des Autoritarismus und dem Index der „Gruppenbezogenen Menschenfeindlichkeit[159]" fest, der auf einen signifikanten Zusammenhang zwischen der Neigung zu Autoritarismus und einem Verhalten von Gruppenbezogener Menschenfeindlichkeit hinweist (vgl. ebd.: 88 ff.). Eine weitere starke Wechselbeziehung konnte von Zick u.a. zwischen dem Konstrukt der Sozialen Dominanzorientierung und dem Index Gruppenbezogener Menschenfeindlichkeit ermittelt werden[160]. Damit kann also angenommen werden, dass Personen mit einer Neigung zum Autoritarismus und zur Sozialen Dominanzorientierung, Menschen also, die sich nach Ordnung und Sicherheit sehnen und die Diversität und Pluralität als Bedrohung ihrer Selbst und der Gesamtgesellschaft wahrnehmen, ihre Furcht in eine Ideologie der Ungleichwertigkeit verwandeln. Sie kategorisieren den Fremden und weisen ihm spezifische Stereotype zu, die der Logik der Dichotomie folgend negative, abwertende und diskriminierende Attribute beinhalten. In der Erschaffung dieses Trugbildes liegt die für die autoritäre Persönlichkeit heilende Kraft: Denn das Trugbild nimmt dem Fremden seine Fremdheit, die autoritäre Persönlichkeit hat nun das Gefühl, den Fremden zu kennen und zu wissen, was er vorhat, was ihn ausmacht und was er begehrt. Das/Der Fremde kann nun in die soziale Wirklichkeit der autoritären Persönlichkeit eingeordnet werden, es/er wirkt nicht mehr als Bedrohung, sondern vielmehr als ein Teil dieser. Nach Sokolowsky hat dies für den „Angsthaber" zur Folge: „Im Abscheu vor dem Fremden findet der Angsthaber die Illusion von Macht und Herrlichkeit, die er dringend braucht, um seine Schwäche und Hilflosigkeit in der Welt, wie sie ist, vergessen zu können" (2009: 136).

Somit sind für die autoritäre Persönlichkeit „die Türken" oder „die Araber" oder „die Ausländer" generell Schuld an seiner Arbeitslosigkeit, Schuld an seiner wirtschaftlichen Misere und insgesamt Schuld an der deutschen

---

[159] „Wir verstehen Gruppenbezogene Menschenfeindlichkeit also als eine generalisierte Abwertung von Fremdgruppen, die im Kern von einer Ideologie der Ungleichwertigkeit bestimmt ist", so Zick u.a. 2011: 43.

[160] Mit Sozialer Dominanzorientierung ist gemeint, dass Personen, die prinzipiell Hierarchien zwischen sozialen Gruppen befürworten, auch eher die Tendenz haben, andere signifikante Gruppen abzuwerten (vgl. ebd.: 43).

Wirtschaftskrise. In der Erhebung Wilhelm Heitmeyers (Hg.) „Deutsche Zustände" von 2012 geht nach einer telefonischen Befragung von 2000 Personen und einem Längsschnittdatensatz von 334 Personen hervor: „(…), dass mit einer als prekär eingestuften Position am Arbeitsmarkt die Betroffenen nicht nur fremdenfeindlicher eingestellt sind, sondern dass krisenhafte Entwicklungen am Arbeitsmarkt über die Zeit auch eine Zunahme des Ausmaßes der konkurrenzbasierten Fremdenfeindlichkeit in einer Gesellschaft wahrscheinlich machen. (…) Insgesamt lässt sich aus der Analyse schließen, dass in einer Gesellschaft mit einer zunehmenden Zahl von Personen in prekären Beschäftigungsverhältnissen das Ausmaß der Fremdenfeindlichkeit steigen und sich somit die Qualität der Beziehungen zwischen Teilgruppen der Gesellschaft verschlechtern wird" (Heitmeyer 2012: 123).

Deutlich wird in diesem Zusammenhang der Mechanismus, den die autoritäre Persönlichkeit anwendet: Für das eigene Defizit, wie beispielsweise für die Arbeitslosigkeit, wird der Fremde verantwortlich gemacht. Somit wird im Sinne Goffmans (1967) der Versuch unternommen, einer gesellschaftlichen Stigmatisierung und Etikettierung als Arbeitsloser, Nutzloser oder gar „Asozialer" vorzubeugen, indem der Stigmatisierbare (also der zwar bereits Arbeitslose, aber noch nicht als solcher von der Öffentlichkeit erkannt und etikettiert) die eigene mögliche Stigmatisierung auf einen anderen (oder eine andere Gruppe) überträgt. Die Angst davor, selbst Opfer von Ausgrenzung zu werden, führt dazu, dass sich der Stigmatisierbare einen anderen sucht, den er stigmatisieren, abwerten, diffamieren und möglicherweise diskriminieren kann[161]. Insbesondere das Gefühl von Deprivation, die Angst vor sozialer Isolation, die Furcht vor Exklusion sind oftmals ursächlich für die Ausbildung fremdenfeindlicher und rechtsextremistischer Einstellungen[162].

---

[161] Hier ist das Stigma – Management nach Goffman also so zu verstehen, dass die stigmatisierbare Person ihre potentielle Stigmatisierbarkeit auf eine andere Person(-engruppe) überträgt, und vorgibt / täuscht, dass diese für das Defizit verantwortlich zu machen und daher zu stigmatisieren sei. Auch in diesem Fall wird also eine Form des Täuschens und Kuvrierens angewandt. Vergleiche hierzu auch die ausführlichen Erläuterungen zu Goffmans Theorie des Stigma – Managements in Kapitel I. 1.5..

[162] Vgl. hierzu die Studie der Friedrich-Ebert-Stiftung: „Die Mitte in der Krise. Rechtsextreme Einstellungen in Deutschland 2010", von Oliver Decker u.a., Berlin 2010, S. 119 f.: „Allerdings lässt sich erkennen, dass eine gefühlte Deprivation für die gesamte Wirtschaft Deutschlands die rechtsextreme Einstellung signifikant erhöht. (…) Einen ähnlich hohen Effekt wie die geäußerte kollektive wirtschaftliche Deprivation hat auch die politische Deprivation. Ein fatalistisches Weltbild zu haben, nach dem der Einzelne keinerlei Einfluss auf die Politik hat, ist nach unserem Modell eine bedeutsame Determinante der rechtsextremen Einstellung. Einen noch höheren Einfluss – und sogar den höchsten im Vergleich zu den anderen eingegangenen Untersuchungsgrößen – hat die soziale Deprivation. Gerade ein hohes wahrgenommenes Manko an sozialer Einbettung, an Akzeptanz in der sozialen Umgebung und guter Einbindung in Netzwerke wirkt sich negativ auf eine demokratische Einstellung aus".

Insbesondere auch die autoritäre Persönlichkeit, die sich in unserer Gesellschaft zwar nicht mehr mit der Autorität eines starken Führers identifizieren kann, die aber im Sinne Marcuses (1963) diese durch Leitideen ersetzt[163], die in der modernen Gesellschaft dem Wohlstandsprinzip und dem „Leitbild des unternehmerischen Selbst" (Heitmeyer 2012: 58), entspringen, wird im Fall einer Arbeitslosigkeit einen anderen für die Misere verantwortlich machen. Für die autoritäre Persönlichkeit, für die die Arbeitslosigkeit bedeutet, die eigene Leitidee oder das eigene Leitbild nicht verfolgen zu können, ist die Verschiebung von Verantwortung letztlich die einzige Möglichkeit, um ein Stück eigener Selbstachtung zu wahren, und damit die Beschädigung des eigenen Selbst(-wertgefühls) zu begrenzen. Denn würde die autoritäre Persönlichkeit nicht in dieser Art und Weise auf die Arbeitslosigkeit reagieren, hieße dies, dass sie das Leitbild nicht erfüllt hat, sie hinter den eigenen Erwartungen zurückbleibt und ihr auch noch aufgrund des Fehlverhaltens (der Nichterfüllung des Leitbildes) Stigmatisierung und Ausgrenzung drohen. Die Konsequenz dieses Prozesses liegt in der Entwicklung von „Selbst-Hass" und führt zu einer Zerstörung des Bildes, das die Person von sich selbst hat. Um dem vorzubeugen überträgt die autoritäre Persönlichkeit die Verantwortung für das Defizit auf den Fremden und damit auch die Schuld, die Stigmatisierung und die Abwertung. So wird der Selbst-Hass in einen Hass, in eine Feindlichkeit gegenüber dem Fremden verwandelt.

2.1.5. Mediale Inszenierung und Islam

„Wer Anderen mit dem Anspruch begegnet, ein wahres Bild von ihm zu haben, ist von vornherein einer Illusion verfallen, die nicht nur illusionär, sondern auch ignorant ist" (Lämmermann 2008: 185).

Dass die Wirklichkeit, die wir als die gegebene und als real existierende wahrnehmen, ein Konstrukt ist und sich aus den Vorstellungen und Bildern in unserem Kopf entwickelt, stellte bereits 1949 Walter Lippmann in seiner Untersuchung zum Verhältnis zwischen der „world outside" und den „pictures in our head"[164] fest. In diesem Zusammenhang kommt den Medien als

---

[163] Marcuse, Herbert 1963: Das Veralten der Psychoanalyse. In: Marcuse, Herbert: Kultur und Gesellschaft 2, Frankfurt am Main 1979, S. 85-106.
[164] In der deutschen Übersetzung: Lippmann, Walter: Die öffentliche Meinung, München 1964. Lippmann erklärt hier: „Unter „Fiktionen" verstehe ich nicht etwa Lügen. Ich verstehe darunter ein Bild der Umwelt, wie es sich der Mensch mehr oder weniger selbst schafft. (…) Denn die reale Umgebung ist insgesamt zu groß, zu komplex und auch zu fließend, um direkt erfasst zu werden. Wir sind nicht so ausgerüstet, dass wir es mit so viel Subtilität, mit so großer Vielfalt, mit so vielen

Informationsvermittler und insbesondere auch als Schöpfer von Bildern über die gesellschaftliche Wirklichkeit eine bedeutsame Rolle zu. Im Sinne von Agenda Setting-Effekten (Cohen 1963) wirken die Massenmedien auf die Themenagenda der Öffentlichkeit und Kultur und bestimmen, worüber in der Öffentlichkeit diskutiert wird. Wie ein „gate-keeper" entscheiden die Medien darüber, ob ein Konflikt oder Thema an die Öffentlichkeit gelangen und publiziert werden sollten, oder ob es zurückgehalten wird.

Medien greifen so aktiv in die Konstruktion der sozialen Wirklichkeit ein und verleihen bestimmten Themen gesellschaftliche Relevanz. Werner Bergmann spricht in seiner Untersuchung „Antisemitismus in öffentlichen Konflikten" den Medien eine „Doppelrolle (…) als Berichterstatter über einen gesellschaftlichen Konflikt (Chronistenrolle) und als engagierte Konfliktpartei, die selbst einen Widerspruch anmeldet oder in einem laufenden Konflikt Stellung bezieht" (Bergmann 1997: 27) zu. Bereits in Kapitel 1.1.4.3. „Die Medien als Agent der heteronormativen Grundordnung" und insbesondere in Kapitel 1.1.4.2. „Die Verschränkung zwischen Geschlecht und Aids" wurde deutlich, dass die Medien nicht nur als Träger und Vermittler von Informationen zu begreifen sind, sondern dazu beitragen, dass bestimmte Ereignisse, Prozesse oder Themen zu sozialen Problemen stilisiert und als gesellschaftliche Konflikte wahrgenommen werden. Das betrifft insbesondere Themen, die moralisch aufgeladen sind und zu politischen, sozialen oder gesellschaftlichen Skandalen aufgebauscht werden können. Auch Themen, die eine Nähe zu Konflikten aufweisen, die bereits in der Öffentlichkeit diskutiert werden, stellen für die Medien Garanten gesellschaftlicher Aufmerksamkeit dar. Im Sinne des framing - Konzepts kann durch „frame bridging" erreicht werden, dass ein Thema durch ein ähnlich gelagertes Problem an Bedeutung gewinnt. Was bedeuten diese Prozesse für das Thema „Islam in der medialen Berichterstattung"? Lassen sich diese Mechanismen auch für die Berichterstattung zum Thema Islam feststellen? Kai Hafez erklärt hierzu: „Der deutsche Mediendiskurs weist keine propagandistische Einheitlichkeit auf und es fehlt auch eine aggressive Handlungsdimension, die von einer vollständigen Ausprägung des in der Soziopsychologie angesiedelten Feindbildes zeugen würde. Dennoch ist gerade das Verhältnis des Fortlebens zentraler alter Klischees des Islam bei gleichzeitiger Differenzierung des Islambildes in einigen Randbereichen das eigentliche Signum der Medienberichterstattung. Der Islam hat im Westen seit 1400 Jahren eine schlechte Presse" (Hafez 2010: 102). So kommen verschiedene Studien zu derselben Erkenntnis, dass nämlich der führende

---

Verwandlungen und Kombinationen aufnehmen könnten. Obgleich wir in dieser Umwelt handeln müssen, müssen wir sie erst in einfacherem Modell rekonstruieren, ehe wir damit umgehen können" (Lippmann 1964: 18).

Diskurs im Zusammenhang mit dem Islam diesen mit Bedrohung und Gewalt gleichsetzt[165].

Einerseits werden von den Medien Stereotypen verwendet, in denen Muslimen generell bestimmte Verhaltensweisen und Überzeugungen zugeschrieben werden, wie beispielsweise in der Berichterstattung des SPIEGELS aus dem Jahr 2003 „Das Prinzip Kopftuch – Muslime in Deutschland" (40/2003). Hier wird bereits in der Überschrift dem Leser suggeriert, es gebe einen monolithischen Block der Muslime in Deutschland, deren prinzipielles normatives Konzept das Tragen des Kopftuchs für alle muslimischen Frauen vorsehe[166]. Diese Überschrift vermittelt dem Leser allerdings (unbewusst) noch viel mehr: Im Sinne des framing-Konzepts ist der Ausdruck „Prinzip Kopftuch" in einen Interpretationsrahmen eingebunden. So werden mit diesem Ausdruck gleichzeitig bestimmte Vorurteile wie die Unterdrückung von Frauen, die Benachteiligung der Frauen und Radikalität beschworen. Dass dies keine „unabsichtlich herbeigeführte Nebenwirkung" der SPIEGEL-Überschrift sei, sondern seitens der SPIEGEL-Redakteure absichtlich herbeigeführt, konstatiert Kay Sokolowsky: „Denn die Autoren wollten einen Rechtsstreit zur nationalen Schicksalsangelegenheit aufblasen: „Es geht um die Frage, wie religiös der weltliche Staat westeuropäischer Prägung werden darf, ohne seine Identität zu verlieren" (2009: 43).

Diese Aussage Sokolowskys deutet auf den erwähnten Mechanismus des frame bridging hin: Die Bedeutung und Brisanz des Themas „Prinzip Kopftuch" oder „Kopftuchstreit" wächst, indem dieses mit dem Thema der deutschen Identität verbunden wird, und man es so zu „einem Prüfstein der Demokratie macht und mit Freiheit und Gleichheit kombiniert" (Bergmann 1997: 44 f.). Auch aus den Ausführungen Sabine Schiffers über die mediale Berichterstattung zum Islam geht hervor, dass dieser in einen negativen, vereinheitlichenden frame eingebettet wird. So führt sie aus: „Es ist zu erwarten, dass die ermittelten dominanten Konzepte wie ISLAM ist BEDROHUNG und GEWALT, (FRAUEN-)UNTERDRÜCKUNG und RÜCKSCHRITT bereits als „Wahrheiten" über den Islam akzeptiert wurden und somit vorausgesetzt werden" (Schiffer 2004:103). An anderer Stelle erklärt sie: „Begriffe, die den

---

[165] Siehe hierzu u.a.: Sabine Schiffer: Die Darstellung des Islam in der Presse, Würzburg 1995 sowie Antje Glück: Terror im Kopf, Berlin 2008.
[166] Antje Glück gelangt im Zusammenhang mit stereotypischen Bildern über den Islam in ihrer Untersuchung der Berichterstattung zu den beiden Anschlägen in London und Sharm El – Sheikh 2005 in der Frankfurter Allgemeinen Zeitung zu der Feststellung, dass „je einmal folgende Stereotypen manifest auftraten: *Bedrohungspotential des Islams, der Islam als monolithische Religion, der Islam sympathisiert von seiner Natur her mit dem Terrorismus, Muslime sind integrationsunwillig*" (2008: 134).

Islam - aber vor allem den Islamismus – evozieren, werden inzwischen weitgehend mit der Vorstellung von Fanatismus assoziiert" (ebd.: 150).

Dieser negative frame wird insbesondere durch bestimmte Mechanismen der Selektion wie zum Beispiel der permanenten medialen Wiederholung eines bestimmten skandalösen Ereignisses oder eines Anschlags[167] wie dem des 11.9. erreicht. Hafez stellt hierzu fest: „Eine Langzeituntersuchung der deutschen überregionalen Presse im Zeitraum der 1940er bis 1990er Jahre (..) hat ergeben, dass etwa die Hälfte aller Beiträge den Islam im Kontext eines Gewaltereignisses oder eines entsprechenden Themas (etwa Terrorismus) erörtern. Weitere etwa 10 Prozent thematisieren den Islam im Zusammenhang mit Konflikten, die allerdings ohne physische Gewalt ablaufen können (..). Dieser Negativwert ist der höchste aller anderen erhobenen Themen der Berichterstattung über Nordafrika sowie Nah- und Mittelost" (2010: 106). Zwar wird hier der Islam nicht direkt mit Gewalt gleichgesetzt, allerdings wird seitens der Medien ein Interpretationsrahmen verwendet, der für Rezipienten diese Gleichsetzung nahe legt[168]. Dieser Mechanismus verdeutlicht, dass diejenigen, die für die Berichterstattung innerhalb ihres Mediums verantwortlich gemacht werden können, sich nicht dem Vorwurf der Islam- oder gar der Fremdenfeindlichkeit aussetzen wollen.

Erstaunlich ist im Zusammenhang mit den Ausführungen Hafez auch, dass scheinbar ein hegemonialer Diskurs der Berichterstattung über den Islam existiert, eine Art überregionale Übereinkunft der Medien darüber, welches framing-Konzept[169] in Bezug auf den Islam zu verwenden ist. Dieser hegemoniale Diskurs kommt dadurch zustande, dass auch im Bereich der Massenmedien gleich einem Mikrokosmos der Gesellschaft bestimmte Gruppen oder Personen größeren Einfluss besitzen als andere. So kann man hier die Meinungsführerschaften gewisser Zeitungen oder Magazine wie beispielsweise des SPIEGELS, der Süddeutschen oder der Frankfurter Allgemeinen Zeitung

---

[167] Thorsten Schneiders macht in diesem Zusammenhang auf die Diskrepanz zwischen der ablehnenden Haltung der Mehrheit der Muslime gegenüber Selbstmordattentaten und der öffentlichen Überzeugung der Gesamtbevölkerung im Hinblick auf ein generelles Verständnis der muslimischen Bevölkerung gegenüber islamistischen Selbstmordattentätern, das sich insbesondere aus der medialen Berichterstattung speist, aufmerksam. „Die übergroße Mehrheit der Muslime lehnt Suizidattentate und andere Gewalttaten im Islam ab (…). Doch das wird in der globalisierten Mediengesellschaft unserer Tage nicht immer wahrgenommen" (2010: 337).

[168] So u.a. auch Schneiders: „Islam verbinden viele in erster Linie mit Gewalt, weil die Berichterstattung über diese Religion vor allem im Zusammenhang mit solchen Themen erfolgt" (ebd.).

[169] Diese Übereinkunft hinsichtlich des negativen framing – Konzepts wird auch anhand der folgenden Überschriften von Berichten verschiedener Magazine deutlich: Spiegel 13/2007: „Mekka Deutschland. Die stille Islamisierung", Stern 38/2007: „Wie gefährlich ist der Islam?" oder Focus 48/2004: „Die unheimlichen Gäste. Die Gegenwelt der Muslime in Deutschland. Ist die Integration gescheitert?" (Schneiders 2010: 11).

konstatieren[170]. Diesem Verhältnis entspricht eine hierarchische Ordnung innerhalb der Magazine oder Zeitungen selbst: „Ob der Chefredakteur der Zeit, Theo Sommer, während der Rushdie-Affäre 1989 vor den „Ableger fremder Kulturen" in unserer Mitte warnte (Die Zeit, 24.2.1989) oder der Herausgeber der Frankfurter Allgemeinen Zeitung, Frank Schirrmacher, fast zwanzig Jahre später junge Muslime zur Hauptgefahr der Jugendkriminalität erklärt (FAZ, 15.1.08) - stets ist es dasselbe Muster nach dem sich strukturkonservative Kräfte ihre publizistische Hegemonie in den entscheidenden Momenten sichern" (Hafez 2010: 113).

Unterstützt wird dieser hegemoniale Diskurs durch Personen öffentlichen Interesses, seien es Politiker, Wissenschaftler oder Repräsentanten wichtiger Unternehmen und Verbände, die als „graue Eminenzen" (ebd.) den Diskurs bereichern. Eine offene Islamfeindlichkeit wird also seitens der medialen Berichterstattung von Zeitungen und Magazinen vermieden, wahrscheinlich aus Gründen „politischer Korrektheit". Denn würden sie sichtbar den Islam diffamieren und augenscheinlich Vorurteile propagieren, müssten sie mit Sanktionen rechnen, selbst wenn möglicherweise ein Teil der Bevölkerung dasselbe denken würde. Aber die Vorurteile auszusprechen, würde bedeuten, sich zuwider den geltenden Maximen in Bezug auf den Umgang mit Minderheiten zu positionieren[171], und zöge Konsequenzen nach sich. Im Gegensatz dazu bietet das Internet als Kommunikationsplattform scheinbare Anonymität, was dazu führt, dass hier offen und sichtbar Muslime diffamiert werden und eine Hetze gegen den Islam stattfinden kann.

Sabine Schiffer hat in ihrem Essay von 2010: „Grenzenloser Hass im Internet. Wie „islamkritische" Aktivisten in Weblogs argumentieren" deutschsprachige antiislamische Websites aufgelistet, wobei davon auszugehen ist, dass deren Zahl heute wahrscheinlich das Doppelte umfasst[172]. Als zentrale Website gilt hier die Seite Politically Incorrect (PI), die seit 2004 besteht, und auf die auch von anderen Betreibern islamfeindlicher Webseiten häufig Bezug genommen wird. Laut den PI eigenen Statistiken griffen bereits 82.394.381 Besucher auf diese Seite zu, insgesamt wurde die Website PI bereits 227.868.062 Mal aufgerufen[173]. In ihren Leitlinien sieht sich PI als Verfechter des Rechts auf Meinungs- und Informationsfreiheit, versteht folglich die gegenwärtige Politik als zensierend und manipulierend. So erklären die Verfasser der Website: „Die politische Korrektheit und das Gutmenschentum dominieren heute überall die

---

[170] Vgl. hierzu u.a. Hafez 2010: 112 ff.

[171] Vgl. hierzu Kapitel 2.

[172] Der letzte Aufruf der Websites, den Sabine Schiffer vorgenommen hat, stammt vom 15. März 2008.

[173] Die Statistik wurde am 28.05.2013 von der Website http://www.pi-news.net/aufgerufen.

Medien. Offiziell findet diese Zensur natürlich nicht statt, dennoch wird über viele Themen, selbst wenn sie von höchster Bedeutung für uns und unser Land sind, nur völlig unzureichend oder sogar verfälschend „informiert". Wir hingegen bestehen auf unserem Grundrecht auf Meinungs- und Informationsfreiheit. Deshalb haben wir auf diesen Seiten vor allem ein Thema – die Beeinflussung der Bevölkerung im Sinne von politischer Korrektheit durch Medien und Politik. Es scheint uns wichtiger als je zuvor, Tabuthemen aufzugreifen und Informationen zu vermitteln, die dem subtilen Diktat der politischen Korrektheit widersprechen" (http://www.pi-news.net/).

Insbesondere die Vorstellung vom Islam als Bedrohung der westlichen Welt und deren Werte wird in den Grundsätzen von PI besonders hervorgehoben: „Wir stellen uns gegen diese Islamisierung Deutschlands und den damit einhergehenden Verlust unserer durch das Grundgesetz gesicherten Grundrechte. (…) Die Ausbreitung des Islam bedeutet folglich, dass unsere Nachkommen – und wahrscheinlich schon wir selbst – aufgrund der kulturellen Expansion und der demographischen Entwicklung in zwei, drei Jahrzehnten in einer weitgehend islamisch geprägten Gesellschaftsordnung leben müssen, die sich an der Scharia und dem Koran orientiert und nicht mehr am Grundgesetz und an den Menschenrechten. Wir sehen es daher aus staatsbürgerlichen und historisch gewachsenen Gründen als unsere Verpflichtung an, einer sich ankündigenden religiösen Diktatur in Deutschland durch Information und Aufklärung gemäß dem Motto entgegen zu treten: **"Nie wieder!"**"(http://www.pi-news.net/). Die PI Website wird von den Nutzern insbesondere als Kommunikationsmedium verwendet, so durchforsten die Nutzer das Internet auf der Suche nach Verbrechen, Fehltritten oder auch vermeintlichen Verfehlungen von Muslimen, die zunächst als Beitrag ausgearbeitet und dann auf der PI Website geschaltet werden. Die Beiträge können dann von den anderen Nutzern kommentiert werden.

Da einerseits der Gründer von PI, Stefan Herre, angibt, nicht der Betreiber zu sein, und gleichzeitig die Website nicht von einem deutschen Server aus geschaltet ist, kann von deutscher Seite aus juristisch nichts gegen die Website unternommen werden[174]. So können islamfeindliche Bilder, Klischees und Vorurteile offen von anonymen Web-Nutzern propagiert werden. Ungehindert und unerkannt können sie eine Wirklichkeit konstruieren, in der sich „der Westen" gegen die Gefährdung und Unterwanderung durch den Islam wehren muss, da sonst der Untergang der westlichen, aufgeklärten Zivilisation bevorstehe. Damit gelingt es PI eine Realität zu erschaffen, die Angst und Furcht hervorruft und beflügelt, und die gleichzeitig bei den Rezipienten an

---

[174] Vgl. hierzu: Schiffer 2010: 357.

Verantwortungsgefühle appelliert, die „Zukunft des Westens" für sich und die Nachkommen nachhaltig zu sichern.

2.1.6. Zwischen Islamophobie und Islamkritik

2.1.6.1. Zum Begriff Islamophobie

Die Website PI versteht sich als eine Gegenbewegung zur Kultur der „politischen Korrektheit", die nach Auffassung der Betreiber der Seite in einer Zensur der öffentlichen Rede und Meinung und der Manipulation der Presse und Informationsdienste gipfelt. Presse und Informationsdienste erscheinen in den Augen von PI als Agenten dieser Kultur politischer Korrektheit, die mit ihrem Wirken ein verfälschtes Bild der Realität konstruieren, in dem nach Meinung von PI bestimmte Bereiche der gesellschaftlichen Wirklichkeit wie Verbrechen und Vergehen, die von Muslimen begangen wurden, der Bevölkerung wissentlich verschwiegen werden[175].

Islamkritik unterliegt nach PI im Sinne der Kultur politischer Korrektheit einem Tabu. PI erklärt daher, es sich zum Ziel gesetzt zu haben, mit diesem Tabu zu brechen, um damit das Recht auf Meinungsfreiheit zu verwirklichen. Carolin Emcke sieht in dieser Argumentation eine „Doppelstrategie der modernen Islamfeindlichkeit" (Berlin 2010: 220) und erklärt: „Dieser Aspekt moderner Islamfeindlichkeit ist zudem bemerkenswert, weil sich dieser Diskurs gern als berechtigte „Islamkritik" erklärt, und somit jede Kritik an dieser Form der Islamfeindlichkeit als Zensur einer vernünftigen und notwendigen Islamkritik diffamiert" (ebd.: 221). So verwehrt sich dieser angeblich berechtigte „islamkritische Diskurs" dann auch dagegen, islamophob zu sein, und sieht diese Bezeichnung als Mittel zur Zensur an, als Instrumentalisierung eines Begriffs, mit dem der Versuch unternommen wird, den Diskurs zu unterbinden und mundtot zu machen. Der Diskurs um die Bezeichnung „islamophob" und „Islamophobie" wirkt sich allerdings gleichzeitig auch problematisch auf eine sachgerechte Kritik an bestimmten Überzeugungen, Strömungen und Geboten des Islam aus.

---

[175] PI verurteilt damit genau die Vorgehensweise, die sie selber anwenden. Somit lenken sie von ihrem eigenen Vorgehen ab und agieren letztlich mit Goffman im Sinne einer Täuschung. Durch die einseitige und aus dem jeweiligen Kontext gerissene Aneinanderreihung und Auflistung von Verbrechen durch Anhänger des Islam erzeugt PI eine „falsche Realität". Diese Vorgehensweise kaschieren sie, indem sie den Vertreter/innen des Diskurses politischer Korrektheit (also den Politiker/innen, den Medien...) exakt dasselbe vorwerfen, nämlich falsche Realitäten durch das Verschweigen islamistischer Gewalttaten zu konstruieren.

Hierzu stellt Johannes Kandel fest: „Es geht mir um den Begriff „Islamophobie" und seine Instrumentalisierung zur Verhinderung von legitimer Kritik an Religion, Kultur und Zivilisation des Islam, nicht nur des Islamismus und Djihadismus. Ich beobachte seit geraumer Zeit, nicht nur in Deutschland, dass bereits der analytische Versuch, Verbindungen zwischen bestimmten Islam-Interpretationen und Islamismus, bzw. Djihadismus-Terrorismus herzustellen mit dem Bannfluch des „Islamophobie" belegt wird" (Berlin 2006: 2). Vor diesem Hintergrund führt Karlies Abmeier in ihrem Essay „Tabus in öffentlichen Debatten. Zur Fragwürdigkeit von verschwiegenen Bereichen" aus: „Tabuisierte Zonen werden nicht zuletzt durch Medien begünstigt, die politische Konflikte zuspitzen, um Aufmerksamkeit zu erregen. Auf diese Weise können ursprünglich differenzierte Stellungnahmen einen neuen, vom Sprecher nicht beabsichtigenden Ton erhalten. Aus Furcht, falsch interpretiert zu werden, ziehen sich Politiker zurück und schweigen. So entsteht eine moderne Form der Schweigespirale[176], die aus der Komplexität der Sachverhalte resultiert, die sich nicht in einem eng beschränkten zeitlichen Korsett darstellen lassen" (2012: 39 f.).

Deutlich wird an den Ausführungen Johannes Kandels und Karlies Abmeiers die Gefahr, dass der Begriff „islamophob" als Etikett genutzt wird, um jede scheinbar anti-islamische Einstellung im Keim zu ersticken. Eine legitime verbale Kritik am Islam würde damit unterbunden, was zur Folge hat, dass diese Kritik im Verborgenen brodelt, und sich möglicherweise auf andere Art und Weise - durch feindseliges oder gewalttätiges Verhalten, durch Anschläge auf Asylantenwohnheime etc. - Bahn bricht. Nicht jede islamkritische Einstellung ist „islamophob", sie ist es erst dann, wenn generalisierend und verallgemeinernd Muslimen negative, bedrohliche und bösartige Verhaltensweisen und Einstellungen unterstellt werden, und ihnen damit der Status als handelndes Subjekt abgesprochen wird. Verbale Abwertungen und Diskriminierungen bis hin zu gewalttätigen Übergriffen sind als Verhaltens- und Handlungsmuster einer islamophoben Einstellung zuzurechnen.

Mit Heiner Bielefeldt kann unter dem Begriff „Islamophobie" verstanden werden: „Gemeint sind damit nicht etwa generelle Ängste vor dem Islam (wie dies das Wort fälschlich suggeriert), sondern negativ-stereotype Haltungen gegenüber dem Islam und seinen tatsächlichen oder mutmaßlichen Angehörigen. Eine islamophobe Einstellung kann sich unter anderem in verbalen Herabsetzungen und Verunglimpfungen, strukturellen

---

[176] Vergleiche hierzu auch die Ausführungen zur Theorie der Schweigespirale in der Zusammenfassung: An den Grenzen der Alltagswirklichkeit. Die „soziale Haut" als Akzeptabilitätsinstanz.

Diskriminierungen oder auch tätlichen Angriffen gegenüber Menschen mit muslimischem Hintergrund ausdrücken" (2010: 188). Sabine Schiffer sieht in der Debatte um den Begriff der „Islamophobie" letztlich eine Ablenkung davon, dass es sich bei dieser Einstellung eindeutig um Rassismus handele.

Ihrer Ansicht nach sollte diese Haltung vielmehr wie folgt beschrieben werden: „Eine sinnvollere deutsche Bezeichnung für das Phänomen der "verallgemeinernden Zuweisung stereotyper Fakten und Fiktionen auf den Islam oder die Muslime oder mit ihnen assoziierten Personen" wie "antimuslimischer Rassismus" werden international nicht erfolgreich sein, obwohl sie aus wissenschaftlicher Sicht eindeutig zu bevorzugen sind. Der Verweis auf "Rassismus" als strukturelles Phänomen wäre sinnvoll. Dass Rassismus ohne die Existenz von Menschenrassen auskommt, spielt dabei keine Rolle. Es handelt sich um ein Strukturmerkmal hierarchischer Gesellschaften, die auf diese Weise die Reproduktion der eigenen Klasse - auch unbewusst - garantiert. Mitglieder marginalisierter Gruppen unterliegen dabei systematischen Diskriminierungen, die mit rassistischen Begründungen legitimiert werden" (Schiffer 2011[177]).

Zwar wird der Begriff der Rasse vermieden, doch präsentiert sich diese Haltung jetzt im Gewand der Herkunft[178]. So erklärt Sokolowsky: „Seit die Einsicht sich durchgesetzt hat, dass zwischen dunklen und blassen Menschen, zwischen Semiten und Asiaten keine relevanten Unterschiede existieren, unterlassen die meisten rassistischen Theoretiker es, die Schäbigkeit des Fremden aus dessen Erbgut zu erklären. Sie ziehen es vor, kulturelle Differenzen zu beschreiben, als seien differente Kulturen grundsätzlich inkompatibel" (Berlin 2009: 138). Deutlich wird anhand dieser Ausführungen zum Begriff „Islamophobie" folgendes:

1. Unter Islamophobie lässt sich eine rassistische Haltung verstehen, die generalisierend und pauschalisierend Muslimen und dem Islam negative und bösartige Verhaltensweisen, Einstellungen und Überzeugungen unterstellt, und die damit die Herkunft zur Strukturkategorie unseres gesellschaftlichen Systems bestimmt, die über In- und Exklusion entscheidet, und in deren Folge Exklusion mit Diskriminierung einhergeht.

2. Der Diskurs um die Bezeichnung „Islamophobie" unterliegt einer doppelten Instrumentalisierung: Zum einen wird der Begriff von Seiten islamfeindlicher Gruppen oder Personen missbraucht, die ihren

---

[177] Schiffer, Sabine: Islamophobie - Plädoyer für eine internationale Bezeichnung, in: inamo Heft 68 - Berichte & Analysen, Informationsprojekt Naher und Mittlerer Osten, Winter 2011. Online unter: http://www.schattenblick.de/infopool/sozial/sozio/ssges241.html abrufbar. Zugriff am 03.04.2013.
[178] Vergleiche hierzu die Ausführungen in Kapitel 2. 1.3.

Gegnern vorwerfen, die berechtigte Islamkritik als „islamophob" zu deklassieren und aus Gründen politischer Korrektheit nicht zuzulassen. So wird seitens islamfeindlicher Gruppen der an sie gerichtete Vorwurf der „Islamophobie" umgemünzt in den Vorwurf islamfeindlicher Gruppen an die Gruppe der „politisch Korrekten", das Recht auf Meinungsfreiheit zu beschränken und zensierend auf die Gesamtgesellschaft einzuwirken.

Zum anderen wird diese Bezeichnung tatsächlich auch dazu missbraucht, sachgerechte Islamkritik generell als „islamophob" abzustempeln. Zu diesem Vorgehen stellt Kandel fest:

„Islamophobie" verkommt allmählich zu einem Kampfbegriff, der für jede vermeintlich „anti-islamische" Einstellung, jedes angeblich „anti-islamische" Verhalten verwendet wird. Z.B. wird inzwischen von manchen muslimischen Organisationsvertretern schon eine allgemeine Skepsis gegenüber der Religion als „islamophob" verteufelt[179]" (Berlin 2006: 5).

2.1.6.2. Die Kehrseite von „politischer Korrektheit"

In der Debatte um die Bezeichnung „Islamophobie" und „islamophob" kommt ein Dilemma zum Ausdruck, das auf einem Konflikt zwischen zentralen, vermeintlich sich ausschließenden Werten unserer Gesellschaft beruht.

In Kapitel 2 wurden die für Deutschland prägenden Maximen wie folgt festgehalten:

- Alle Menschen sind als gleichwertig anzuerkennen.
- Die Freiheit ist als uneingeschränktes Gut aller Menschen zu verteidigen.
- Die kulturelle Vielfalt ist als Bereicherung zu bewerten.
- Jede Kultur ist als gleichrangig zu akzeptieren.
- Minderheiten sind als schützenswert zu betrachten.

Diese Richtlinien sind insbesondere auf die Erfahrungen der nationalsozialistischen Vergangenheit Deutschlands zurückzuführen und beherrschen als Maxime korrekter Gesinnung den öffentlichen Diskurs und die

---

[179] Kandel führt als ein Beispiel für den Missbrauch des Begriffs „Islamophobie" aus: „ (…) Soeben hat der Chefredakteur der britischen Zeitschrift „Muslim News", Ahmad Versi, gar die legitime Aufforderung von Franco Frattini, Vice President of the European Commission, an die Adresse der Muslime, sich um einen europäischen Islam zu bemühen als „rassistisch" und „islamophob" gebrandmarkt: „Talks about a „European Islam" not only indictes that the EU is planning to impose their own vision of Islam on Muslims but will create more anti-Western and anti-Christian feeling in the Muslim community" (Berlin 2006: 5).

öffentliche Meinung. Im Zusammenhang mit dem Umgang mit dem Islam kommt es hier zu einem Wertedilemma: So macht einerseits die Gruppe der Muslime in Deutschland eine Minderheit innerhalb der Bevölkerung aus, was bedeutet, dass deren Rechte als schützenswert gelten, und ihnen wie auch allen anderen Mitgliedern unserer Gesellschaft das Recht auf freie Entfaltung ihrer Persönlichkeit, das Recht auf Meinungs- und Religionsfreiheit zusteht. Niemand möchte sich in Deutschland mit dem Vorwurf konfrontiert sehen, „fremdenfeindlich", „islamophob", „ignorant" oder einfach „ungebildet" zu sein. Auch die Maxime der Gleichwertigkeit aller Kulturen bewirkt komplementär, dass denjenigen, die es wagen, diese Auffassung nicht zu teilen, entweder Überheblichkeit, Nationalismus oder Rassismus vorgeworfen wird. Andererseits ist die zu verteidigende Maxime der Freiheit, die unter anderem sowohl das Recht auf Religions-, Meinungs- und Redefreiheit beinhaltet, auch als eine solche zu verstehen, die die Legitimität einer sachgerechten Auseinandersetzung über Problem- und Konfliktfelder in unserer Gesellschaft betont. Meinungs- und Redefreiheit bedeutet auch, dass in einer Gesellschaft ein kritischer Diskurs über unterschiedliche Wertvorstellungen und verschiedene kulturelle Richtlinien und Maßstäbe stattfinden kann und muss. Verschweigen führt letztlich nur dazu, Populisten Vorschub zu leisten, die die offensichtlichen aber aus Gründen einer korrekten politischen Gesinnung verborgenen Problem- und Konfliktfelder aufgreifen, um sich öffentlich als Tabubrecher zu inszenieren, und sich selbst zum Verteidiger im Kampf um das Recht auf Meinungs- und Redefreiheit ausrufen.

Schein-Toleranz und nur zur Schau getragene Akzeptanz verursacht in letzter Konsequenz wachsende Intoleranz und befördert ein subtiles und verstecktes Ablehnungs- und Diskriminierungsverhalten. Der Diskurs der korrekten politischen Gesinnung bewirkt, dass eine sachgerechte Islamkritik als tabuisierte Zone wahrgenommen wird. Im Zusammenhang mit der Feststellung, dass eine kritische Auseinandersetzung mit dem Islam mit einem Tabu belegt ist, stellen Hartmut Schröder und Florian Mildenberger die These auf: „Je mehr Tabus es gibt, und je stärker sie gewahrt werden, desto tiefer steckt eine Gesellschaft in selbst verschuldeter Unmündigkeit fest. Daran tragen einige Protagonisten besondere Schuld, ohne Schuld ist jedoch niemand, der sich den Tabus nicht entgegenstellt. Das kann im persönlichen Umfeld erfolgen oder in sozialen Gefügen. Nichts ist so wirkmächtig wie Schwarmintelligenz – oder Gruppendummheit" (2012: 48). Hierzu konstatiert Karlies Abmeier: „Es erfordert häufig Mut und Zivilcourage, auch unpopuläre oder gern verschwiegene Fakten gegen das vorherrschende Meinungsklima zu nennen und zu vertreten. Wenn von Fremdenfeindlichkeit und Rassismus innerhalb der deutschen Mehrheitsgesellschaft die Rede ist, sollte auch unaufgeregt über

„Deutschenfeindlichkeit" bei Jugendlichen mit ausländischen Wurzeln gesprochen werden. Auch ein Hinweis auf die statistisch höhere Kriminalitätsrate innerhalb einzelner gesellschaftlicher Gruppen und die differenzierte Diskussion über ihre möglichen Ursachen dürfen nicht verpönt sein. Andernfalls werden dadurch möglicherweise selbst ernannte Tabubrecher gestärkt (…)" (2012: 39).

Diese Instrumentalisierung des Tabus lässt sich nicht nur bei rechtsextremistischen Gruppierungen oder anonymen Internetblogs oder Websites wie PI feststellen, sondern wird auch von Personen mit hohem Bekanntheitsgrad in der öffentlichen Diskussion genutzt, um sich auf populistische Art und Weise in Szene zu setzen.

Ein eindrucksvolles Beispiel dafür, sich als Tabubrecher und als Verfechter der Redefreiheit zu stilisieren, liefern die Ausführungen des ehemaligen Vorstandsmitglieds der Deutschen Bundesbank Thilo Sarrazin. So zitiert beispielsweise die Frankfurter Rundschau in ihrem Artikel vom 25.08.2010: „Thilo Sarrazin: Deutschland schafft sich ab. So wird Deutschland dumm" einen Auszug aus dem Buch Sarrazins[180]: „Die kulturelle Fremdheit muslimischer Migranten könnte relativiert werden, wenn diese Migranten ein besonderes qualifikatorisches oder intellektuelles Potential verhießen. Das ist aber nicht erkennbar. Anzeichen gibt es eher für das Gegenteil, und es ist keineswegs ausgemacht, dass dies ausschließlich an der durchweg bildungsfernen Herkunft liegt. So spielen bei Migranten aus dem Nahen Osten auch genetische Belastungen - bedingt durch die dort übliche Heirat zwischen Verwandten - eine erhebliche Rolle und sorgen für einen überdurchschnittlich hohen Anteil an verschiedenen Erbkrankheiten. (…) Es geht mir vor allem um Klarheit und Genauigkeit, die Zeichnung ist daher kräftig, nicht unentschlossen oder krakelig. Ich habe darauf verzichtet, heikel erscheinende Sachverhalte mit Wortgirlanden zu umkränzen, mich jedoch um Sachlichkeit bemüht - die Ergebnisse sind anstößig genug[181]".

Diese Äußerungen Sarrazins zeigen, wie das Diskursverbot einer Islamkritik dazu instrumentalisiert werden kann, eindeutig rassistische und diffamierende Einstellungen als berechtigte Islamkritik zu tarnen und der Öffentlichkeit die Rolle eines Befreiers von der Zensur der Rede- und Meinungsfreiheit vorzugaukeln. Deutlich wird anhand dieses Beispiels auch die Notwendigkeit der Auseinandersetzung über gesellschaftliche Problem- und Konfliktfelder, die

---

[180] Thilo Sarrazin: „Deutschland schafft sich ab. Wie wir unser Land aufs Spiel setzen". Deutsche Verlags-Anstalt, 2010.
[181] Online abrufbar unter: http://www.faz.net/aktuell/feuilleton/buecher/rezensionen/sachbuch/thilo-sarrazin-deutschland-schafft-sich-ab-so-wird-deutschland-dumm-1999085.html, aufgerufen am 31.05.2013.

nicht aus Gründen einer korrekten politischen Gesinnung vermieden werden dürfen. In letzter Konsequenz führen solche Diskursverbote zu einer Beschädigung „unserer" gesellschaftlichen und freiheitlichen Grundordnung. So zerstören wir die Werte, die wir eigentlich vertreten (wollen).

2.1.6.3. „Pegida", gesellschaftsfähige Islamkritik?

Als eben diese Befreiungsbewegung von der Zensur der Meinungs- und Redefreiheit und als eine Protestbewegung „gegen die Islamisierung des Abendlandes" und gegen die Lügen- und Mainstreampresse versteht sich seit der Gründung im Oktober 2014 das Aktionsbündnis „Pegida" (Patriotische Europäer gegen die Islamisierung des Abendlandes). Von einer Gruppe um Lutz Bachmann und Kathrin Oertel, die als die Führungsfiguren von Pegida gelten können, vor dem Hintergrund einer Beteiligung deutscher Soldaten an den Kriegen in Syrien und im Irak ins Leben gerufen, konnte die Bewegung im Dezember 2014 bis zu 15 000 Demonstrantinnen/en mobilisieren, die in Dresden für die gemeinsamen Forderungen eintraten.

Diese beinhalten insbesondere die Ausarbeitung eines Zuwanderungsgesetzes, den „Schutz der christlich-jüdisch geprägten Abendlandkultur", das Verbot von Waffenlieferungen an „verfassungsfeindliche, verbotene Organisationen", die Einführung plebiszitärer Elemente in Deutschland auf Bundesebene sowie die Stärkung der inneren Sicherheit[182].

Die Pegida-Anhänger/innen lassen sich laut einer Studie des Göttinger Instituts für Demokratieforschung von 2015, in die Umfragen unter 547 Pegida-Demonstrantinnen/en (von denen allerdings 182 die Befragung abbrachen) in Dresden, Leipzig, Hannover, Braunschweig und Duisburg eingingen, der bürgerlichen Mitte zuordnen. So stellen die Verfasser/innen der Studie hinsichtlich Bildung und sozialer Lage fest: „Nimmt man nur die Bildungsabschlüsse, dann trifft man bei der neuartigen Fronde gegen „die Islamisierung des Abendlandes" soziologisch auf eine solide Mitte mit Realschulabschlüssen, insbesondere aber auch mit einem beachtlichen Teil von Universitäts- bzw. Fachhochschulabsolventen. (…) Immerhin ein gutes Fünftel bezieht ein monatliches Netto-Einkommen von mehr als 3000 Euro. Insofern ist es nicht verwunderlich, dass rund zwei Drittel ihre persönliche Lage als derzeit gut bis sehr gut qualifizieren". Mit Blick auf die politische Ausrichtung der

---

[182] Die Forderungen sind online unter
https://www.facebook.com/permalink.php?story_fbid=848334451871646&id=790669100971515
und unter https://www.facebook.com/790669100971515/photos/pb.790669100971515.-
2207520000.1423422998./859188834119541/?type=1&theater abrufbar. Zugriff am 01.02.2015.

Pegidisten konstatieren die Verfasser/innen: „Politisch ist die soziale Mitte-Position indes eindeutig rechts vom Zentrum grundiert" (Geiges u.a. 2015: 64). Deutlich wird hieran, dass der Bürgerprotest nicht hauptsächlich aus einem Milieu stammt, das sich als marginalisiert erlebt und generell mit dem eigenen Leben unzufrieden ist. Vielmehr rekrutiert sich ein großer Teil der Pegida-Anhänger/innen aus dem bürgerlichen Lager, dessen Angehörige grundsätzlich zufrieden mit ihrer persönlichen Situation sind, gleichzeitig aber eine Art Unbehagen, eine Furcht vor der zukünftigen (politischen, sozialen und wirtschaftlichen) Lage in Deutschland verspüren.

Wie konnte es allerdings dazu kommen, dass sich ein solches Unbehagen nicht nur anonym und unsichtbar, im Internet oder am Stammtisch, sondern auch öffentlich äußert? Wie ist es möglich, dass Aussprüche und Slogans auf Plakaten wie „Multikultur tötet", „Lieber heute aufrecht zu Pegida als morgen auf Knien gen Mekka" oder „Für Heimat, Frieden und deutsche Leitkultur, gegen religiösen Fanatismus, gegen Islamisierung und Multikulti" (vgl. Geiges u.a. 2015: 44 ff.) in der Öffentlichkeit lautstark vertreten werden können?

Es wäre falsch zu glauben, Pegida sei aus dem Nichts entstanden. Der Gründung von Pegida gingen etliche öffentliche Kundgebungen, seit März 2014 die sogenannten „Montagsmahnwachen für den Frieden", die in zahlreichen Städten abgehalten wurden, sowie die Hogesa (Hooligans gegen Salafisten)[183] voraus. Diese Protestbewegungen sprachen sich vor allem gegen eine Eskalation im Ukraine-Russland-Konflikt aus, mahnten die Unterdrückung der Meinungsfreiheit an und warnten vor Islamisierung und Überfremdung.

Anlässe für diese Bewegungen sind vor allem in der Ausbreitung und dem Vorgehen des Islamischen Staates IS im Irak und in Syrien und in der Verschärfung der Ukrainekrise zu sehen. Diese Entwicklungen riefen eine erhöhte Kriegsfurcht und eine Angst vor islamistischen Aktionen und Anschlägen in Deutschland hervor. Allerdings differenziert diese Angst nicht mehr zwischen Islamisten und Muslimen. Vielmehr erscheint im Sinne dieser Angst jeder Muslim als vermeintlicher Islamist. Hierzu erklären Geiges u.a.: „Man nahm „die Muslime" weitgehend als monolithischen Block war. Nicht Herkunft, Bildung oder Sozialisation prägten in den Augen der Befragten ihre Identitäten, sondern ihre islamische Religionszugehörigkeit" (2015: 181 f.)[184].

---

[183] Die Hogesa ist ein Aktionsbündnis von unterschiedlichen Hooligan-Gruppen, das sich insbesondere gegen den Salafismus in Deutschland richtet. Bekanntheitsgrad erlangte die Bewegung vor allem durch eine Demonstration am 26.10.2014 in Köln, bei der es zu Straßenschlachten mit der Polizei kam. Das Aktionsbündnis stellt keine feste Gruppe dar und kommuniziert insbesondere über Plattformen in den Social Media. Das erste Treffen der verschiedenen Hooligan-Gruppen in Deutschland fand im September 2014 statt. Vorbild der Bewegung ist ein englisches Hooligan-Aktionsbündnis, die English Defence League, das 2009 ins Leben gerufen wurde.

[184] Vgl. hierzu auch Kapitel 2.1.5.: Mediale Inszenierung und Islam.

Auslösendes Moment für den breiten öffentlichen Protest in Dresden ist insbesondere der Bau von Flüchtlingsunterkünften. In einer Presseerklärung vom 24.10.2014 der Stadt Dresden informiert diese über die Errichtung von 14 neuen Übergangsheimen bis 2016[185]. Bei den Kommunalwahlen im Frühjahr 2014 in Dresden wurden diese Pläne allerdings nicht erwähnt.

Zu dem Gefühl des Hintergangen-Worden-Seins gesellte sich bei den Dresdnern noch das Gefühl des Alleingelassenseins. Geiges u.a. stellen in diesem Zusammenhang fest: „Während sich die Politik ausschließlich um die Unterbringung von Flüchtlingen kümmere, fehle es an „Konzepten (…) für die Menschen, die drum rum wohnen". (…) Man sei „entsetzt", wie wenig sich sie Politik um die „Menschen kümmert, die mit den Flüchtlingen leben müssen" (2015: 99).

Dass sich immer mehr Bürgerinnen und Bürger der Bewegung bis Dezember 2014 anschlossen, ist auch auf das Vorgehen und die Reaktion seitens der Politik und der Medien zurückzuführen. Die vernichtenden Urteile vieler Politiker/innen und die abfälligen Kommentare und Berichte über Pegida und deren Anhänger/innen haben letztlich dazu beigetragen, die Protestbewegung nicht zu schwächen, sondern sie in sich zu stärken und zu vereinen. Dieses Erstarken erfolgte nicht zuletzt auch deswegen, weil sich die Anhänger/innen als eine Art Sprachrohr des Volkes empfinden, als ein Kollektiv, das die Sprachlosigkeit, ausgelöst durch den Diskurs politischer Korrektheit, überwinden will. Hierbei wird nochmals deutlich, dass die Pegidisten, die sich politisch in der bürgerlichen Mitte verordnen, keineswegs dem Kreis der Nichtwähler/innen zuzurechnen sind, sondern sie politikinteressiert sind und sich auch (zumindest in einem gewissen Maße) mit politischen Entscheidungsprozessen und –konzepten auskennen.

In diesem Sinne ist Pegida als ein Ausdruck von Politikverdrossenheit und Politikunzufriedenheit zu deuten. Allerdings beziehen sich diese auf das politische Handeln der gegenwärtigen politischen Entscheidungsträgerinnen und -träger. Keinesfalls ist damit gemeint, dass sich die Bürger/innen nicht politisch interessieren und engagieren. Halt macht diese Unzufriedenheit auch nicht vor den Medien, die letztlich als eine Art Steigbügelhalter des erwünschten politischen Diskurses verstanden werden.

Dass Pegida in Dresden gegründet wurde, und dort auch die meisten Anhänger/innen zu verzeichnen hat, ist nicht zuletzt auf die teilweise frustrierenden gesellschaftlichen Entwicklungen und enttäuschten Erwartungen des Ostens nach 1990 zurückzuführen sowie auch auf die gesellschaftliche Lage

---

[185] Vgl. die Pressemitteilung der Stadt Dresden vom 24.10.2014 „Landeshauptstadt Dresden bereitet sich auf steigende Flüchtlingszahlen vor". Online abrufbar unter http://www.dresden.de/de/02/035/01/2014/10/pm_103.php. Zugriff am 30.04.2015.

im Osten Deutschlands, die durch die Sozialisation des ehemaligen DDR-Regimes geprägt ist. Denn diese gesellschaftliche Lage zeichnet sich unter anderem dadurch aus, dass die Bürger/innen wenige Kontakte zu Ausländern hatten. In einer Mail an das Göttinger Institut für Demokratieforschung vom 19.01.2015 äußert sich ein Dresdner Bürger hierzu wie folgt: „Das DDR-Regime (…) betrieb einen Staat, in dem Vertragsarbeiter aus Vietnam, Kuba, Nicaragua, dem Jemen oder Angola in strenger Trennung von DDR-Bürgern lebten, und aus Prinzip nach der Vertragsarbeitszeit wieder ins Heimatland zurückgeführt wurden. (…) Die vielen noch heute hier im Osten Deutschlands lebenden Vietnamesen (…) leben weitgehend isoliert von der deutschen Bevölkerung, pflegen die eigene Kultur – sehr im Verborgenen. (…) Meinen einheimischen Kolleginnen und Kollegen ist deren Kultur nach wie vor fremd. (…)" (Gauges u.a. 2015: 140 f.).

Die Pegida-Anhänger/innen sehen in der großen Zahl von im Osten Deutschlands lebenden Vietnamesen einen Beleg dafür, dass Integration nicht prinzipiell misslingen muss, sondern es an dem Verhalten der Ausländer/innen liege, inwiefern ein Zusammenleben zwischen deutschen Bürgern/innen und Ausländern/innen möglich sei. Integration im Sinne von Pegida ist damit Assimilation, die völlige Aufgabe der eigenen (Fremd-) Kultur.

Diese Argumentation wird seitens Pegida auch im Zusammenhang mit dem Rassismus-Vorwurf vorgebracht. Hier verwehren sich die Pegida-Vertreter/innen dagegen, als Rassisten verstanden zu werden, und erklären öffentlich, grundsätzlich nichts gegen den Islam zu haben, sondern nur vor einer Islamisierung in Deutschland warnen zu wollen.

In diesem Zusammenhang stellen Gauges u.a. anhand der Zitate einiger Pegidisten fest: „„Wir sind keine Nazis oder so, hier sind keine Nazis, das ist Quatsch". Das zu betonen, ist ihnen besonders wichtig. Den Vorwurf, „Nazis in Nadelstreifen" zu sein, empfinden sie als zutiefst infam, wittern darin ein abgekartetes Spiel, eine Unverschämtheit, eine Schmutzkampagne, kurz: eine Sauerei sei das. Man versichert, dass seien „alle hier ganz normale, liebe Leute, die nicht mehr tatenlos zusehen können, wie alles den Bach runtergeht" (2015: 37 f.).

Die Gründe für die Gesellschaftsfähigkeit einer öffentlich geäußerten Islamkritik lassen sich wie folgt zusammenfassen:

> ➢ Die Pegida-Anhänger/innen verstehen sich als Stimme des Volkes. Sie sehen sich als eine Bewegung des Volkes an, die nationale Interessen vertritt und die eigene Kultur schützt. Die Auffassung von Pegida, für das (deutsche) Kollektiv zu sprechen, und nicht Einzelinteressen zu formulieren, bewirkt, dass die Islamkritik als legitimiert durch das Volk wahrgenommen wird, und als solche gerechtfertigt werden kann.

➢Der große Teil der Pegidisten sieht sich nicht als generell ausländer- oder islamfeindlich an, und vertritt öffentlich die Ansicht, nicht grundsätzlich etwas gegen andere Kulturen zu haben. Allerdings sollten sich diese der deutschen bzw. abendländischen Kultur unterordnen und keinesfalls mit ihrer Kultur die deutsche Gesellschaft dominieren wollen. Diese Gefahr bestehe seitens des Islam, der versuche, die eigenen Bräuche und Traditionen in Deutschland zu etablieren. In diesem Zusammenhang erfährt die Islamkritik ihre Legitimation, indem Pegida differenziert zwischen einer „generellen Islamfeindlichkeit", also Islamophobie, und einer „berechtigten Islamkritik".

➢Die politische Ideologie der Nationalsozialisten ist nicht hoffähig. Daher distanzieren sich viele Pegida-Vertreter/innen öffentlich von der nationalsozialistischen Ideologie und erklären, dass sie keineswegs rassistisch seien. Gauges u.a. erklären hierzu: „Erst ein außerhalb des Parteiensystems stehendes, nach vielen Seiten hin offenes Protestbündnis, eine Konfliktzuspitzung im Nahen Osten und auf der Krim, aber vor allem die lokalen Auswirkungen der weltweiten Krisen und menschlichen Notlagen, die Bereitstellung von Flüchtlingsunterkünften durch die Städte und Kommunen, mobilisierten einige Tausend Menschen" (2015: 99). Islamkritik wird hier legitimiert, indem sich Pegida eindeutig vom Nationalsozialismus distanziert, und sich als eine Protestbewegung mündiger Bürger/innen darstellt.

➢Mit Lutz Bachmann und Kathrin Oertel existierte zu Beginn von Pegida ein Führungsteam, das durchaus in der Lage dazu war, die Protestbewegung, deren Kundgebungen und Demonstrationen, zu organisieren und die Massen in ihren Reden in populistischer Manier, zu begeistern. Beide verstehen sich als Frau/Mann aus des Volkes Mitte stammend, und sehen sich als Volksvertreter/innen, die sich für das Wohl und den Erhalt des Volkes einsetzen. Insofern sei auch die von ihnen geäußerte Islamkritik Ausdruck des allgemeinen Willens des Volkes und als ein solcher legitimiert.[186]

---

[186] Über die Frage, ob Pegida auch zukünftig noch die Massen mobilisiert, kann hier nur spekuliert werden. Nach der Trennung von Bachmann und Oertel von Pegida verzeichnete die Bewegung zunächst Verluste, wuchs dann aber wieder an, und scheint einen konstanten Zulauf verzeichnen zu können. Immerhin kamen am Ostermontag (2015) 7000 Demonstrantinnen/en in Dresden zusammen. Während Wolfgang Dick in einem Kommentar der Deutschen Welle online Pegida zu einer „Zeiterscheinung" aufgrund eines „fehlenden Gesamtplans, fehlender Führungsfiguren und einer fehlenden politischen Kooperationsfähigkeit" (http://www.dw.de/was-aus-pegida-werden-könnte/a-18224617) erklärt, zitiert hingegen Jasper von Altenbockum am 13.04.2015 Geert Wilders

Fazit: Gespaltene Akzeptanz als Indikator für die Grenze religiöser und kultureller Vielfalt

Deutschland hat es sich auf die Fahne geschrieben, weltoffen, tolerant und multikulturell zu sein. „Kulturelle Vielfalt" gilt als Devise der bundesdeutschen Gesellschaft. Diese findet ihre Bestätigung in der Aussage, dass Deutschland als Einwanderungsland anzusehen ist[187]. Nicht zuletzt auch die Richtlinie, dass Minderheiten im demokratischen Deutschland als schützenswert gelten, führt dazu, dass kulturelle und religiöse Minderheiten in Deutschland weitreichende emanzipatorische Freiheiten genießen. Das betrifft auch den Islam. Sei es durch den Bau von Moscheen oder den Eingang der türkischen Sprache in den Fächerkanon bundesdeutscher Schulen, der beinhaltet, dass Türkisch jetzt an einigen Schulen in Deutschland sowohl im Rahmen der Wahl als zweite Fremdsprache unterrichtet als auch als Abiturfach anerkannt wird. Angeführt werden können hier aber auch die zahlreichen Selbstverpflichtungen deutscher Unternehmen, die die kulturelle Diversität zu einer Richtlinie ihrer Unternehmenskultur erheben: Kulturelle Vielfalt, Toleranz gegenüber dem „Anderen" und vorurteilsfreies Verhalten beherrschen als anerkannte Maxime und nicht zu hinterfragende Richtlinien des Verhaltens den öffentlichen Diskurs unserer Gesellschaft.

So stimmten im aktuell erschienenen Religionsmonitor 2013[188] 87% aller Befragten in Deutschland (West) der Aussage „Man sollte gegenüber allen Religionen offen sein" zu, und nur 10% lehnten diese Aussage ab[189] (Religionsmonitor 2013: 35). Gleichzeitig sahen allerdings 49% der Befragten in Westdeutschland und 57% aller Befragten in Ostdeutschland auf die Frage hin: „Wenn Sie an die Religionen denken, die es auf der Welt gibt: Als wie bedrohlich bzw. wie bereichernd nehmen Sie die folgenden Religionen wahr?", im Islam eine Bedrohung, wohingegen nur 31% aller Befragten in Westdeutschland und 21% der Befragten im Osten Deutschlands den Islam zu einer Bereicherung (Religionsmonitor 2013: 37) erklärten.

---

in der faz online, der von der Gründung eines „europaweiten Bündnisses rechtspopulistischer islamfeindlicher Bewegungen" spricht (http://www.faz.net/aktuell/politik/kommentar-wilders-rede-an-einen-politischen-kadaver-13536402.html).

[187] Vgl. hierzu Ausführungen zu Beginn des Kapitels 2.

[188] Pollack, Detlef und Müller, Olaf: Religionsmonitor. Verstehen was verbindet. Religiosität und Zusammenhalt in Deutschland, Hg.: Bertelsmann – Stiftung, Gütersloh 2013

[189] Deutschland (Ost): 78% der Befragten stimmten der Aussage zu, 16% lehnten diese ab.

Dieses Resultat, das das Ergebnis der Allensbach Umfrage von 2012[190] bestätigt, bedeutet also: Die in der bundesdeutschen Bevölkerung hohe Aufgeschlossenheit gegenüber religiöser Diversität erstreckt sich in letzter Konsequenz nicht auf den Islam. Dieser wird generell als bedrohlich wahrgenommen, obwohl in der Bevölkerung die Bereitschaft zu einer differenzierten Betrachtung dahingehend besteht, dass rein rational die Gefahr von Einzelnen oder einzelnen Gruppierungen ausgeht, und die Muslime nicht alle „über einen Kamm zu scheren sind". Und dennoch - das Grundgefühl von Bedrohung ist ein anderes. Deutlich wird hieran, dass der Islam in Deutschland keineswegs als eine religiöse und kulturelle Ausrichtung angesehen werden kann, die durchweg gesellschaftlich akzeptiert wird. Vielmehr begrenzen tradiertes Wissen und islamfeindliche Projektionen sowie Strukturprinzipien und Leitbilder unserer Gesellschaft die Akzeptanz islamischer Religiosität und muslimischer Kultur. Diese Begrenzungen wirken durch die Existenz verschiedener Diskurse über den Islam und über die „deutsche" Kultur und Gesellschaft.

Entsprechend der Logik der Dichotomie wird in den Diskursen über den Islam oftmals das Bild einer fatalistischen, die soziale Kohäsion Deutschlands gefährdenden Religion und Kultur entworfen, die als monolithischer Block danach strebt, anderen Staaten oder Kulturen ihre Vorstellung von Religion und Staat aufzuzwingen. Insbesondere im Hinblick auf den gegenwärtigen Zustand der deutschen Gesellschaft, in dem große Teile der Bevölkerung von Gefühlen von Deprivation und Isolation berichten und einen fehlenden sozialen Zusammenhalt wahrnehmen, fallen derartige Bedrohungsszenarien auf fruchtbaren Boden. Nicht zuletzt durch die Medien inszeniert wird ein Diskurs über den Islam geschaffen, der diesen mit Terror und Gewalt verbindet, und der neben den schrecklichen Bildern vom 11.9. und anderen Anschlägen wenig Raum für eine andere Sicht auf den Islam zulässt. Diskurse vom „eigentlichen Muslim", die den Muslimen per se und stereotyp einem frame zuordnen und ihnen bestimmte Verhaltensweisen, Überzeugungen und Handlungsmuster zuweisen, versperren den Blick auf die große Zahl der Muslime, die Terrorismus, Fatalismus, Fundamentalismus und Gewalt durchweg ablehnen und sich klar zu den Prinzipien und Maximen der Grundordnung und des Gesellschaftssystems in Deutschland bekennen. Allerdings funktioniert auch hier die Logik der Dichotomie: Denn derjenige, der sich als liberaler Muslim outet, ist im Sinne dieses Diskurses kein eigentlicher Muslim. Das bedeutet letztlich, ist man bekennender Muslim, ist man kein Deutscher.

---

[190] Vgl. hierzu die Ausführungen der Vorsitzenden des Sachverständigenrats deutscher Stiftungen für Integration und Migration, Christine Langenfeld, in Kapitel 2.

Die Exklusion wird auch in der Debatte um die deutsche Leitkultur ersichtlich: Denn bereits aufgrund bzw. gerade wegen der Klassifizierung des Muslims als ein Fremder und Anderer hat dieser gar keine Chance, die Vorgaben und Richtlinien der deutschen Leitkultur zu erfüllen. Nicht nur, dass es keine klare Übereinkunft darüber gibt, was sich überhaupt hinter diesem Begriff verbirgt, vielmehr lebt die Ideologie der Leitkultur davon, dass das Fremde ausgeschlossen wird, egal, wie sehr sich der Fremde auch bemüht. Deutsch zu denken, deutsch zu sein und wie ein Deutscher zu handeln und sich zu verhalten, das wird kein Fremder je erreichen, wenn selbst der Deutsche nicht so genau weiß, durch welche Eigenschaften, Verhaltensweisen, Überzeugungen und Ideen sich die „deutsche Leitkultur" auszeichnet. Dieser „double talk" zeigt deutlich das Wirken von gespaltener Akzeptanz im Umgang mit islamischer Religiosität und muslimischer Kultur in Deutschland.

Im Zusammenhang mit der Ideologie von der deutschen Leitkultur ist allerdings festzuhalten, dass zwar keine klare gesellschaftliche Übereinkunft über deren Inhalte und Prinzipien besteht, in der deutschen Gesellschaft aber schon bestimmte Codes des Verhaltens, Leitlinien und Wertvorstellungen existieren, die von einer großen Mehrheit der Bevölkerung akzeptiert werden, und die für das gesellschaftliche Miteinander strukturgebend und ordnungserhaltend sind. Dazu zählt in besonderem Maße die Idee einer freiheitlichen Grundauffassung. Auch hier hat die nationalsozialistische Vergangenheit Deutschlands einen großen Anteil daran, dass der Idee von Freiheit sowohl im individuellen als auch im öffentlichen Bereich unserer Gesellschaft ein herausragender Stellenwert beigemessen wird. Dieser Stellenwert ist nicht nur daran erkennbar, dass er seinen Niederschlag in verschiedenen Gesetzen des Grundgesetzes gefunden hat, sondern auch an dem in der deutschen Gesellschaft vorherrschenden gespaltenen Verhältnis zum Islam.

Im Sinne der freiheitlichen Grundauffassung und des Wertes der Freiheit der Religionsausübung ist der Islam als sichtbare und hörbare Religion, der durch seine Sichtbarkeit den Anschein einer „selbstbewussten Religion" erweckt, einerseits zu dulden und als eine religiöse Strömung in unserer Gesellschaft anzuerkennen, gleichzeitig liegt gerade in seiner Sichtbarkeit und seinem vermeintlich selbstbewussten Auftreten der Schlüssel für dessen Ablehnung. Denn diese sieht in der offen praktizierten Religiosität des Islam eine Gefährdung des Verständnisses von Freiheit. Eine Freiheit, die eben auch die Freiheit *von* Religion beinhaltet; eine Freiheit, die die Entkoppelung von Religion und Staat, von Kirche und Glaube vorsieht; eine Freiheit, die zwar die Ausübung der Religion schützt, sie aber gleichzeitig in ihre Schranken weist: Und diese befinden sich dort, wo Religion plötzlich sichtbar wird, sich öffentlich einmischt, und womöglich gesellschaftliche Wertmaßstäbe anzweifelt, die sich auf die Grundordnung unserer Gesellschaft maßgeblich und systemstabilisierend auswirken[191].

Religiöses Leben findet in Deutschland zumeist im Privaten statt. Letztlich ist dieses Faktum nicht optional, sondern vielmehr als eine Zuweisung der Religion in den Bereich des Unsichtbaren, des nicht-öffentlichen Raums zu verstehen. Insofern ist es offensichtlich, dass der Islam und dessen religiöse Praktiken diese gesellschaftliche Zuweisung und Richtlinie religiösen Lebens infrage stellt. Hier erscheint allerdings noch ein weiteres Leitkonzept der deutschen Gesellschaft gefährdet: Nicht nur dass die Richtlinien für das religiöse Leben in Deutschland durch die Ausübung der islamischen Religion ihren Anspruch einer umfassenden gesellschaftlichen Gültigkeit einbüßen, auch wird durch den Islam offenkundig das gesellschaftliche Konzept bedroht, dass ein großer Teil der Bevölkerung der Gesellschaft zuweisen.

Um soziale Kohäsion zu fördern wird Homogenität gefordert. Heterogenität, Diversität, Pluralität, Multikulturalität und damit letztlich auch die Annahme einer Gleichwertigkeit der Kulturen werden damit von einem großen Teil der Bevölkerung als mögliche Gefährdung des sozialen und gesellschaftlichen Zusammenhalts wahrgenommen. Das widerspricht eindeutig den Diskursen korrekter Gesinnung, innerhalb der gerade diese vermeintlichen Gefährdungspotentiale des gesellschaftlichen Friedens als Maxime und Maßstäbe unserer Gesellschaft gelten. Offensichtlich wird hieran das Dilemma, in dem die Einzelnen stecken: So wirken auf sie Diskurse ein, deren Inhalte und Vorstellungen sich gegenseitig ausschließen, und die bedeuten, dass in der Entscheidung für die Vorstellung des einen Diskurses gleichzeitig die Entscheidung gegen die Überzeugungen und Inhalte des anderen Diskurses liegt. Für die Einzelnen, die einerseits die Legitimität der Diskurse der korrekten Gesinnung anerkennen, aber auf der anderen Seite von den Vorstellungen der gegensätzlichen Diskurse überzeugt sind, führt diese Ambivalenz dazu, dass sie sich mit Blick auf die erwünschte und politisch korrekte Einstellung öffentlich

---

[191] Erkennbar wird dies beispielsweise an der öffentlichen Auseinandersetzung um die „Pille danach" in katholischen Krankenhäusern. So wurde die Untersuchung von einer Frau nach einer Vergewaltigung im Januar 2013 von zwei katholischen Krankenhäusern mit der Begründung abgelehnt, sie würden damit gegen die Leitlinien der katholischen Kirche verstoßen. Dies führte zu heftigen Debatten über die Moral- und Wertmaßstäbe der Kirche und ihre Auswirkung auf öffentliche Bereiche der Gesellschaft. Schlussendlich bewirkte die Debatte ein „Einlenken" der katholischen Kirche, so wurde noch im Januar 2013 eine Presseerklärung von Kardinal Meisner mit den Worten herausgegeben: „Wenn nach einer Vergewaltigung ein Präparat, dessen Wirkprinzip die Verhinderung einer Zeugung ist, mit der Absicht eingesetzt wird, die Befruchtung zu verhindern, dann ist dies aus meiner Sicht vertretbar (…)", u.a. online abrufbar unter: http://www.domradio.de/themen/ethik-und-moral/2013-01-31/kardinal-meisner-erlaubt-form-der-pille-danach. Aufgerufen am 04.06.2013.

zu den Diskursen der korrekten Gesinnung bekennen, wohingegen sie womöglich im privaten, verborgenen Bereich die konträre Haltung vertreten. Einstellungen, Meinungen und Überzeugungen, die im Verborgenen gären, weil das Individuum wahrnimmt, dass es diese in unserer Gesellschaft nicht äußern darf und es das Gefühl hat, zum Schweigen verdammt zu werden, sind gefährlich. Sie befördern genau das, was letztlich verhindert werden soll, und bieten Populisten einen Nährboden für islamophobe und rassistische Propaganda. Deutlich werden im Zusammenhang mit dem ambivalenten Verhältnis eines großen Teils der deutschen Bevölkerung und der sich teilweise widersprüchlichen Diskurse zum Islam die Funktion und Wirkmechanismen von gespaltener Akzeptanz.

➢Gespaltene Akzeptanz indiziert hier zum einen die Grenze der Freiheit der Ausübung der Religion in Deutschland, die in der öffentlichen Sichtbarkeit von Religiosität und religiösen Praktiken liegt.

➢Gespaltene Akzeptanz indiziert zum anderen jene Grenze, die identitätsstiftend und sytemstabilisierend wirkt, verweist auf den (unbewussten) Wunsch nach sozialer Kohäsion in Form eines gesellschaftlichen Konzepts von Homogenität.

➢Gespaltene Akzeptanz indiziert auch diejenige Grenze, die für die Exklusion von Diskursen, die nicht denjenigen der korrekten Gesinnung entsprechen, sorgt.

➢Gespaltene Akzeptanz indiziert zudem die Grenze, die vom Gebot einer korrekten Gesinnung geprägt ist und mit der gleichzeitig das Verbot kritischer Haltungen einhergeht. Aufrechterhalten wird dadurch eine Schein-Toleranz und Schein-Normalität.

➢Gespaltene Akzeptanz indiziert damit die Grenze, die auf das Tabu einer kritischen Auseinandersetzung mit bestimmten Überzeugungen und Strömungen des Islam hindeutet, das sich aus der Angst speist, die Kritik werde als islamophob, fremdenfeindlich oder rassistisch verurteilt.

➢Gespaltene Akzeptanz indiziert gleichzeitig die Grenze, die gerade durch die Existenz des Tabus Islamophobie befördert, im Sinne Foucaults also durch eben diese Grenze und dieses Verbot Widerstände hervorbringt.

➢Gespaltene Akzeptanz indiziert des Weiteren die Grenze, die die große Mehrheit der Bevölkerung im Hinblick auf eine multikulturelle und multireligiöse Gesellschaft in Deutschland zieht.

➢Gespaltene Akzeptanz indiziert in diesem Zusammenhang auch die Grenze, die Aufschluss darüber gibt, wie viel kulturelle und religiöse

Vielfalt die deutsche Bevölkerung und Gesellschaft gegenwärtig verträgt.

➢Gespaltene Akzeptanz indiziert letztendlich die Grenze, die durch die Logik der Dichotomie die Kulturen, Religionen und Menschen in fremd und eigen, in deutsch und anders, in gut und böse einteilt, und die damit Kategorien und Typisierungen schafft, die das Bild einer Wirklichkeit konstruieren, die dann als Realität erscheint und auch als solche wahrgenommen und reproduziert wird.

3. Zur Akzeptanz von Suizid

2011 nahmen sich 10.144 Menschen in Deutschland das Leben. Die offizielle Statistik des Statistischen Bundesamtes kann allerdings nur als Richtwert gelten. Die Dunkelziffer im Bereich des Suizids liegt um ein Vielfaches (etwa 25%) höher. Das liegt daran, dass viele Selbstmorde als Verkehrsunfall oder Drogentod eingestuft werden, es sich hierbei um sogenannte verdeckte Suizide handelt. Suizidhandlungen sind damit Teil unserer gesellschaftlichen Wirklichkeit. Einerseits sind sie als ein mögliches Verhalten zur Bewältigung von Problemen zu verstehen, gleichzeitig ruft ein Suizid in der Gesellschaft ein bestimmtes Verhalten hervor.

Trotzdem wird sich mit Akzeptanzfragen zum Phänomen des Suizids innerhalb der soziologischen Forschung bis heute nur unzureichend beschäftigt. So findet sich im Rahmen einer Literaturrecherche immer wieder der Verweis auf den Klassiker Durkheims „Der Selbstmord" von 1893, ansonsten trifft man auf philosophische Abhandlungen, die sich insbesondere mit dem Postulat der Freiheit im Zusammenhang mit dem Suizid auseinandersetzen, oder aber auf Analysen im Bereich des Rechts, in denen zumeist die rechtliche Bewertung von Suizid als Basis für eine rechtliche Beurteilung der Strafbarkeit einer Suizidbeteiligung dient. Soziologische Untersuchungen zum Suizid bleiben oft auf eine Ursachenforschung beschränkt, die die Suizidrate vor dem Hintergrund der gesellschaftlichen Voraussetzungen eines bestimmten Zeitraumes beleuchtet und dann mit den in einer Gesellschaft vorherrschenden Bedingungen innerhalb eines anderen Zeitraums oder einer anderen Kultur vergleicht. Die soziologische Forschung beschäftigt sich hier mit dem Verhältnis zwischen Suizid und sozialem Wandel, verweist in diesem Zusammenhang aber auch auf den Wandel der rechtlichen Bewertung des Suizids, in der der Suizid heute nicht mehr als Straftatbestand charakterisiert wird.

Diese Entwicklung könnte darauf hindeuten, dass Suizid in unserer Gesellschaft nicht nur als straffrei und legal, sondern auch als legitim und akzeptiert gilt. „Realisierte Gesetzesänderungen können dabei sowohl gesellschaftliche Tabus brechen, alte bestätigen als auch neue schaffen und auf diese Weise neuen Sozialnormen und Konventionen (Rechts-) Geltung verschaffen" (Lucke 1995: 313).

Verhalten, das sich getreu an den Maßstäben gesellschaftlicher Korrektheit ausrichtet, trifft auf allgemeine Akzeptanz, der, der dieses Verhalten zeigt, wird unausgesprochen aufgenommen in den Kreis der gesellschaftlichen Gemeinschaft. Er erfährt sich als zugehörig, als anerkannt. Sein Verhalten ist erwartetes Verhalten auf der Basis unsichtbarer Richtlinien richtigen Verhaltens. Doch wie verhalten sich die Einzelnen und die Gesellschaft zum Suizid? Lässt sich hier feststellen, dass die Straffreiheit des Suizids gleichzeitig bedeutet, dass der Suizid in unserer Gesellschaft als ein akzeptiertes Verhalten gilt? Dass den Hinterbliebenen eines Suizidenten Hilfe und Trost zuteil wird? Fragen von Schuld und Scham im Zusammenhang mit einem Suizid nicht gestellt werden? Ein Suizid nicht mehr verheimlicht und tabuisiert wird?

Als ein Beispiel für eine offene Auseinandersetzung mit dem Thema Suizid könnte die Reaktion der deutschen Bevölkerung auf den Suizid Robert Enkes im November 2009 gewertet werden. Dieser wurde nicht verschwiegen, sondern führte sowohl in den Medien als auch in der Öffentlichkeit zu einer Welle von Beileidsbekundungen und löste gleichzeitig eine Diskussion über die Bedingungen des Leistungssports aus. Ist dieser Umgang mit dem Suizid einer in der Öffentlichkeit stehenden Person ein Indiz dafür, dass Suizid in unserer Gesellschaft gesellschaftlich akzeptiert wird[192]?

Der Suizid Enkes bestürzte die deutsche Öffentlichkeit, versetzte das gesamte Land in nationale Trauer. Rund 40.000 Menschen fanden sich einige Tage nach dem Suizid Enkes in der AWD-Arena in Hannover zu einer Trauerfeier zusammen, der Sarg Enkes war dabei im Mittelkreis des Stadions aufgebahrt. Fünf Fernsehprogramme übertrugen die Trauerfeier live[193]. Welche Rückschlüsse können aus diesem Umgang mit dem Suizid Enkes für eine allgemeine gesellschaftliche Akzeptanz des Suizids gezogen werden? Oder deutet das Beispiel Enkes darauf hin, dass in unserer Gesellschaft möglicherweise gar keine allgemeingültigen Maßstäbe von Akzeptanz im Hinblick auf das Phänomen des Suizids existieren? Dass das jeweilige Schicksal des Individuums darüber entscheidet, wie sich die Gesellschaft zu dessen Suizid verhält? Und dass die Einzelnen nach individuellen Richtlinien des Verhaltens bewerten, ob sie den Suizid als eine Entscheidung verstehen, die es zu akzeptieren oder eben abzulehnen gilt?

In den Medien wird der Suizid allerdings nicht nur im Zusammenhang mit aktueller Berichterstattung thematisiert, sondern hat als zentrales Handlungsmotiv Einzug in die Seifenopern der unterschiedlichen Fernsehproduktionen gefunden. Der Tod in all seinen Facetten kristallisiert sich

---

[192] Vgl. die Ausführungen in Kapitel 3.1.10. Suizid als kommunikativer Akt.
[193] Vgl. hierzu die Angaben unter http://de.wikipedia.org/wiki/Robert_Enke. Aufgerufen am 21.10.2013.

zum Hauptmotiv dieses Genres. Der Suizid einer geliebten oder ungeliebten Serienfigur wird als „Cliffhangermotiv" (Mielke 2010: 87) genutzt, das einen wahren Schatz an zu erzählenden Geschichten und Seitensträngen birgt. Seien es die tragischen Ursachen für die Entscheidung zum Suizid, die Trauer der Hinterbliebenen, die durch den Suizid hervorgerufenen Schuld- und Schamgefühle der Zurückgelassenen, die Gestaltung der Trauerfeier und der Beerdigung, eine in Folge des Suizids ausgelöste Depression eines Hinterbliebenen oder die Scheidung eines Paares, das ihr Kind durch Suizid verloren hat und selbst daran zerbrochen ist. Die Fernsehproduktionen haben erkannt, dass die Thematisierung des Suizids Erfolg verspricht[194], dieses Motiv Rezipienten dazu veranlasst, wieder einzuschalten[195].

Der Suizid scheint damit sowohl in den Medien als auch in der westlichen Gegenwartsgesellschaft ein Thema zu sein, das nicht verschwiegen, und über das nicht hinter vorgehaltener Hand geredet werden muss. Stattdessen lässt sich vor dem Hintergrund der gegenwärtigen rechtlichen Konsequenzen eines Suizids, nämlich der Straffreiheit und Legalität, des Umgangs der bundesdeutschen Öffentlichkeit mit dem Suizids Enkes, sowie der ständigen Reproduktion von Suizidhandlungen in der medialen Berichterstattung und in Unterhaltungssendungen die These entwickeln, dass der Suizid in der deutschen Gesellschaft von heute keinem Tabu mehr unterliegt. Das bedeutet auch, dass über einen Suizid offen geredet werden kann, eine öffentliche Zurschaustellung von Trauer und Schmerz möglich ist, und Hinterbliebene Trost und Zuwendung durch ihre Umwelt erfahren.

Doch wie ist es dann zu erklären, dass in einer Befragung über 40% der Hinterbliebenen eines Suizidenten angaben, gegenüber anderen Personen falsche Aussagen über die Todesursache gemacht zu haben[196]? Und wie sind die folgenden Ausführungen Hinterbliebener zu deuten?

„Ich hab´ mir da schon Sorgen über die Erwartungen anderer Leute gemacht. Extremer war´s eigentlich noch, wenn ich in der Straße bei mir zu Hause auftauchte. Da war es nicht nur mein Gefühl, sondern ich wurde tatsächlich komisch und interessiert angeschaut (…)", so die Angabe einer Hinterbliebenen in Heilborn-Maurer 1988[197], oder die Aussage von Heidi Matzel 2002: „Mich fragte einmal ein psychotherapeutischer Arzt: „Haben Sie ihre Kinder mit viel

---

[194] Dazu erklärt Mielke: „Ein besonderer, spektakulärer und schöner Tod und eine lange Phase der Erinnerung sind für eine Serienfigur ein anzustrebender Wert, der in den Serien den biologischen Tod relativiert" (Mielke 2010: 81).
[195] Vgl. die Ausführungen in Kapitel 3.1.10. Suizid als kommunikativer Akt.
[196] Vgl. hierzu Feldmann 2010: 205.
[197] Heilborn-Maurer 1988: 59 f.

Druck erzogen?" Nein, war meine schnelle, klare Antwort. Darauf sagte er: „Dann haben Sie ihren Sohn mit ihrer Liebe erdrückt!"'[198].

Aus einem Gesprächsinterview von Ursula Heilborn-Maurer 1988 stammen die folgenden Aussagen: *„Du sagtest, du habest dich von deinen Bekannten im Stich gelassen gefühlt und das Gefühl gehabt, sie wollten nicht darüber reden. Das* was eine ganz brutale Erfahrung. Ich hatte dabei das Gefühl, ich hätte kaum wahre Freunde. Jetzt mal hart ausgedrückt: Die Leute, mit denen ich zusammen bin, die taugen nichts. Die merken gar nicht, was los ist, und interessieren sich nicht dafür. Das erzeugte auch sehr große Angst in mir, und diese Erfahrung steckt heute nicht irgendwie drin"[199]. Oder wie lassen sich die Erfahrungen Hinterbliebener verstehen, die Carin Diodà und Tina Gomez in ihrem Buch „Warum konnten wir dich nicht halten? Wenn ein Mensch, den man liebt, sich das Leben genommen hat" (1999) aufzeigen?

„Die Suche nach Motiven für den Suizid schafft einen Nährboden für Anschuldigungen, und familiäre Probleme, die vorher ignoriert wurden, können sich zu Dramen entwickeln. So war es bei Petra, die im Alter von 26 Jahren und als Mutter von zwei kleinen Kindern ihren Mann durch Suizid verlor. Ihre Eltern machten ihr unterschwellig Vorwürfe, sie sei keine gute Ehefrau gewesen. Als Konsequenz vermied sie das Thema Suizid und alles, was damit zusammenhing. (…) Sie war verletzt und fühlte sich gedemütigt, als ihre Eltern sie an der ersten Weihnacht nach dem Tod des Mannes nicht wie gewohnt zu sich einluden. (…) Auch aus der Verwandtschaft hielt niemand zu ihr. Alle zogen sich zurück und hielten zu ihren Eltern, die ihr vorwarfen, sie hätte den Kontakt abgebrochen, weil sie keine Kritik vertrage" (102). Wie lassen sich diese Aussagen und Erfahrungen mit der These von einer Enttabuisierung des Suizids vereinbaren?

Die Antwort auf diese Frage kann nur sein, dass hier ein eindeutiger Widerspruch besteht. Obwohl in den Medien und innerhalb der Öffentlichkeit der Suizid immer wieder thematisiert wird, ist der Suizid und das Verhalten zu einem Suizid in unserer Gesellschaft keineswegs von einer allgemeinen Akzeptanz geprägt. Stattdessen existieren normative Hürden sowie gesellschaftliche und kulturelle Verhaltensmaßstäbe, die zu der paradoxen Situation einer Manifestation des Suizidtabus unter den Bedingungen einer gleichzeitigen Enttabuisierung führen. Eine dieser normativen Hürden ist verknüpft mit der Haltung, die die Gesellschaft von heute zum Tod einnimmt.

---

[198] Matzel 2002: 59
[199] Heilborn-Maurer 1988: 125

3.1. Zu den Voraussetzungen für die Wirkung gespaltener Akzeptanz

3.1.1. Der Tod als Grenzsituation

Um sich sich selbst als *sinnhaft* [200] innerhalb der gesellschaftlichen Wirklichkeit zu erleben, und Situationen und Ereignisse sinnvoll in die eigene Lebens- und Erfahrungswelt zu integrieren, bedarf das Individuum der Kommunikation und Interaktion mit anderen. Eine intersubjektive Kommunikation ist nur dann möglich, wenn sich die Einzelnen auch verstehen. Der gesellschaftliche Wissensvorrat, der universelle Werte, Normen und Maßstäbe von Akzeptanz beinhaltet, stellt einen „Wegweiser" dar, der dem Individuum in Situationen mit anderen das zu erwartende Verhalten und das von diesem erwartete Verhalten vor Augen führt. Dieser Vorrat an Wissen [201] liefert Typisierungen von Situationen, anhand derer das Individuum in der Lage ist, gleiche oder ähnliche Situationen zu erkennen, und auf diese mit spezifischen, erlernten Verhaltensweisen zu reagieren. „Die Wirklichkeit der Alltagswelt verfügt über Typisierungen, mit deren Hilfe ich den Anderen erfassen und behandeln kann" (Berger / Luckmann 1970: 33).

Ein Individuum erlebt dann also das eigene Leben als sinnhaft, wenn es bestimmte Deutungsmuster erworben hat, die dessen Erlebnisse verstehbar machen und die dazu führen, dass es sich in einer Situation richtig, also der gesellschaftlichen Verhaltensnorm entsprechend, verhält. Diese Deutungsmuster resultieren aus den Beziehungen und Interaktionen innerhalb des dem Individuum eigenen begrenzten Ausschnitts der Wirklichkeit [202]. Somit ist das Wissen des Einzelnen immer ein determiniertes Wissen, das sich aus der spezifischen gesellschaftlichen Situation des Individuums und dessen

---

[200] Dazu erklärt Norbert Elias: „Konstitutiv für das, was wir Sinn nennen, ist eine Vielzahl von Menschen, die in dieser oder jener Weise voneinander abhängig sind und miteinander kommunizieren. (…) In deren Verkehr miteinander erhalten Zeichen, die sie einander geben – und die in jeder Gruppe von Menschen verschieden sein können -, einen Sinn, und zunächst einmal einen gemeinsamen Sinn" (Elias 1995: 83 f.). Zur Sprache als konstitutivem Element von Sinn erläutern Berger/Luckmann: „Die Sprache, die im alltäglichen Leben gebraucht wird, versorgt mich unaufhörlich mit den notwendigen Objektivationen und setzt mir die Ordnung, in welcher diese Objektivationen Sinn haben und in der die Alltagswelt mir sinnhaft erscheint. (…) Auf diese Weise markiert Sprache das Koordinatensystem meines Lebens in der Gesellschaft und füllt sie mit sinnhaltigen Objekten" (Berger/Luckmann 1970: 24 f.).

[201] Der Begriff „Wissen" wird im Sinne von Berger/Luckmann definiert: „Wissen definieren wir als die Gewißheit, dass Phänomene wirklich sind und bestimmte Eigenschaften haben" (Berger/Luckmann 1970: I).

[202] Nassehi/Weber erklären hierzu: „So leben Menschen zwar in der gleichen gesellschaftlichen Welt und sind gleichermaßen an deren Konstitution beteiligt. Dennoch verfügen unterschiedliche Subjekte über einen jeweils unverwechselbaren Ausschnitt des intersubjektiven Wissensvorrates, deshalb verdichtet sich die je eigene Wirklichkeitskonstitution eines Individuums zu einer unverwechselbaren Biografie" (Nassehi / Weber 1989: 173).

einzigartiger Biografie ergibt[203]. Erlebnisse, mit denen sich das Individuum unerwartet konfrontiert sieht, die es nicht kennt und somit auch nicht einordnen kann, lösen diese Dunkelheit aus. Wird es somit plötzlich von einem ihm bisher fremden Ereignis getroffen, hat dies zur Folge, dass es an dem erworbenen Wissen um die gesellschaftliche Wirklichkeit zu zweifeln beginnt, da dieses Ereignis in die Wirklichkeit der Alltagswelt nicht integrierbar scheint. „Unvermittelt steht der Mensch vor der Situation, den Kern seiner Erfahrung, d.h. die zuvor als absolut erlebte Wirklichkeit anzweifeln zu müssen. Die Folge kann eine Krisensituation sein, in der der einzelne seine Identität aufs stärkste gefährdet erlebt" (Nassehi / Weber 1989: 174).

Derartige Situationen können als „Grenzsituationen[204]" bezeichnet werden, da sie außerhalb der alltäglich erfahrbaren Alltagswelt liegen. „Während „Situation" den menschlichen alltäglichen Umgang mit den Dingen und der Welt bezeichnet, ist „Grenzsituation" das Ungewöhnliche, Unbestimmbare, das, was aus den Grenzen der natürlichen Einstellung der Alltäglichkeit herausfällt" (Nassehi / Weber 1989: 38). Um auch die Erfahrung von Grenzsituationen sinnhaft in die eigene Lebenswirklichkeit integrieren zu können, und nicht an diesen zu verzweifeln oder sich selbst in Frage zu stellen, muss das Individuum auf „symbolische Sinnwelten"[205] (Berger / Luckmann 1970: 98 ff.) zurückgreifen können. Symbolische Sinnwelten sind konstruierte Wirklichkeiten, Gedanken- und Ideengebäude von Menschen, um (Grenz-) Erfahrungen des Lebens erklärbar zu machen und mit Sinn versehen zu können. Insofern sind sie nicht starr und keine unumstößlichen Wahrheiten, sondern unterliegen gesellschaftlichen Wandlungsprozessen. Seien es der Glaube an Mythen, an eine Götterwelt oder an einen Gott, gemein ist all diesen Sinnwelten, dass sie dem Einzelnen Orientierung, Halt und Sicherheit bieten und ihm einen Platz und damit einen Sinn in der Welt zuweisen. Somit umspannen symbolische Sinnwelten die Erlebnisse und Erfahrungen jedes Einzelnen wie ein Netz. Dieses fängt die (Grenz-) Situationen auf, und lässt sie durch die Deutungsmuster der symbolischen Sinnwelten verstehbar werden. Durch den ontologischen Charakter der symbolischen Sinnwelten können

---

[203] Dazu führen Berger/Luckmann aus: „Mein Alltagswissen ist wie ein Instrument, mit dem ich mir einen Pfad durch den Urwald schneide. Er wirft einen schmalen Lichtkegel auf das, was gerade vor mir liegt und mich unmittelbar umgibt. Überall sonst herrscht weiter Dunkelheit" (Berger / Luckmann 1970: 46).

[204] Berger/Luckmann (1970) verstehen unter diesem Begriff „Situationen jenseits der Wirklichkeit des Alltagslebens in der Gesellschaft" (ebd.: 103).

[205] Berger/Luckmann definieren die symbolischen Sinnwelten wie folgt: „Die symbolische Sinnwelt ist als die Matrix *aller* gesellschaftlich objektivierten und subjektiv wirklichen Sinnhaftigkeit zu verstehen. Die ganze Geschichte der Gesellschaft und das ganze Leben des Einzelnen sind Ereignisse *innerhalb* dieser Sinnwelt" (Berger / Luckmann 1970: 103).

sowohl die gesellschaftlichen Wirklichkeiten der Alltagswelt sowie fremde Wirklichkeiten in einem „transzendierenden Verständnis von Welt" (vgl. Nassehi / Weber 1989: 175) mit Sinn versehen werden. Grenzsituationen werden so zu einem vom Einzelnen zu bewältigenden und integrierbaren Erlebnis, das keine Bedrohung für ihn darstellt. „Gerade weil die *Nachtseite* (die Grenzsituation)[206] ihre eigene Wirklichkeit hat, und oft genug eine sinistere, ist sie eine ständige Gefahr für die *gesicherte, vernünftige, gesunde* Wirklichkeit des Lebens in der Gesellschaft. Ganz von selbst stellt sich der Gedanke ein (der *ungesunde* Gedanke par excellence), die helle Wirklichkeit der Alltagswelt sei vielleicht nicht als eine Täuschung und jeden Augenblick in Gefahr, von den heulenden Gespenstern der anderen, der Nachwirklichkeit, verschluckt zu werden. Irrsinn und Grauen solcher Vorstellungen haben ihre Grenzen an der Eingliederung aller vorstellbaren Wirklichkeiten in die eine symbolische Sinnwelt, von der die Wirklichkeit der Alltagswelt umrundet ist" (Berger / Luckmann 1970: 105). Die Grenzsituation des Menschen „par excellence"[207] ist der Tod[208]. Kann dieser auch über symbolische Sinnwelten verstehbar werden?

3.1.2. Der Niedergang der symbolischen Sinnwelten

Der Tod stellt für den Menschen ein Ereignis dar, das sich einerseits der eigenen Erfahrung entzieht und ist gleichzeitig „ein dem *Leben* immanentes Faktum" (vgl. Nassehi / Weber 1989: 179). Einzig über das Erleben des Sterbevorgangs anderer Menschen wird der Einzelne mit dem Tod konfrontiert, doch auch hier wird für ihn nur eine Ahnung von der Bedeutung des Todes möglich. Das Wissen des Einzelnen begrenzt sich um die Erfahrung des Sterbeprozesses anderer, der Tod als solcher wird damit nicht verstehbar. „Der Tod läßt sich nicht üben; in keinem setting, in keiner mystischen Trance, in keiner religiösen Selbsterfahrung, weder in Poona noch in therapeutischen Szenarien, weder bei indianischen Schamanen noch bei den Zen-Buddhisten. Der Tod läßt sich nicht vorwegnehmen und nicht erfahren: in diesem Sinne kann man *niemals* sterben lernen" (Macho 1987: 61). Der Tod kann für den Menschen nur dadurch sinnhaft in sein Bild von Wirklichkeit integriert werden, wenn er diesen mit

---

[206] Anmerkung der Verfasserin.

[207] „Die Erfahrung des Todes anderer Menschen und die daraus folgende Antizipation des eigenen Todes in der Phantasie ist für den Einzelnen die Grenzsituation par excellence" (Berger / Luckmann 1970: 108).

[208] Dazu auch Nassehi/Weber: „Der Tod ist (…) der äußerste und radikalste Bevorstand, der dem Menschen immer Geheimnis, Rätsel, ja *das* Mysterium schlechthin war und bleiben wird" (Nassehi / Weber 1989: 179).

internalisierten Deutungsmustern verbindet. Diese erfolgen im Hinblick auf den Tod, der nicht eigens erfahren werden kann, über symbolische Sinnzusammenhänge[209].

Gelingt es der Gesellschaft dem Einzelnen solche Sinnzusammenhänge bereitzustellen, ist es diesem möglich auch Grenzsituationen wie den Tod so zu integrieren, dass keine Gefährdung der Sicherheit der Alltagswelt und der gesellschaftlichen Wirklichkeit besteht. „Der Tod verliert seine wirklichkeitsgefährdende und -destruierende Macht, wenn Identität nicht nur durch Bezug und Bindung *innerhalb* der durch ihn bedrohten subjektiven Wirklichkeit bzw. intersubjektiv erlebten alltäglichen Lebenswelt gebildet wird, sondern „jenseits" des Alltags ihre Legitimation, Bedeutung und Einmaligkeit erfährt" (Nassehi/Weber 1989: 183).

Symbolische Sinnwelten besitzen also für den Einzelnen die Funktion eines Akzeptanzbeschaffers und „Lebensretters", der in scheinbar ausweglosen Situationen, wie beispielsweise Grenzsituationen, Erklärungen und Unterstützung liefert. Insbesondere die Religionen liefern transzendentale Vorstellungen einer Einheit zwischen dem Leben vor und dem Leben nach dem Tod. Der christlich fundierte Glaube an das Weiterleben der Seele nach dem Tod und eine Weiterexistenz im Jenseits führt dazu, dass der Tod nicht als „Nachtseite" (Berger / Luckmann 1970: 105) oder ein „Nichts" wahrgenommen wird, sondern als Übergang in eine andere Wirklichkeit. Diese ist wiederum durch religiöse Vorstellungen geprägt, die Heil und Fürsorge versprechen, und die somit Ängsten, ausgelöst durch Unwissenheit und Ungewissheit, entgegenwirken. Somit kann das Individuum den Tod als ein Phänomen begreifen, das zur menschlichen Existenz und dem irdischen Dasein dazugehört. Das bedeutet, dass es seinen physiologischen Tod akzeptiert, gleichzeitig aber von einem Weiterleben seiner Seele ausgeht. Dies funktioniert allerdings nur dann, wenn die Gesellschaft dem Einzelnen diese symbolische Sinnwelt auch bereitstellt. In der heutigen, westlichen Gesellschaft hingegen hat die Religion ihre Rolle als allumfassende symbolische Sinnwelt verloren. Der Grund dafür liegt in der Struktur der modernen Gesellschaft, die sich durch eine Vielfalt an Lebensstilen mit ihren zugehörigen Sinnsystemen auszeichnet[210].

---

[209] So wie das Phänomen Tod eine *„Grenzsituation"* darstellt, kann der Begriff des Todes als ein *„Grenzbegriff"* bezeichnet werden, da diesem keine gesicherte Bedeutung, Erfahrung oder Wissen zukommt. Der Mensch benötigt Symbole, Metaphern oder Bilder, um diesen „leeren Begriff" (Macho 1987: 187) mit Bedeutung zu füllen und ihm damit einen Sinn zu geben.

[210] Nach Klages ist die schwindende Religiosität als Begleiterscheinung des Wertewandels zu verstehen, die durch die „abwehrende Grundeinstellung gegenüber autoritativ geltend gemachten Außenanforderungen" (vgl. Klages 1984: 46) zustande kommt. Klages erklärt diesen Zusammenhang mit den Worten: „Die Kirchen waren seit dem Wertwandlungsschub nicht mehr in der Lage, die weiterhin vorhandenen *religionsproduktiven* Bedürfnisse und Bereitschaften

So kann sich jedes Individuum heute diejenigen Sinnwelten auswählen, an denen es partizipieren möchte. Diese Variabilität führt dazu, dass auch die christliche Religion in der modernen Gesellschaft zu einem Sinnsystem unter vielen wird. Somit kann der Tod nicht mehr über die Sinnwelt des christlichen Glaubens integrierbar werden. Mit dem Verlust des christlichen Verständnisses von Welt und damit auch eines Sinnzusammenhanges von Leben und Tod geht einher, dass auch die Traditionen, die Riten und Rituale ihre Funktion als Orientierung und Muster des Verhaltens und Handelns in schwierigen Situationen wie beispielsweise Grenzsituationen eingebüßt haben. Rituale verbinden die symbolischen Sinnwelten mit der gesellschaftlichen Wirklichkeit. Insofern sind sie als die Brücke zwischen symbolischer Welt und der Alltagswelt zu verstehen. Durch ritualisiertes Verhalten nehmen sich die Einzelnen als Teil der transzendentalen Sinnwelt wahr. Riten sind überlieferte kulturelle Handlungen und Verhaltensweisen, die bei den Mitgliedern einer Gesellschaft auf allgemeine Akzeptanz treffen, die in der historischen, traditionellen Bewährtheit dieser Rituale begründet liegt. Tönnies beschreibt diesen Vorgang mit den Worten: „wir müssen und wollen ebenso handeln, wie unserer Vorfahren gehandelt haben, nach ihrem Beispiele und Vorbilde müssen und wollen wir uns richten. (…) wie sie getan haben, so ist es bewährt und erprobt, eben als das Altherkömmliche, als die Weise, die sich in der Überlieferung erhalten hat" (Tönnies 1909: 17 f.).

Riten schenken dem Einzelnen Halt und Sicherheit, bestärken ihn in dem Gefühl, nicht von Situationen überrascht zu werden, die er nicht zu bewältigen weiß. So können Rituale insbesondere auch in einer Grenzsituation wie dem Tod eines Angehörigen oder in dessen Sterbephase Verhaltensmuster für die Hinterbliebenen bereitstellen, die diesen eine Orientierung zum Umgang mit diesem Erlebnis bieten. Rituale können dadurch dazu beitragen, die Verzweiflung und den Schmerz der Angehörigen und Hinterbliebenen zu lindern. „Sie (die Riten) ermöglichen es dem Menschen jedoch, sinnhaft auf sie (die Situation des Todes) zu reagieren, Trost und innere Sicherheit zurückzugewinnen, die durch die Katastrophe des Verlusts eines Angehörigen bedroht oder zerstört wurde und ohne die innerliche Stützung durch rituelle Akte zur völligen Desorganisation der Persönlichkeit führen kann" (Hahn 1968: 100).

---

aufzufangen, weil sie – aufgrund des ihnen verankerten *traditionalistischen* Wertsystems und ihres hierarchischen Autoritätsverständnisses – als Institutionen und Organisationen den nunmehrigen Werten und Erwartungen der Menschen nicht gerecht wurden" (ebd.: 96).
Vgl. im Zusammenhang mit der schwindenden Religiosität auch die Ausführungen in Kapitel 2.1.2.: Religion und Religiosität zwischen Öffentlichkeit und Privatheit.

So wie der christliche Glaube seine Kraft als allumfassende Sinnwelt verliert, verlieren auch Rituale in der modernen Gesellschaft zunehmend an Bedeutung. Erkennbar wird dies auf den Friedhöfen, auf denen sich die Grünflächen mehren, da immer weniger Menschen ein traditionelles Begräbnis wünschen, sie sich stattdessen anonym bestatten lassen[211]. Der Grund dafür kann in der Auffassung des Verstorbenen liegen, seine Beerdigung könnte bei den Angehörigen Ängste hervorrufen, da sein Tod die Hinterbliebenen mit ihrer eigenen Vergänglichkeit konfrontieren würde. Michaelis (1983) führt hierzu aus: „Hinter der Angst vor der Beerdigung verbirgt sich die Angst (der Hinterbliebenen)[212] vor dem eigenen Tod". Ein weiterer Grund kann allerdings auch die Annahme des Verstorbenen sein, dass sich nach seinem Tod möglicherweise niemand für das Grab verantwortlich fühlt. Insbesondere Menschen, die vor ihrem Tod sehr einsam waren, rechnen wahrscheinlich nicht damit, dass sich jemand nach ihrem Tod um ihr Grab kümmert. In diesem Fall gehen dem physiologischen Tod der „soziale Tod" und das „soziale Sterben" voraus. Hierunter kann die Lebenssituation eines Menschen verstanden werden, der durch den Verlust von „Rollen, Positionen, Territorien, Besitz, Informationsquellen und sonstigen sozialen Partizipationschancen" (Feldmann 2010: 132) in seiner Teilhabe an gesellschaftlichen Möglichkeiten eingeschränkt ist, und keine oder kaum Kontakte zur Außenwelt besitzt[213]. Das führt gleichzeitig zu einem Statusverlust, der oftmals von Stigmatisierungs- und Diskriminierungsprozessen begleitet wird[214]. Vor dem Hintergrund eines sozialen Todes erscheint der Wunsch nach einer anonymen Bestattung also keineswegs erstaunlich, sondern vielmehr als eine logische Konsequenz. Die Abnahme der Bedeutung der Rituale in der westlichen Gesellschaft von heute

---

[211] Vgl. hierzu Schmied 1985: 187 ff., Hahn 1968: 124, Kalish 1976: 160.

[212] Von der Verfasserin ergänzt.

[213] Schmied (1985) definiert den „sozialen Tod" wie folgt: „ (…) der soziale Tod tritt in dem Augenblick ein, in dem die sozial relevanten Attribute des Patienten für den Umgang mit ihm keine Rolle mehr spielen und er im Wesentlichen schon als „tot" betrachtet wird"" (Sudnow, David: Organisiertes Sterben, Frankfurt am Main 1973, S. 98, zitiert nach Schmied 1985: 116 f.). Die Verfasserin wendet sich gegen diese Definition des „sozialen Todes", da sie der Ansicht ist, dass die Entwicklung der gegenwärtigen Gesellschaft keinen anderen Schluss zulässt, als dass schon weit vor dem physiologischen Tod bei einer großen Gruppe von Menschen ein „soziales Sterben" bzw. ein „sozialer Tod" stattgefunden hat. Schmieds Definition ist nach Meinung der Verfasserin zu eng verknüpft mit dem physiologischen Tod und betrifft vielmehr den Umgang bzw. Umgangsformen mit dem bereits Verstorbenen.

[214] Beispielsweise kann der Verlust des Arbeitsplatzes bewirken, dass der Arbeitslose viele seiner bisherigen Kontakte einbüßt. Gleichzeitig kann er zur Folge haben, dass sich der Einzelne selbst als nutzlos, alleingelassen und wertlos erlebt, er sich dann immer mehr aus der Öffentlichkeit zurückzieht, es so zu einer weiteren Reduktion der Sozialkontakte kommt. So kann das "soziale Sterben" oder der "soziale Tod" als ein Interpretationsprodukt bezeichnet werden, das sowohl Fremd- als auch Selbststigmatisierungsprozesse enthält (vgl. Feldmann 2010: 133 f.).

resultiert nicht nur aus einem veränderten Gesellschaftsgefüge[215], in dem viele Menschen im Alter entweder allein oder in Altenheimen leben und sterben, und der soziale Tod dem physiologischen Tod vorausgeht. Der Verlust der Bedeutsamkeit von Ritualen beruht auch auf einem gesellschaftlichem Wandel, der, letztlich hervorgerufen durch den technischen Fortschritt und der damit einhergehenden funktionellen Differenzierung der Arbeits- und Gesellschaftsstruktur, durch ein hohes Maß von rationaler und instrumenteller Vernunft bestimmt wird. Das bewirkt, dass die traditionellen Riten als veraltet und unangemessen erscheinen, und dadurch ihre Funktion als Mittler zwischen symbolischer Sinnwelt und der gesellschaftlichen Wirklichkeit verlieren[216].

Anhand der Todesanzeigen in Tageszeitungen lässt sich feststellen, dass es in unserer Gesellschaft weiterhin als Norm empfunden wird, eine Todesanzeige aufzusetzen, diese aber mit neuen, modernen Formen eines Totengedenkens mischen[217]. Hierzu erklärte Feldmann 2010: „Die moderne Innerlichkeit ist mit den antiquierten und unangemessenen Ritualen nicht mehr kompatibel. Der Aufbau eines Erinnerungskults ist eine Privatangelegenheit, jenseits der traditionellen Todes- und Trauerriten" (67). Feldmann muss in seiner Analyse zugestimmt werden. Auch heute ist die Gesellschaft noch weit davon entfernt, Verhaltensmuster für den Einzelnen bereitzuhalten, auf die er in Grenzsituationen wie dem Tod zurückgreifen kann, auch wenn möglicherweise erste Ansätze zu erkennen sind, neue und moderne Wege in der Bewältigung der Erfahrung des Todes einzuschlagen.

Nassehi/Weber ziehen aus dieser gesellschaftlichen Entwicklung die Konsequenz für das Individuum, dass jede/r für sich selbst, also intrasubjektiv, eine sinnhafte Bedeutung für den Tod finden muss. „Nachdem der Tod nicht mehr durch eine gesamtgesellschaftliche Grundsymbolik sinnhaft zu verstehen ist, muss seine Sinngebung auf das selbstreferentielle Vermögen von Individuen verwiesen werden" (Nassehi/Weber 1989: 318). Wenn allerdings Sinn durch Kommunikation und Interaktion eines Individuums mit anderen, in einem intersubjektiven Prozess also, entsteht, wie sollen dann die Einzelnen innerhalb eines ausschließlich intrasubjektiven Prozesses den Tod in einen Sinnzusammenhang einbetten? Nach Feldmann existiert in der modernen Gesellschaft – so auch Nassehi/Weber – keine einheitliche Sinngebung des

---

[215] Hierauf wird insbesondere in Kapitel 3. 1.4.: Die Ausgrenzung des Todes in der modernen Gesellschaft eingegangen.

[216] Elias erklärt hierzu: „Die rituellen Floskeln der alten Gesellschaft, die die Bewältigung kritischer Lebenssituationen erleichtern, klingen für das Ohr vieler jüngerer Menschen abgestanden und falsch" (Elias 1995: 40).

[217] In diesem Zusammenhang stellt Elias 1995 fest: „An neuen Ritualen, die dem gegenwärtigen Empfindens- und Verhaltensstandard entsprechen und die Bewältigung wiederkehrender kritischer Lebenssituationen erleichtern können, fehlt es noch" (40).

Todes. Allerdings bedeutet das seiner Ansicht nach nicht, dass eine selbstreferentielle Sinngebung des Todes geleistet werden muss. „Tatsächlich herrscht jedoch im Vergleich zu traditionellen Kulturen ein Überangebot an öffentlichen und privaten Sinngebungen jeder Art, auch bezüglich des Todes" (Feldmann 2010: 74).

Das heißt im Vergleich zu Nassehi/Weber, dass die Einzelnen nicht selbstreferentiell eine individuelle Sinnwelt entwickeln müssen, sie sich aber nach Feldmann mit der Aufgabe konfrontiert sehen, aus der Vielzahl an Sinngebungen des Todes diejenige auszuwählen, an die sie glauben können. Wie also kann vor dem Hintergrund unserer gesellschaftlichen Wirklichkeit von heute ein neuer, moderner Umgang mit dem Tod und eine entsprechende Sinngebung des Todes aussehen?

3.1.3. „Moderne Innerlichkeit" als Sinnstifter für den Tod

Die moderne Gesellschaft von heute zeichnet sich durch eine funktionelle Differenzierung der Gesellschaftsstruktur aus, die mit rationaler, instrumenteller Vernunft einhergeht und auf dem technischen Fortschritt gründet. Das Individuum ist gefordert, dessen Alltag exakt durchzuplanen, um so den verschiedenen Aufgaben, die es zu erfüllen hat, gerecht zu werden. Bereits im Kindesalter wird dem Individuum die zeitliche Koordination abverlangt, Kindergarten, Turnen, Ballett, Musikschule, Freunde treffen, Abendessen miteinander so vereinbaren zu können, dass alle Termine rechtzeitig eingehalten werden können.

Eine rationale und kalkulierte Planung des Alltags wird schon hier eingeübt. Elias führt mit Bezug auf die funktionelle Differenzierung der Gesellschaft aus: „Das Verhalten von immer mehr Menschen muss aufeinander abgestimmt, das Gewebe der Aktionen immer genauer und straffer durchorganisiert sein, damit die einzelne Handlung darin ihre gesellschaftliche Funktion erfüllt" (Elias 1976: 317). Diese Entwicklung birgt die Gefahr, dass die instrumentelle Vernunft zum beherrschenden Kalkül des menschlichen Handelns und Verhaltens wird[218].

Unter diesen Bedingungen kann der Tod nicht sinnhaft in die Lebenswelt des Menschen integriert werden, da dieser der instrumentellen Vernunft und dem Fortschrittsoptimismus konträr gegenübersteht. Denn trotz des medizinischen Fortschritts existieren bis heute kein Medikament und keine Therapie, die den

---

[218] In diesem Zusammenhang führen Horkheimer/Adorno aus: „Durch die ungezählten Massenproduktionen und ihrer Kultur werden die genormten Verhaltensweisen dem Einzelnen als die allein natürlichen, anständigen, vernünftigen aufgeprägt. Er bestimmt sich nur noch als Sache, als statistisches Element, als success or failure" (Adorno / Horkheimer 1988: 34 f.).

Tod verhindern und den Menschen unsterblich machen. Allerdings kann gerade diese von Rationalität und instrumenteller Vernunft geprägte Gesellschaft dazu führen, dass sich neue symbolische Sinnwelten entwickeln, anhand derer auch der Tod sinngebend in die Lebenswelt integriert werden kann. Im Sinne Foucaults kann die instrumentelle Vernunft und die Rationalisierung als der in der Gegenwartsgesellschaft vorherrschende Diskurs angesehen werden, der machtvoll sowohl innerhalb des öffentlichen Raumes als auch im privaten Bereich wirkt, und auch nicht vor der Innerlichkeit der Körper Halt macht. Doch ranken sich um einen Diskurs, sei er noch so kraftvoll, andere, weitere, ihm sich entgegensetzende Diskurse, die in einem Kräfteverhältnis zueinander stehen. Machtvolle Herrschaftsdiskurse, die tief das ihrem Inhalt nach mehr standardisierten und affektneutralen Informationsanzeigen gleichen als persönlichen Zuschreibungen und Betrachtungen des Verstorbenen. Todesanzeigen sowie Beileidsbekundungen werden damit in ihrer standardisierten Monotonie und Eintönigkeit zu Phrasen ohne Gefühl und Inhalt (vgl. Tönnies 1909: 65 f.). Allerdings muss in diesem Zusammenhang festgestellt werden, dass sich in der jüngsten Zeit gerade im Hinblick auf die Todesanzeigen in den Tageszeitungen aber auch bezüglich der Riten und Normen bei einer Bestattung ein Wandel dahingehend abzeichnen könnte, dass sich hier alte, traditionelle Riten

Gesellschaftsgefüge durchdringen, rufen unweigerlich Diskurse hervor, die sich dem vorherrschenden Diskurs zu widersetzen versuchen. Macht bewirkt immer auch Widerstand (vgl. Foucault 1977: 116). Lassen sich in der Gesellschaft von heute solche Diskurse finden, die dem der instrumentellen Vernunft gegenüberstehen?

Die Grundlage für eine Beziehung bilden heute zumeist Beweggründe wie *Partnerschaft*, *Gleichberechtigung* und *gegenseitige Zuneigung* und nicht *wirtschaftliche Interessen* oder *rationale Erwägungen*. So könnte sich im privaten Bereich ein Diskurs jenseits des herrschenden Diskurses der instrumentellen Vernunft entwickeln. „Sie (die heutigen Beziehungen, Anm. der Verf.) gelten als aufrichtiger und offener, mit einer hohen Diskussionsbereitschaft und der Suche nach Übereinstimmung. (…) In der Mitte der achtziger Jahre zeigten Untersuchungen, dass Treue, wechselseitiger Respekt, Verständnis und Toleranz die am häufigsten genannten Vorzüge waren, während gute Haushaltsführung, gemeinsame religiöse und politische Überzeugungen und eine vergleichbare soziale Herkunft weniger wichtig geworden sind" (Wilkinson 1997: 97 f.).

In derartigen Beziehungen wirkt der Diskurs einer „interpersonalen Verständigung". In dieser versuchen sich die Personen in ihrer Ganzheit anzunehmen und die jeweilige Identität des Anderen in all ihren Facetten zu respektieren. Dieser Versuch einer ganzheitlichen, interpersonalen Verständigung kann als Gegenpol zu einer funktional ausgerichteten Kommunikation verstanden werden, die sich nicht auf die ganze Person, sondern nur auf einzelne funktionale Identitätssegmente der Person bezieht. Innerhalb solcher Beziehungen können auch Ängste und Gefühle, Wertvorstellungen und gesellschaftlich nicht akzeptierte Einstellungen versprachlicht werden. Die Einzelnen entwickeln in diesen Beziehungen ein Bewusstsein ihres Selbst, ihrer eigenen Innerlichkeit, und erleben gleichzeitig, dass ihre Persönlichkeit für den Anderen von Bedeutung ist. Das Individuum erfährt sich mit Bezug auf das Gegenüber als sinnhaft, es erlebt, dass die eigene individuelle Innerlichkeit und die einzigartige Identität ausschlaggebend für die Sinnhaftigkeit dieser Beziehung sind. Gleichzeitig ruft die Expressivität partnerschaftlicher Beziehungen, also der sichtbare Ausdruck der Liebe der Partner/innen, eine Kommunikation hervor, die nicht von funktionalen Aussagen getragen wird. Interpersonale Beziehungen werden damit weniger von rationalen Überlegungen und Erwägungen instrumenteller Vernunft gesteuert sondern orientieren sich vielmehr an Beweggründen, die einer „modernen Innerlichkeit" (Feldmann 2010: 67) entspringen.

Eine Kommunikation auf der Basis einer modernen Innerlichkeit kann auch eine Kommunikation über den Tod und den Austausch über persönliche Vorstellungen und Ängste bezüglich des Todes ermöglichen. Gleichzeitig führt ein als sinnvoll erlebtes Leben auch dazu, dass die Angst vor dem Tod abnimmt, denn so Nassehi/Weber: „Die erlebte Sinnlosigkeit des Lebens ist es, die den Tod erst schmerzvoll und grauenhaft erscheinen lässt. Wird das Leben als Ganzes verstehbar und damit erst sinnvoll, so wird auch die Todesangst *geringer und nimmt proportional zur Intensität eines sinnvoll erlebten Lebens ab"*[219] (Nassehi/Weber 1989: 211).

Vor dem Hintergrund der interpersonalen Beziehungen, die sich durch eine Art moderne Innerlichkeit auszeichnen, ist es möglich, dass sich in der Gesellschaft von heute auch symbolische Sinnwelten entwickeln, durch die der Tod sinnvoll in die Lebenswelt integriert werden kann. Diese symbolischen Sinnwelten haben allerdings nicht den Charakter universeller, allgemeingültiger Bezugssysteme, sondern werden im Rahmen interpersonaler Beziehungen auf der Basis eines Diskurses moderner Innerlichkeit ausgebildet und kommuniziert, und werden damit immer nur für einen Teil der Gesellschaftsmitglieder als sinnhaft empfunden. Doch ein Diskurs, der sich an der Innerlichkeit der Menschen orientiert, und der eine Art Gegenentwurf und Widerstand zum

---

[219] Der gekennzeichnete Teil des Zitats stammt von Kolakowski, L.: Der Mensch ohne Alternative. Von der Möglichkeit und Unmöglichkeit, ein Marxist zu sein, München 1960, hier zitiert nach Nassehi / Weber.

Diskurs der instrumentellen Vernunft darstellt, ermöglicht keine öffentliche Kommunikation und Sinngebung des Todes. Über den Tod kann in der Öffentlichkeit nicht kommuniziert werden, folglich wird dieser auch aus dem öffentlichen Leben ausgegrenzt.

3.1.4. Die Ausgrenzung des Todes in der modernen Gesellschaft

3.1.4.1. Tod und Sterben in totalen Institutionen

Tod und Sterben waren bis weit in das 19. Jahrhundert alltäglicher Bestandteil im Leben der Menschen. So versammelten sich die Familienangehörigen, Nachbarn und Freunde um das Bett eines Sterbenden, um diese letzte Zeit mit ihm zu teilen. Sterben fand zumeist im Haus des Sterbenden und innerhalb seiner Familie statt, daher wurde zu Lebzeiten der Tod des Anderen als Normalität erfahren, und sich mit diesem auseinandergesetzt. Der Tod und das Sterben anderer waren als eine persönliche Erfahrung, die allerdings nicht allein getragen werden musste, Teil des alltäglichen Lebens jedes Menschen. „In den meisten traditionellen Kulturen war der lebende und tote Körper sozial eingegliedert, unverzichtbarer Bestandteil auch eines sozialen Übergangs in das Reich der Toten, während er im säkularisierten Verständnis immer mehr zu einem „bloßen Instrument" wird, dessen Teile auswechselbar sind" (Feldmann 2010: 25).

In der modernen, westlichen Welt wird der Tod und das Sterben anderer kaum mehr als individuelle (Primär-)[220] Erfahrung erlebt. Der Grund dafür ist in der gesellschaftlichen Entwicklung und den vorherrschenden sozialen Strukturen zu finden. So lässt sich als ein Kennzeichen der westlichen Gegenwartsgesellschaft konstatieren, dass die Menschen aufgrund des technischen und medizinischen Fortschritts immer älter werden. Durch den medizinischen Fortschritt kann heute zumeist ein früher Tod verhindert werden, indem Medikamente und Therapien bereitgestellt werden können, die Krankheiten vorbeugen, bekämpfen

---

[220] Tod und Sterben hat längst seinen Platz als erfolgreiches Thema in der medialen Unterhaltung und Berichterstattung gefunden. Täglich und permanent werden wir mit diesem Thema in den Medien konfrontiert. Diese Art der Konfrontation ist allerdings nicht als eine Primärerfahrung zu verstehen, da sie nicht auf der Ebene persönlicher Betroffenheit basiert. Die Medien vermitteln Bilder vom Tod, die zwar teilweise Erschrecken und Trauer auslösen, aber nicht dazu verhelfen, den Tod sinnhaft zu integrieren. „Was fehlt, ist die Erfahrung und damit das grundlegende Wissen, das die Normalität des Sterbens und des Todes beinhalten" (Bode/Roth 1998: 51). Der Tod in den Medien wird für den Einzelnen zu einem Ereignis, welches einer anderen Wirklichkeit und Lebenswelt angehört.

oder diese gänzlich verhindern. Das hat zur Folge, dass der Tod eines Menschen heute vielmehr noch als in der Vergangenheit als eine unumstößliche Begrenzung des Lebens mit all seinen Wirkungsmöglichkeiten empfunden wird. Der Tod erscheint als der Feind eines modernen Selbstbildes des Menschen, der sich als Herrscher über die Natur versteht, und alles Menschenmögliche unternimmt, um den Tod und das Sterben so lange wie möglich hinauszuzögern, und das Leben eines Menschen zu verlängern[221]. So ist heute die moderne Gesellschaft dazu in der Lage, jedem einen „zeit- und habitusgemäßen natürlichen Tod" (Feldmann 2010: 82) zu ermöglichen. Feldmann erklärt hierzu: „Naturbeherrschung ist immer auch Menschenbeherrschung, also Vollstreckung nicht unbedingt von Todesurteilen, aber doch von Lebensqualitäts- und quantitätszuweisungen. Der demokratisierte natürliche Tod ist ein eminent gesellschaftliches Produkt. Die Lebensverlängerung wurde zu einem hervorragenden Herrschaftsmittel, da nur der moderne, reiche Industriestaat seinen konformen Bürgern den zeit- und habitusgemäßen natürlichen Tod garantiert" (Feldmann 2010: 82). Hieraus lässt sich ein System von Ungleichheit und Herrschaft ableiten, das sich in einem Gefälle zwischen Nord und Süd äußert. Die modernen, westlichen Industriestaaten besitzen aufgrund ihrer medizinischen Forschung und des technischen Fortschritts die Möglichkeit, ihren Bürgern ein langes Leben und einen schmerzfreien Tod zu ermöglichen. Diese Möglichkeit wird Menschen aus Nicht-Industrieländern, also Entwicklungs- oder Schwellenländern, vorenthalten.

Gleichzeitig wird hier noch ein weiteres Moment von Herrschaft ersichtlich. Tod und Sterben findet in den Industriestaaten zumeist in totalen Organisationen und Institutionen statt. Eine große Zahl alter oder kranker Menschen lebt heute nicht mehr im Kreis der Familie, sondern in betreuten Einrichtungen oder Altenheimen. Alter, Krankheit, Tod und Sterben wird heute sowohl aus der Öffentlichkeit als auch aus dem Familienverband verbannt und liegt in der Hand Professioneller. „Ab der Mitte des 20. Jahrhunderts sterben die meisten Menschen in Industriestaaten in Krankenhäusern, in neuerer Zeit in zunehmenden Maße auch in Alten- und Pflegeheimen" (Feldmann 2010: 140). Der Arzt, das Pflegepersonal im Krankenhaus und in den Altenheimen haben sich in der modernen Gesellschaft zu Verwaltern und Experten des Todes und Sterbens entwickelt. Sie sind diejenigen, die über die Inhalte und Ausgestaltung dieser Phase bestimmen und im Krankenzimmer, im Zimmer des Altenheims

---

[221] Gerhart Söhn hält in diesem Zusammenhang fest: „Lebenwollen steht der Bereitschaft zum Tode entgegen" (Söhn 2008: 36).

die „Herrschaft übernehmen" und die Regeln aufstellen, wie mit dieser Situation umgegangen werden soll, und was erlaubt ist und was nicht[222].

Für die Angehörigen eines Sterbenden hat das einerseits zur Folge, dass ihnen keinerlei natürliches oder internalisiertes Verhalten bereitsteht, auf das sie in einer solchen Situation zurückgreifen können, der Tod erscheint als die Grenzsituation per se. Gleichzeitig bewirkt die totale Organisation des Krankenhauses eine weitere Entfremdung der Angehörigen von dem Sterbenden. So sehen sich die Angehörigen jetzt zum einen mit dem Tod des Anderen konfrontiert, der Gedanken und Ängste über den eigenen Tod fördert, zum anderen finden sie den Sterbenden in einer ihnen fremden, anonymen Umgebung wieder. Somit trägt das Krankenhaus als Sterbeort in nicht unerheblichem Maße zu einer Entfremdung zwischen Sterbendem und dessen Angehörigen bei.

Für den Sterbenden selbst bedeutet seine Delegation an die Professionellen des Krankenhauses, dass dieser aus seiner gewohnten Umgebung gerissen wird und sich der Ordnung und Hierarchie des Krankenhauses unterwerfen muss. Der Sterbende ist vollkommen auf das Krankenhauspersonal angewiesen und „erleidet durch seine virtuell totale Beobachtbarkeit seines Verhaltens einen *Statusverlust*" (Nassehi/Weber 1989: 235). Das Krankenhaus erscheint als eine totale Organisation und erinnert an die Beurteilung Foucaults über die Institution des Gefängnisses: „Als Ort des Vollzugs der Strafe ist das Gefängnis zugleich Ort der Beobachtung der bestraften Individuen. (...) Es geht aber auch um die Erkennung jedes Häftlings, seines Verhaltens, seiner tiefen Anlagen, seiner fortschreitenden Besserung. (...) Der Häftling muss unter ständigen Blick gehalten werden; alle Aufzeichnungen, die von ihm gemacht werden können, müssen registriert und verbucht werden. Der Gedanke des Panopticon – zugleich Überwachung und Beobachtung, Sicherheit und Wissen, Individualisierung und Totalisierung, Isolierung und Transparenz – hat im Gefängnis seinen bevorzugten Realisierungsort gefunden" (Foucault 1994: 319). Der Sterbende wird im Krankenhaus auf seine Rolle als Patient reduziert, und muss sich als solcher auch bestimmten Anforderungen und Erwartungen an sein Verhalten beugen. Patienten sollten kooperieren und Situationen vermeiden, die Verlegenheiten oder Peinlichkeitsgefühle hervorrufen könnten[223]. Gleichzeitig

---

[222] Als ein weiterer Aspekt von Herrschaft kann angeführt werden, dass auch innerhalb der Industriestaaten eine Ungleichbehandlung stattfindet. So erhalten einige aufgrund ihrer finanziellen Ressourcen und ihres gesellschaftlichen Status eine umfangreichere gesundheitliche Betreuung und Absicherung als andere.

[223] Vgl. hierzu die Ausführungen in Kapitel 3.1.4.2.: Tod als Tabu? Im Zusammenhang mit der These von der Verdrängung des Todes in der modernen Welt gewinnt das Konzept von Norbert Elias über den Zwang zur Affektkontrolle als Erklärungsmuster für die Verdrängung des Todes zentrale Bedeutung.

hält sich der Sterbende im Krankenhaus in einer Institution auf, deren Ziel in der Gesundung und Heilung der Kranken und nicht in der Pflege von Sterbenden besteht. Somit verfolgt das Krankenhaus und dessen Personal ein zweckrationales Ziel, dessen Umsetzung mit technischen Mitteln und strategisch-instrumentellen Handlungen zu erreichen versucht wird[224]. Instrumentelle Vernunft und das Verfolgen zweckrationaler Ziele sind allerdings nicht ausschließlich Kennzeichen einer totalen Organisation wie der des Krankenhauses, hier werden sie eben ganz besonders offensichtlich und sichtbar in Form der technischen Gerätschaften, der klinisch-weißen Räume und Kittel und der Anonymität und Professionalität der Beziehung zwischen Patient – Arzt und Patient – Pflegepersonal. So ist das Krankenhaus letztlich nur eingebettet in den allumfassenden gesellschaftlichen Diskurs instrumenteller Vernunft, der sich durch die Werte wie Leistung, Disziplin, Ehrgeiz, Erfolg auszeichnet, und der damit gleichzeitig eine Gesellschaft hervorbringt, die diejenigen nicht anerkennt, die diese Werte nicht einlösen. Somit verliert auch der alte Mensch seinen angestammten Platz im Gesellschaftsgefüge. Obwohl für die Gruppe der alten Menschen viele Aufgaben existieren, die sie übernehmen könnten, findet bisher kaum ein Umdenken statt, die Gruppe der älteren Menschen wieder stärker an gesellschaftlichen Aufgaben zu beteiligen. Immer noch wird die Gruppe der alten Menschen marginalisiert und tritt als eine Gemeinschaft am Rande unserer Gesellschaft in Erscheinung. Der alte Mensch, nicht als Hilfe, sondern als Belastung empfunden, wird an Altenheime übergeben[225]. Möglicherweise bewirken „Einflüsterungen der instrumentellen Vernunft", dass der alte Mensch als unproduktiv abgewertet wird, und sie beeinflussen die Gesellschaftsmitglieder dahingehend, die eigene Zeit vermeintlich vernünftiger und rationaler einzusetzen als mit der Beschäftigung und Pflege alter Menschen.

Sterben und Altern findet in der Gegenwartsgesellschaft in anonymen Institutionen statt, was zur Folge hat, dass diese Phänomene immer weniger in die alltäglichen Erfahrungen und Erlebnisse des Einzelnen einfließen[226]. Zu dieser Ausgrenzung des Todes[227] kommt hinzu, dass sich der Sterbende in einer

---

[224] Schmied erklärt daher: „Seine Krankheit wird vielleicht weiter behandelt, seine existentiell bedrückende Situation, seine Nöte und Ängste werden in der Regel nicht therapiert" (Schmied 1985: 49).

[225] Söhn führt hierzu aus: „Schon zu Lebzeiten werden die Alten, Kranken, Schwachen in zunehmenden Maße in Ghettos verbannt" (Söhn 2008: 9).

[226] Hahn erklärt in diesem Zusammenhang: „Der Tod wird somit in unserer Gesellschaft in historisch exzeptionellem Grad exklusives Alterserlebnis" (Hahn 1968: 23).

[227] Zu der Ausgrenzung des Todes aus der Lebenswelt der Einzelnen gehört auch der Umgang mit der Beerdigung und Bestattung des Toten. Auch dies liegt in der modernen Gegenwartsgesellschaft in den Händen professioneller Unternehmen. Die Bestattung wird als Dienstleistung verstanden und ist damit an eine rationale und kommerzielle Betrachtungsweise gekoppelt. Rationale und

Institution befindet, die weder seine Ängste bezüglich des Todes auffängt noch die Zeit findet, sich um mehr als die physischen Beschwerden zu kümmern. Die Strukturen des Krankenhauses führen vielmehr dazu, dass der Sterbende schon bereits hier den „sozialen Tod" erleidet, der durch die Reduktion auf die Patientenrolle, die mit dem Verlust anderer (politischer, ökonomischer und sozialer) Aufgaben einhergeht, erfolgt[228]. Mit der Ausgrenzung des Todes aus der Alltagswelt in modernen Gesellschaften, in denen Altern, Tod und Sterben in segregierten Räumen außerhalb der alltäglichen Erfahrungswelt stattfindet, geht gleichzeitig ein Bewusstseinsprozess einher, der sowohl auf der individuellen als auch auf der gesellschaftlichen Ebene abläuft. So wird in der Literatur auch eine „Verdrängung des Todes" für die moderne Gesellschaft konstatiert.

3.1.4.2.Tod als Tabu?

Die These von der Verdrängung des Todes ist umstritten. Gegner der Verdrängungsthese sehen die Gründe für die fehlende Kommunikation und Reflexion über den Tod in der geringen Erfahrbarkeit des Todes anderer. Das Erlebnis des Todes anderer ist heute eben nicht mehr Bestandteil der Alltagswelt. „Die abnehmende Bedeutung des Todes für das Handeln und Denken der Angehörigen der mittleren Jahrgänge in unseren Großstädten und, einstweilen noch weniger ausgeprägt, mehr und mehr auch in den sich zunehmend verstädternden Dörfern, geht auf die Seltenheit der Begegnung mit dem Tod zurück, auf einen Realitätsverlust, der typisch für unsere Gesellschaft und historisch neu ist" (Hahn 1968: 62 f.). Die Annahme, der Tod werde in der Gegenwartsgesellschaft verdrängt, ist in Folge dieser Argumente falsch, da ein Prozess der Verdrängung impliziert, dass der Tod zunächst als Gefahr aufgefasst wird, die eine Angstreaktion auslöst, und in deren Bewältigung die Verdrängung als Strategie erfolgt. Da aber der Tod in der Gegenwartsgesellschaft kaum

---

ökonomische Gesichtspunkte stehen im krassen Gegensatz zur affektiven und emotionalen Befindlichkeit der Hinterbliebenen. Das Bestreben der professionellen Bestatter liegt nicht darin, im Kontakt mit den Angehörigen, diesen dabei zu verhelfen, sich der Endgültigkeit der Situation des Todes bewusst zu werden, sondern sie bemühen sich darum, den Toten so herzurichten, als würde dieser noch der Alltagswelt angehören. Es wird versucht, den Toten möglichst „untot" zu schminken, um so der Situation den Charakter des Unfassbaren und Schrecklichen zu nehmen. So erklärt auch Elias über die Broschüren von Bestattungsunternehmen: „Das bloße Wort Tod wird nach Möglichkeit vermieden; es erscheint in der Broschüre nur einmal – bei der Erwähnung der Totengedenktage; und der schlechte Eindruck dieses Wortes wird sofort durch den Hinweis auf Hochzeitstage ausgeglichen, für die man ja ebenfalls Blumen braucht" (Elias 1995: 49 f.).

[228] Goffman bezeichnet die Reduktion des Individuums auf eine einzige Rolle wie die des Gefängnisinsassen oder die des Geisteskranken als den „bürgerlichen Tod" (Goffman 1973: 26).

erlebbar ist, kann er sich nach Meinung der Gegner der Verdrängungsthese auch nicht als drohendes Übel in das Bewusstsein der Menschen einschleichen und es kann auch keine Verdrängung stattfinden[229].

Auch nach Fuchs (1969) liegt die mangelnde intersubjektive Kommunikation über den Tod, die dazu führt, dass ein sinnhafter Bezug zum Tod nicht hergestellt und dieser als (Grenz-) Situation außerhalb der Wirklichkeit der Alltagswelt wahrgenommen wird, im Fehlen eines modernen Todesbildes und ergibt sich nicht aus einer sozialpsychologischen und strukturellen Verdrängung des Todes. „Statt von Verdrängung, Tabuisierung, Bagatellisierung des Todes in der modernen Gesellschaft zu reden, ist es angemessener, auf das Fortleben der – gemessen am Begriff des natürlichen Todes – archaischen Bilder zu verweisen" (Fuchs 1969: 228).

Das Todesbild der modernen, rationalen Gesellschaft sollte nach Fuchs der „natürliche Tod" darstellen. Daher spricht er sich auch gegen die traditionellen religiösen Sinnsysteme aus, die seiner Meinung nach nicht zu einer sinnhaften Integration des Todes in der Gegenwartsgesellschaft führen, sondern stattdessen verhindern, dass sich das Todesbild eines „natürlichen Todes" durchsetzen kann. Nach Fuchs wäre eine Integration des Todes in die gesellschaftliche Wirklichkeit dann möglich, wenn sich der Gedanke des natürlichen Todes behaupten würde. Unter dem Begriff der „Natürlichkeit" des Todes versteht er das allgemeine Wissen um die Tatsache, dass alles vergänglich ist. Damit wäre auch der Tod kein fremdes und furchterregendes Faktum mehr, sondern eine „weltimmanente Kategorie" (Fuchs 1969: 76)[230], und würde damit in einem sinnhaften Bezug zur gesellschaftlichen Wirklichkeit stehen. So könnte der Tod als Ereignis erfasst werden, das sich in eine Art „Kreislauf des Lebens" (Geburt, Leben, Tod, Vergänglichkeit, Entstehung neuen Lebens usw.) eingliedern lässt[231].

---

[229] Gegen die These von der Todesverdrängung auch Schmied 1985: 35 ff..

[230] Fuchs (1969: 76): „...gegen das magisch – religiöse Todesbild gewendet besteht der Begriff des natürlichen Todes auf dem Tod als einer natürlichen, weltimmanenten Kategorie. Darin bereits angelegt meint das zweite Moment des modernen Todesbegriffes, dass der Tod ein friedliches, gewaltloses Verlöschen ist oder sei sollte (…)".

[231] Weitere Argumente gegen die These der Verdrängung des Todes werden bei Feldmann 2010: 62 ff. aufgelistet, der unter anderem erklärt, dass „ (…) der Tod als natürliches Ende angesehen wird und viele Menschen sich keinen Illusionen mehr hingeben" (63). Dieser Argumentation kann die Verfasserin der Arbeit nicht zustimmen, denn dass Begräbnisse, Beerdigungen oder Gedenktage weniger pompös oder sogar teilweise anonym gestaltet werden, hat nicht mit einer Akzeptanz des Todes zu tun, sondern mit der Unfähigkeit mit Tod und Sterben umzugehen. Auch dem Argument Feldmanns: „Den Menschen in einer modernen Gesellschaft gelingt es, Leben und Tod besser als in den bisherigen Kulturen zu kontrollieren" (63), soll hier widersprochen werden. Vielmehr deutet der Versuch des Menschen, den Tod so weit wie möglich hinauszuzögern, darauf hin, dass man sich eben nicht mit diesem auseinandersetzen will und ihn so weit wie möglich zurückdrängt.

Die Befürworter der Verdrängungsthese gehen hingegen davon aus, dass nicht das Fehlen eines natürlichen Todesbildes sondern der Mangel von Vorstellungen und Ideen darüber, was auf den Tod folgt, Angst auslösen und Verdrängung bewirken. Die Angst vor dem Nichts, dem Nicht-Wissen, dem Unvorstellbaren ergibt sich infolge des Verlusts der traditionellen symbolischen Sinnwelten, den die moderne Gesellschaft bisher noch durch keine vergleichbaren Sinnsysteme ausgleichen konnte[232]. Die Verfechter der These von der Verdrängung des Todes führen ein individuelles und ein soziales (oder auch strukturelles) Moment von Verdrängung an:

Einen Auslöser für die Verdrängung des Todes sehen sie in dem subjektiven Gefühl der Angst des Einzelnen vor dem eigenen Tod, das in der Erfahrung des Todes anderer auftreten kann, und in deren Folge sich als Selbstschutz eine Strategie der Abwehr entwickelt. Diese Angst vor dem eigenen imaginären Tod ist als eine Ursache für die Unfähigkeit von Menschen im Umgang mit Sterbenden anzusehen, diesen während der Sterbephase zur Seite zu stehen. „Hier begegnet man in einer extremen Form einem allgemeineren Problem unserer Tage – der Unfähigkeit, Sterbenden diejenige Hilfe zu geben und diejenige Zuneigung zu zeigen, die sie beim Abschied von Menschen am meisten brauchen – eben weil der Tod des Anderen als Mahnzeichen des eigenen Todes erscheint" (Elias 1995: 19).

Der Tod des Anderen wird als etwas absolut Fremdes und Unbekanntes erlebt. Und das ruft Angst hervor, und stellt eigene Gewissheiten sowie die geltenden gesellschaftlichen Maximen wie Fortschrittsoptimismus und Naturbeherrschung durch den Menschen in Frage. Macho merkt hierzu an: „Das Fremde ist das elementar Bedrohliche und Gefährliche, es muss abgewehrt und distanziert werden" (1987: 287). Im Umgang mit einem Sterbenden halten es Angehörige oftmals für den richtigen Weg, dem Sterbenden seinen bevorstehenden Tod zu verheimlichen, um diesen nicht zu verängstigen. Grund dafür kann aber auch stattdessen die Furcht vor dem eigenen Tod sein[233].

Die Ursache für das Schweigen kann auch in der Furcht der Angehörigen begründet liegen, dass die Tatsache des bevorstehenden Todes beim Sterbenden

---

[232] „Die Verdrängung der Tatsache, dass am Ende des Lebenszyklus der Tod steht, führt bisweilen zu lähmenden psychologischen Konflikten und ist häufig mit physiologischen Symptomen von Desorientiertheit, mit heroischer Hysterie, Lähmungserscheinungen, Funktionsstörungen und mit dem Rückzug von Kontakten zu anderen Menschen verbunden. Um mit der Unvermeidlichkeit des Todes leben zu können, braucht der Mensch das Bewusstsein, dass sein Leben Fortgeltung und Bedeutung (…) hat, dass Zorn, Verzweiflung und Enttäuschung angesichts des Todes abwegig sind" (Kutner 1976: 360).

[233] Hierzu erklärt Michaelis: „Man verschweigt den Sterbenden ihren Tod, weil die Lebenden ihn nicht wahrhaben wollen. (…) Das Aufbegehren gilt in Wahrheit dem eigenen Tod" (Michaelis 1983).

Gefühle von Verzweiflung, Hoffnungslosigkeit, Wut oder Trauer anrührt, auf die die Angehörigen nicht angemessen zu reagieren wissen, was zusätzlich Empfindungen wie Peinlichkeit oder Scham hervorruft[234]. Diese Unfähigkeit im Umgang mit den eigenen und den sichtbaren Emotionen und Affekten anderer beruht auf einem universell geltendem Zwang zur Affektkontrolle in der modernen Gesellschaft. Prozesse funktioneller Differenzierung und der Diskurs der instrumentellen Vernunft haben zur Ausbildung einer gesellschaftlichen Verhaltensnorm geführt, die den Einzelnen dazu zwingt, ständig sein Verhalten zu kontrollieren, um so jeden Affekt und jede Emotion weitestgehend zu unterdrücken. Dieser Selbstzwang (Elias 1976: 317) ist allerdings nicht als eine bewusste Regulierung des Verhaltens zu verstehen, sondern vielmehr als ein Automatismus, den die Einzelnen während des Sozialisationsprozesses als gesellschaftlich anerkannte Verhaltensnorm verinnerlicht haben.

Um die Funktionalität und Stabilität des modernen, wirtschaftlich ausgerichteten Gesellschaftssystems aufrecht zu erhalten, das auf das Streben aller Mitglieder der Gesellschaft nach Leistung, Fortschritt und Wohlstand angewiesen ist, müssen Emotionen, Affekte und Leidenschaften begrenzt werden, da diese sonst für das Gelingen dieses Gesellschaftssystems zur Gefahr werden können und zu dessen Scheitern führen können. Die Gesellschaft fungiert daher mit Bezug auf den Einzelnen als „Kontroll- und Überwachungsapparatur" (Elias 1976: 327 f.), die das Ausleben seiner Emotionen und Affekte überprüft und steuert. „Gerade für Situationen anonymer Öffentlichkeit ist die Dämpfung der potentiell „ansteckenden" Affekte unabdingbar: panische Fluchtreaktionen, lautes Lachen oder Wutgeschrei stören so gut wie jede öffentliche Ordnung" (Lohauß 1995: 64). Die Gesellschaft fordert vom Einzelnen als persönliche Eigenleistung die Dämpfung der Affekte ab. Diese Verhaltensnorm wird internalisiert und wird ihm gleichzeitig in Situationen, in denen er diese Norm übertritt, vorgehalten[235]. Gleichzeitig wirkt sich die gesellschaftliche Norm zur Affektkontrolle auch auf die intersubjektive Kommunikation aus. Eine affektgesteuerte Kommunikation ist im Hinblick auf die funktionelle und differenzierte Ausrichtung der Alltagswelt der Individuen kaum möglich. Das bedeutet für (Grenz-)Situationen, die sich nicht anhand funktioneller und instrumenteller Strategien bewältigen lassen, dass keine gesellschaftlichen Strategien der Bewältigung existieren, mit deren Hilfe mit der Situation umgegangen werden kann. Das kann dazu führen, dass sich das Individuum in einer Grenzsituation Affekten wie Trauer, Verzweiflung etc. hingibt. Es kann aber auch ein

---

[234] Der Umgang der Gesellschaft mit Gefühlen von Trauer wird eigens im Kapitel 3.1.9. Die doppelte Stigmatisierung der Angehörigen ausgeführt.
[235] Hier wäre beispielsweise das laute Lachen von Kindern in der Kirche, der Bücherei o.ä. anzuführen, auf das die Umwelt mit Ermahnung und Sanktion reagiert.

Verdrängungsverhalten bewirken, das in dem sozialen (Ge-) Wissen begründet liegt, dass das Gegenüber eine solche affektgeladene Situation als Überforderung erlebt, da es keine Strategien erlernt hat, mit Situationen umzugehen, die eine affektgesteuerte Kommunikation notwendig machen. „Der Sprachschatz für den Gebrauch in dieser Situation ist verhältnismäßig arm. Peinlichkeitsgefühle halten die Worte zurück. Für die Sterbenden selbst kann das recht bitter sein. Noch lebend, sind sie bereits verlassen" (Elias 1995: 39).

Ein weiterer Grund für die Verdrängung von Affekten liegt in dem Wissen des Einzelnen, dass ein Gefühlsausbruch nicht nur für das Gegenüber und ihn selbst als peinlich erlebt wird, da keine Strategien des Umgangs mit derartigen Situationen bereitstehen, sondern dass dieser auch zu einer sozialen Degradierung führen kann. Denn Gefühle und Affekte werden in unserer Gesellschaft nicht als bloße Tatsachen akzeptiert, sondern ihnen wird in einem Prozess der Zuschreibung eine bestimmte Wertigkeit beigemessen[236]. Das bedeutet für den Einzelnen, noch verstärkter auf den eigenen Umgang und die Sichtbarmachung von Gefühlen und Affekten zu achten, um nicht in die missliche Lage zu kommen, aufgrund von Gefühlszuschreibungen abgewertet zu werden[237]. „Fordern die allgemeinen Verhaltensnormen, dass man sich in der Interaktion ohne Zeichen von Angst, nach Möglichkeit immer souverän und ichstark verhalte, so wird der Widerspruch zwischen dieser Forderung und der innerpsychischen Angst und Erregtheit bei Kommunikation über den Tod in einer Vermeidungstendenz resultieren", so Fuchs (1969: 109).

Die Verdrängung des Todes wird allerdings auch mit einem sozialen und strukturellen Moment begründet. So stellt in unserer Gesellschaft die Tatsache des Todes einen absoluten Widerspruch zur Vorstellung des modernen Menschen dar, dass der technische, medizinische und wissenschaftliche Fortschritt alles möglich mache[238]. Der Tod erschüttert dieses Selbstbild, und muss daher als Störfaktor und Gefährdung aus dem öffentlichen und gesellschaftlichen Leben verdrängt werden. Elias beschreibt diesen Verdrängungsprozess mit den Worten: „Sie (*alle elementaren, animalischen*

---

[236] In diesem Zusammenhang erklärt Lohauß (1995): „In den Bewertungen der Gefühle und ihrer Expressionen sowie in der Art ihrer Kanalisierung drückt sich ein kultureller Konsens aus. Zusammen mit den Gefühlen werden „Wertorientierungskategorien" gelernt. Die so bewerteten Gefühle „steuern" uns innerhalb des sozialen Geflechts, in dem wir leben (und sie festigen es und stellen es selbst dar" (59).

[237] So könnte zum Beispiel das Zeigen von Trauer als Schwäche ausgelegt werden, zu lautes Lachen als Kontrollverlust und Labilität usw.

[238] „Die Verdrängung des Todes aus dem öffentlichen Leben hat die Endlichkeitsängste der Menschen aber nicht beseitigt, sondern vergrößert. Indem wir alles daransetzen, des Sterbens Herr zu werden, berauben wir uns zugleich der Möglichkeit, die Tatsache unserer Sterblichkeit zu akzeptieren" (Michaelis 1983).

Aspekte des menschlichen Lebens[239]) werden je nach Machtverhältnissen mit Scham- und Peinlichkeitsgefühlen belegt und in bestimmten Fällen, besonders im Rahmen des europäischen Zivilisationsschubes, hinter die Kulissen des gesellschaftlichen Lebens verlagert oder jedenfalls aus dem öffentlichen Gesellschaftsleben ausgesondert. Der langfristige Wandel des Verhaltens der Menschen zu den Sterbenden geht in diese Richtung. Der Tod ist eine der großen bio-sozialen Gefahren des Menschenlebens. Gleich anderen animalischen Aspekten wird auch der Tod als Vorgang und als Gedanke während dieses Zivilisationsschubes in höherem Maße hinter die Kulissen des Gesellschaftslebens verlegt" (Elias 1995: 22).

Nassehi/Weber, auch Vertreter der These von einer Verdrängung des Todes, betonen weitaus stärker als Elias den bewussten und gewollten Charakter dieser Verdrängung. Sie vertreten die Ansicht, dass die gesellschaftliche Struktur den Individuen letztendlich diesen Verdrängungsprozess abverlangt, damit die Sicherheit, Stabilität und Kontinuität des Gesellschaftssystems gewährleistet bleibt und dessen Wertorientierungen und Leitmaximen fortbestehen. Das gesellschaftliche System orientiert sich nach Nassehi/Weber insbesondere an der Funktionalität der Bereiche „Produktion und Verwaltung", deren Logik als „universales Herrschaftswissen" fungiert (vgl. Nassehi/Weber 1989: 202).

„Gemeint ist vielmehr, dass die strukturell *mögliche gesellschaftliche Dimension des Todeswissens* zugunsten der Entlastung funktionaler Systemimperative gänzlich getilgt wird und der Mensch auf die *existentiale* Dimension verwiesen bleibt. Durch diese funktional notwendige Privatisierung der Todeserfahrung wird die Kluft zwischen der Alltagstätigkeit innerhalb *systemisch* funktionaler Zusammenhänge und der individuellen Kontinuierung von Sinn angesichts des Todes fast unüberwindbar" (Nassehi / Weber 1989: 204). Nassehi/Weber verstehen daher die Verdrängung des Todes in der Gegenwartsgesellschaft nicht im Sinne des psychoanalytischen Verständnisses des Verdrängungsbegriffes sondern vielmehr als eine „soziale Verdrängung".

Die individuelle und soziale Verdrängung des Todes deutet darauf hin, dass der Tod eine „Schmerzgrenze" (Lucke 1995: 168) der modernen Gesellschaft darstellt. „Diese (die Schmerzgrenzen)[240] legen für die verschiedenen Rationalitätssphären die Eckdaten des auf hohem Konsensniveau Akzeptablen fest" (Lucke 1995: 168). Der Tod in seiner Begrenzung des menschlichen Lebens kann nicht akzeptiert werden, steht er doch eindeutig im Widerspruch zu den modernen gesellschaftlich anerkannten Wert- und Akzeptanzmaßstäben von Leistung, Produktivität, Machbarkeit und Souveränität. Von einer Gesellschaft,

---

[239] Von der Verfasserin ergänzt.
[240] Von der Verfasserin ergänzt.

in der der „Kult der Person des Menschen" (Durkheim 1997: 391) einer der herausragendsten Grundsätze ist, muss er als der Widerspruch par excellence empfunden werden. Der Tod, der immer weniger durch universelle Sinnwelten sinnhaft in die Wirklichkeit der Alltagswelt integriert werden kann, muss ausgegrenzt und verdrängt werden, da der Gedanke an den Tod und die Vergänglichkeit des Lebens sonst zu Verunsicherung, Angst und Verzweiflung bis hin zu der Wahrnehmung des Lebens als sinnloses Konstrukt und der Bedeutungslosigkeit des eigenen Selbst führen können. Die Schmerzgrenze übernimmt damit für die Mitglieder der Gesellschaft die Funktion eines Sicherheitsnetzes, das dafür sorgt, dass die gesellschaftliche Stabilität gewährleistet bleibt. So sichern die Schmerzgrenzen die Gesellschaftsmitglieder dagegen ab, die Grenzen des Akzeptablen, die Grenzen der Wirklichkeit der sozialen Alltagswelt, zu überschreiten. Der Tod aber als eine jedem Wesen inhärente Tatsache wird damit zu einer privaten Angelegenheit, fernab jeder intersubjektiven Kommunikation und Sinnhaftigkeit. „Der Tod ist ein Problem der Lebenden" (Feldmann 1995)[241]. Sie sind es, die den Tod eines Verstorbenen ertragen und mit dem Verlust umgehen müssen. Sie sind es, die mit der Zeit versuchen müssen, die Leerstelle, die der Verstorbene hinterlassen hat, wieder mit Sinn zu füllen. Sie sind es auch, die irgendwann vielleicht die Verzweiflung über den Verlust des Verstorbenen überwinden können. Verstärkt werden die Belastungen von Hinterbliebenen noch, wenn es sich bei dem Toten um ein Kind oder einen Jugendlichen handelt.

3.1.4.3. Verwaiste Eltern

Im Durchschnitt lebt in Deutschland ein Mann 78 Jahre, eine Frau erreicht ein durchschnittliches Lebensalter von 82 Jahren[242]. Diese hohe durchschnittliche Lebenserwartung führt dazu, dass der Tod junger Menschen besonders schwer zu bewältigen ist. Als soziale Norm angesehen bewirkt die statistische Lebenserwartung, dass jedes Ereignis, das dieser Norm entgegensteht, Frustration und Angst auslöst, so auch der frühzeitige Tod einer Person (vgl. Hahn 1968: 48). Die Anzahl der Lebensjahre wird für die Gesellschaft zum entscheidenden Kriterium für die Akzeptierbarkeit des Todeseintritts. Hierzu

---

[241] Der Titel des Buches „Der Tod ist ein Problem der Lebenden" von Feldmann u.a. (Hg.) 1995 zitiert hier den Ausspruch von Norbert Elias aus dem Buch „Über die Einsamkeit der Sterbenden in unseren Tagen" (1982: 10).
[242] Die Ausführungen sind den Angaben zur statistischen Lebenserwartung des Jahres 2011 entnommen.

erklärt Fuchs (1969: 96): „Solche Angaben über die Legitimität des Datums[243] machen deutlich, dass sich über die Unberechenbarkeit des Todeseintritts so etwas wie eine unausgeführte Skala sozialer Einschätzung gelegt hat. (…) Diese Einschätzung der Angemessenheit ist allerdings relativ gleichgültig gegenüber dem bestimmten Leben und seinen bestimmten Inhalten und orientiert sich wohl eher an der Zahl der Lebensjahre". Somit kann der Tod eines jungen Menschen – gemessen an der Norm der statistischen Lebenserwartung – nicht akzeptiert werden[244].

Der Tod eines Kindes wird gerade auch deswegen zu einer solch qualvollen Situation, weil Eltern ihrem Kind heute einen hohen emotionalen Wert beimessen (vgl. Heitmeyer / Olk 1990: 30). Diese große emotionale Bedeutung eines Kindes für seine Eltern beruht auf einem modernen Verständnis von Beziehung. Heute sind es nicht mehr wirtschaftliche Überlegungen, die für oder gegen eine Partnerschaft und für oder gegen ein Kind entscheiden. Vielmehr gehen solche Entscheidungen aus dem emotionalen Antrieb eines Paares hervor, das seiner Liebe zueinander durch ein gemeinsames Kind Ausdruck verleihen möchte (vgl. Wilkinson 1997: 98).

Durch den Trend der „Intimisierung der postmodernen Familie" (vgl. hierzu u.a. Hahn 1968: 134) wird diese Entwicklung noch verstärkt. Familien von heute zeichnen sich durch eine geringe Zahl an Mitgliedern aus, was zu einer Intensivierung der affektiven und personalen Beziehungen der Familienmitglieder untereinander führt. Der gesellschaftliche Trend hin zu einer Kernfamilie[245] hat zur Folge, dass durch den Tod des Familienmitglieds eine wesentliche Leerstelle innerhalb des Familiengefüges aufbricht. „Wenn nun der moderne Mensch generell weniger personale als funktionale Sozialbeziehungen unterhält, so hinterlässt ein Verstorbener zum einen auch weniger Trauernde. (…) Zum anderen aber wiegt auch der persönliche Verlust durch die erheblich intimer und privater gewordenen Beziehungen innerhalb der Familie ungleich schwerer" (Nassehi/Weber 1989: 26).

---

[243] Fuchs erläutert im Vorangegangenen verschiedene Wendungen, die den Todeszeitpunkt betreffen, und diesen als „legitim" oder „nicht-legitim" ausweisen, wie z.B. im Falle eines legitimen Todeseintritts die Wendungen: „im gesegneten Alter" oder „nach erfülltem Leben"; im Falle eines nicht-legitimen Todeseintritts hingegen die Formulierungen: „im blühendem Alter", „viel zu früh", „allzufrüh" oder „jäh".

[244] „Das Sterben des Kindes gilt als ungerecht, abnorm und unverständlich, da Sterben nur im hohen Alter als normal angesehen wird. (…) In dem modernen Familiensystem, das aus wenigen Mitgliedern besteht, ist der Tod eines Kindes eine schwere Störung", so Feldmann (2010: 249).

[245] Diese Familienform beruht auf der Konstellation „Vater-Mutter-ein Kind". Zwar ist von einer Pluralisierung verschiedenster Formen des Zusammenlebens auszugehen, doch herrscht in einer Vielzahl noch das „alte, traditionelle Modell" der Familie vor, das von einem Paar mit Kindern ausgeht. Geändert hat sich heute die Anzahl der Kinder, die häufig nicht über ein Kind hinausgeht.

Weit mehr als die Hälfte aller Kinder wachsen heute ohne Geschwister auf. Somit verteilen sich das Interesse und die Liebe der Eltern nicht auf verschiedene Bezugsobjekte, sondern konzentrieren sich auf das eine Kind[246]. Der Tod des Kindes löst dann eine persönliche Krise der Hinterbliebenen aus, deren Leben und Identität durch den Verlust erschüttert sind. „Denn wenn sich Ich-Identität in einem gemeinsamen Prozess entwickelt, im Austausch persönlicher Beziehungen, dann stellt jeder Bruch der persönlichen Beziehungen die erworbene Ich-Identität in Frage" (Lohauß 1995: 206). Unter den Bedingungen der modernen Gesellschaft ist der Tod eines Kindes oder Jugendlichen eine Ausnahmesituation, entspricht nicht der Norm der durchschnittlichen Lebenserwartung. So zerstört der frühe (und vorzeitige) Tod eines Kindes auch den Entwurf von Wirklichkeit, den die Hinterbliebenen für ihr Leben mit ihrem Kind und für das Leben des Kindes entwickelt haben. Denn dieser hält zum einen kein Wissen über den frühen Tod und den Umgang mit einem solchen bereit, und enthält zum anderen Bilder davon, wie das Leben des Kindes oder Jugendlichen in der Zukunft ausgesehen hätte. Das Loslassen von diesen Bildern und die Erkenntnis, dass sich diese zukünftige Wirklichkeit nicht mit dem Erleben des Kindstodes deckt, führen dazu, dass die Hinterbliebenen ihren Entwurf von Wirklichkeit neu konstituieren müssen. In einem langwierigen und mühsamen Anpassungsprozess müssen die Angehörigen ihr Familiengefüge umstrukturieren, den Verlust des Kindes verarbeiten und dessen Tod in eine gewandelte Vorstellung von Wirklichkeit integrieren.

In der Konsequenz bedeuten die bisherigen Ausführungen des 3. Kapitels zum Umgang mit dem Tod in unserer modernen Gesellschaft, dass deren soziale und strukturelle Bedingungen eine sinnhafte Integration des Todes unmöglich machen. Sterben und Tod wird ausgegrenzt und findet in segregierten Räumen außerhalb der Alltagswelt statt. Eine intersubjektive Kommunikation über den Tod ist nicht möglich, vielmehr wird der Tod sowohl auf der individuellen als auch der sozialen und strukturellen Ebene verdrängt. So ist der Tod die Grenzsituation per se, und stellt als solche eine Schmerzgrenze dar, bei deren Übertretung sowohl die Identität des Einzelnen als auch die Stabilität der Gesellschaft bedroht ist. Wenn aber der unausweichliche Tod als Grenzsituation der gesellschaftlichen Wirklichkeit zu verstehen ist, wie ist dann ein willentlich herbeigeführter Tod, der Suizid, in die Wirklichkeit der Alltagswelt zu integrieren?

---

[246] Heitmeyer/ Olk bezeichnen diese Familienform als die „kindzentrierte Familie" (Heitmeyer/Olk 1990: 30).

3.1.5. Definition Suizid

Im Rahmen der Forschung zum Thema Suizid existieren verschiedene Bezeichnungen, denen gemein ist, dass sie beschreiben, dass jemand seinen Tod durch eigene Hand herbeiführt. Allerdings sind die jeweiligen Bedeutungsaspekte völlig unterschiedlich. Mehrheitlich finden die Begriffe „Selbstmord", „Suizid", „Freitod" und „Selbsttötung" Verwendung. Alle vier Termini beinhalten dieselbe Aussage, dass sich jemand selbst das Leben nimmt. Jedem dieser Begriffe werden jedoch Bedeutungen zugeschrieben, und mit jedem Begriff werden unterschiedliche Bilder und Vorstellungen assoziiert.

So ist die Bezeichnung des „Selbstmordes" mit dem Begriff „Mord" verknüpft, und wird damit mit einer von Gewalt geprägten und rechtlich sowie moralisch zu verurteilenden Tat in Verbindung gebracht. Juristisch ist dies abwegig, da sich beim Suizid Opfer und Täter in einer Person vereinigen. Daher wird in dieser Untersuchung von der Bezeichnung „Selbstmord" abgesehen, da durch diese bereits eine unsachgemäße Assoziation zur Bewertung des Suizids miteinfließen würde[247]. Vielmehr soll für die Untersuchung ein möglichst wertfreier, neutraler und sachgemäßer Begriff verwendet werden.

Auch der Ausdruck „Freitod" ist als Definitionsgrundlage im Rahmen dieser Analyse nicht geeignet, da dieser unbewusst positive Assoziationen auslöst. So wird dieser unausweichlich mit Vorstellungen und Gedanken von Freiheit und Selbstbestimmung verbunden. „Als Todesart aber ist der Freitod frei noch im Schraubstock der Zwänge; kein Karzinom frisst mich auf, kein Infarkt befällt mich, keine Urämiekrise benimmt mir den Atem. *Ich* bin es, der Hand an sich legt, der da stirbt, nach Einnahme der Barbiturate, *von der Hand in den Mund"* (Améry 1993: 13).

Da allerdings nicht davon ausgegangen werden kann, dass der Entschluss sich zu töten, grundsätzlich als eine freie Entscheidung des Suizidenten zu verstehen ist, sondern auf eine persönliche Zwangslage eines Menschen zurückzuführen ist, in der die Selbsttötung als die letzte Möglichkeit zur Bewältigung der Krise dient, trifft der Suizident die Entscheidung keineswegs aus freien Stücken. „Wenn sich dieser Ausweg aber als einzig mögliche Lösung aufdrängt, kann weder von einer freien Wahl, noch von „Freiwilligkeit" die Rede sein" (Haenel 1989: 4). Somit ist der Suizid als Ausweg aus einer als krisenhaft empfundenen Situation zu verstehen, die der Suizident durch die Selbsttötung zu überwinden sucht. „Das suizidale Verhalten ist die Antwort auf ein *Problem.* Unter diesem

---

[247] Der Sachverhalt der Selbsttötung wird bei einer Verwendung der Bezeichnung „Selbstmord" mit einem negativen, konnotativen Bedeutungsaspekt besetzt. Der konnotative Bedeutungsaspekt ist das „assoziative, u.U. emotional wirkende Flair, das mit der Verwendung des Wortes verknüpft ist" (Klein 1991: 50).

Begriff verstehe ich die Gesamtheit einer Situation, die das Subjekt zwingt, Stellung zu beziehen und einen Ausweg zu finden" (Baechler 1981: 22). Die Bezeichnung „Selbsttötung" soll im Rahmen dieser Analyse nur am Rande Verwendung finden. So beschreibt diese zwar eindeutig und unprätentiös den Akt, bleibt damit aber auch gleichzeitig bei dem Verständnis des Suizids als dem einer konkreten Handlung stehen. Der Suizid beinhaltet hingegen mehr das Verhalten einer Person als eine einzige Handlung. Denn die Tötung wird oftmals als Mittel zum Zweck gewählt: Zwar ist die Tötung vom Suizidenten gewollt, doch ist das eigentliche Ziel nicht die Tötung an sich, sondern die Abkehr und Lösungsstrategie aus einer für den Suizidenten als ausweglos empfundenen Situation. Bei einem Suizid führt der Suizident natürlich in letzter Konsequenz die eigene Tötung herbei, doch ist diese Handlung als das letzte Glied in einer Reihe von Verhaltensweisen zur Bewältigung von Konflikten zu sehen[248]. Die Ursache für einen Suizid liegt damit weniger in einem Einzelereignis begründet, sondern resultiert vielmehr aus dem Produkt einer Vielzahl von Beweggründen, das sich aus den unterschiedlichen individuellen und strukturellen Problemlagen eines Menschen ergibt.

Da der Begriff des Suizids gegenüber anderen keine positiven oder negativen Konnotationen beinhaltet, erscheint dieser als Terminus einer Analyse angemessen[249] und soll wie folgt definiert werden: *„Suizid bezeichnet das Verhalten einer Person, die zur Überwindung einer existentiellen Krise[250] einen selbst herbeigeführten Anschlag auf das eigene Leben verübt"[251]*. Im Zusammenhang mit dieser Definition sollte auf den Unterschied zwischen Suizid und Suizidversuch eingegangen werden. So vertritt Baechler die Ansicht, dass das Verhalten und die Beweggründe im Falle eines Suizids und eines Suizidversuchs dieselben sind: „Die Unterscheidung zwischen (vollzogenem) *Selbstmord* und *Selbstmordversuch* (vom mißglücktem Selbstmord bis zur Geste und Drohung) hat nichts mit der Ernsthaftigkeit und Unernsthaftigkeit des

---

[248] So können auch die schleichende Selbstzerstörung eines Menschen durch Drogen oder aber psychosomatische Krankheiten wie die „Magersucht" als Verhaltensweisen von Personen verstanden werden, die ihre Probleme auf diesem Weg zu lösen bzw. zu verdrängen versuchen.

[249] Wenn in dieser Arbeit an einigen Stellen trotzdem der Begriff „Selbstmord" verwendet wird, ist er von der Verfasserin bewusst gewählt, um damit die *negative Bewertung* des Suizids seitens der Gesellschaft zu einer bestimmten Epoche zu unterstreichen.

[250] Mit dem Begriff „Krise" wird nach dem Verständnis der Verfasserin eine zumeist kurze Zeitspanne beschrieben, die allerdings aus einem Entwicklungsprozess hervorgeht, in dessen Verlauf ein Individuum auf eine Vielzahl an Problemen und Konflikten getroffen ist, die sich schließlich zu einer Krise zuspitzen und sich in dieser entladen (vgl. Döring 1997: 37). Die Verfasserin hält daher den Begriff der „Krise" gegenüber dem Begriff des „Problems" (Definition Baechlers) im Zusammenhang mit dem Suizid für angemessen.

[251] Ähnlich auch die Definition Baechlers 1981: „Selbstmord bezeichnet jedes Verhalten, das die Lösung eines existentiellen Problems in einem Anschlag auf das Leben des Subjekts sucht und findet" (22).

Subjekts zu tun. Ein suizidales Verhalten, welche Bedeutung ihm auch immer zukommen mag, ist *immer* ernsthaft, denn es verfolgt ein benennbares Ziel mit adäquaten Mitteln" (Baechler 1981: 26).

Welz (1994) hingegen unterscheidet nach Graden der Ernsthaftigkeit der suizidalen Intention. „Ganz unabhängig von den methodischen Problemen retrospektiver Datenerfassung scheint die Annahme eines strukturellen Unterschiedes zwischen den beiden Gruppen von Selbstmordversuchern und Selbstmördern nicht haltbar zu sein. Selbstmordversuche stellen nämlich keine einheitlichen Verhaltenssyndrome dar, sie weisen vielmehr ein breites Spektrum von Verhalten bezüglich Ernsthaftigkeit der suizidalen Intention und der physischen Gefährdung auf" (Welz 1994: 63). Haenel dagegen ist der Ansicht, dass es sich hierbei „grundsätzlich um verschiedene Phänomene handelt" (Haenel 1989: 35). Der Suizidversuch sei im Unterschied zum vollendeten Suizid ein „Alarmsignal" und ein „Appell" an die Umwelt (vgl. Haenel 1989: 39)[252].

Dieser Unterscheidung wird hier nicht gefolgt: Einerseits können auch Suizidversuche mit der Intention des Suizidenten verbunden sein, sich tatsächlich das Leben zu nehmen, sich also von diesem „abzuwenden". Andererseits ist der Suizid, wie bereits oben ausgeführt, als die Reaktion einer Person auf eine krisenhafte Situation zu verstehen, der zumeist eine langwierige Entwicklung vorausgeht. Und wer kann nach einem vollzogenem Suizid bewerten, inwiefern der Suizident nicht doch auch auf Hilfe gehofft hat? Sei es innerhalb der dem Suizid vorausgegangenen Entwicklung, sei es in der Situation selber?

Demnach wird in dieser Arbeit im Suizid und im Suizidversuch ein grundsätzlich gleiches Verhalten gesehen, das sich darin äußert, dass sich ein Individuum aufgrund von einer Häufung von Problemen, die es nicht auf anderem Wege zu bewältigen weiß, dazu entschließt, einen Anschlag auf das eigene Leben vorzunehmen, der tödlich enden kann. Der Unterschied zwischen Suizid und Suizidversuch liegt damit nicht im Verhalten des Suizidenten begründet, sondern beruht auf dem tödlichen oder nicht-tödlichen Ausgang seines Verhaltens. Ob ein suizidales Verhalten tatsächlich zu einer vollzogenen Tötung führt, ist daher vielmehr ein Ausdruck des „Willens". So kann der Wille eines Suizidenten, seinen tatsächlichen unwiderruflichen Tod herbeizuführen, unterschiedlich stark ausgeprägt sein. Suizidenten, die ihren Suizid derart planen, dass dieser zum Tod führen muss, die alle Eventualitäten beseitigen, die sie von der Vollendung des Suizids und dessen tödlichem Ausgang abhalten,

---

[252] „Der Suizidversuch hat also die Bedeutung eines *Zuwendungsverhaltens*, das im Gegensatz steht zum vollzogenem Suizid, dem ein *Abwendungsverhalten* zugrunde liegt", so Haenel (1989: 37).

138

kann ein unumstößlicher Wille attestiert werden, das eigene Leben beenden zu wollen. Demgegenüber können sich Personen suizidal verhalten, und sich gleichzeitig die Möglichkeit offenhalten, dass ihr Verhalten nicht tödlich endet, sie stattdessen vom Tode abgehalten werden.

Der Aspekt des Willens wirft allerdings die Frage auf, ob im Falle eines vollzogenen Suizids immer davon auszugehen ist, dass der Suizident in der Lage dazu war, eine willentlich bewusst herbeigeführte Entscheidung für die Selbsttötung zu treffen. Insbesondere wenn Suizid als ein Verhalten zur Überwindung einer existentiellen Krise definiert wird, dem zumeist eine lange Leidensgeschichte vorausgeht, ist zu fragen, inwiefern von einem Willen gesprochen werden kann. Bedeutet das, dass eine willentlich herbeigeführte Entscheidung dann vorauszusetzen ist, wenn sie selbstbestimmt und frei, also fern jeder gesellschaftlicher und krankhafter Zwänge, getroffen wird? Oder kann eine krisenhafte Situation auch selbstbestimmtes Verhalten ermöglichen? Ist eine existentielle Krise eine krankhafte Situation, die willentliches und selbstbestimmtes Verhalten ausschließt?

Diese Fragen stehen im Zusammenhang mit dem Verhältnis von suizidalem und abweichendem Verhalten, das nachfolgend thematisiert wird. Hierfür ist allerdings erkenntnisleitend, dass die Beweggründe dafür, den Suizid als ein abweichendes (und/oder krankhaftes?) Verhalten zu bewerten, offengelegt werden. Diese entwickeln sich aus dem kulturellen Wissensvorrat einer Gesellschaft, dem in einer Gesellschaft vorherrschenden Werte- und Normenkanon und dessen öffentlicher Meinung.

3.1.6. Der Einfluss traditioneller und kultureller Wissensbestände

Um Aussagen über die Akzeptanz des Suizids in der Gesellschaft treffen zu können, bedarf es der Analyse des kulturellen Wissensvorrates. Dieser beinhaltet unter anderem traditionelle, religiöse Werte, die sich in der Gesetzgebung und dessen Praxis in einer Gesellschaft niederschlagen. Anhand dieser kulturellen Inhalte kann nachvollzogen werden, wie sich die Meinungen und Einstellungen bezüglich des Suizids in einer Gesellschaft ausbilden und etablieren konnten. So ist die Bewertung des Suizids je nach kultureller Prägung durchaus unterschiedlich und reicht von der Verurteilung des Suizids als Verbrechen und Todsünde bis hin zu Einstellungen, in denen dem Suizidenten Bewunderung, Seelengröße und Mut für seine Entscheidung zugesprochen werden. Scharf verurteilt wurde der Suizid in der Vergangenheit innerhalb des christlichen Kulturraums von der katholischen Kirche. Zurückzuführen ist diese kompromisslose Haltung insbesondere auf das Werk von Augustinus „De civitate dei". Darin bezeichnete Augustinus den Suizid als einen Bruch des fünften Gebots und verwarf ihn als „verabscheuenswerte Schändlichkeit" (vgl. hierzu Kim 1993: 82 und Simson 1976: 31). „Er betonte, dass die Selbsttötung in jeder Situation ein Verstoß gegen das Gebot „Du sollst nicht töten" sei" (Haenel 1989: 150 f.).

Diese Einstellung fand ihren Niederschlag auf den Konzilen von Arles (452) und Orléans (533), die jeweils eine Erhöhung des kirchlichen Strafmaßes für Suizid beschlossen. Dass Selbstmord ein Verbrechen sei und daher wie Mord bestraft werden müsse, wurde seitens der Kirche 563 auf dem Konzil von Prag verabschiedet und im normativen Strafrecht der Kirche festgehalten. Demnach durfte einem Selbstmörder keine Ehrung durch ein Gedenken in der heiligen Messe zuteil werden und der Leichnam sollte ohne den Psalmgesang zu Grabe getragen werden (vgl. Durkheim 1997: 382).

Gleichzeitig wurde das Zivilrecht um Richtlinien zum Umgang mit einem Suizid ergänzt. Diese sahen auch eine materielle Bestrafung vor: Vor einem ordentlichen Gericht sollte der Leiche des Selbstmörders der Prozess gemacht werden. Die Konsequenzen hatten dann oft die Angehörigen des „Angeklagten" zu tragen, die ihr Erbe verloren und deren Eigentum beschlagnahmt werden konnte. Die Bestrafung des Suizidenten selbst sah vor, diesen öffentlich an den Füßen aufzuhängen, am Wegrand zu verscharren oder den Leichnam mit einem Stock durch die Straßen zu ziehen, was einerseits als Strafe des Selbstmörders und gleichzeitig als abschreckendes und präventives Beispiel für andere suizidale Personen anzusehen ist.

Auch heute hält das kanonische Recht noch fest, dass geistig klaren, vor ihrem Tod nicht reuigen Selbstmördern das christliche Begräbnis zu verweigern sei[253] (vgl. Simson 1976: 32), das Zivilrecht hingegen stellt den Suizid nicht mehr unter Strafe[254]. Allerdings scheint es heute üblich zu sein, dass auch ein

---

[253] So wird im kanonischen Recht festgehalten:
Can. 1184 — § 1. Das kirchliche Begräbnis ist zu verweigern, wenn sie nicht vor dem Tod irgendwelche Zeichen der Reue gegeben haben:
1° offenkundigen Apostaten, Häretikern und Schismatikern;
2° denjenigen, die sich aus Gründen, die der christlichen Glaubenslehre widersprechen, für die Feuerbestattung entschieden haben;
3° *anderen öffentlichen Sündern, denen das kirchliche Begräbnis nicht ohne öffentliches Ärgernis bei den Gläubigen gewährt werden kann.* (Dazu zählen dann auch die Suizidenten, Anm. der Verfasserin).
§ 2. Wenn irgendein Zweifel auf kommt, ist der Ortsordinarius zu befragen, dessen Entscheidung befolgt werden muß.
Can. 1185 — Dem vom kirchlichen Begräbnis Ausgeschlossenen muß auch jegliche Begräbnismesse verweigert werden. Die Hervorhebungen wurden von der Verfasserin vorgenommen.
[254] „Einem Christen ist es von kirchlicher Seite auch da noch verboten, wo das geltende Recht eines Landes die Sanktionen längst aufgehoben hat. *Das moralische Verbot des Selbstmords indessen befindet sich noch immer in fast unbestrittener allgemeiner Geltung zumindest in den Ländern*

Suizident wunschgemäß ein christliches Begräbnis erhalten kann, denn zumeist wird als Beweggrund für den Suizid die große Verzweiflung des Suizidenten angeführt, aus der die Unmöglichkeit einer geistig klaren und bewussten Entscheidung resultiere.

Auch im Islam ist der Suizid strengstens untersagt. So fordert der Koran die absolute Unterordnung des Menschen unter den göttlichen Willen. Allah allein wird die Macht zugesprochen, über Leben und Tod zu bestimmen. Sterben darf ein Mensch erst dann, wenn Allah dies entschieden hat. Der Suizid wird als Widerspruch zu den höchsten Glaubenswerten empfunden und als eine Tat verurteilt, die sich gegen Allah sowie gleichzeitig gegen die Gemeinschaft aller Gläubigen richtet. In diesem Zusammenhang wird auch das Selbstmordattentat als Gegensatz zur Lehre des Islam verstanden. Dieses wird als ein fundamentalistischer Akt militanter Islamisten verurteilt, die diesen durch eine eigene Interpretation des Korans religiös legitimieren.

Allerdings gibt es sowohl in der schiitischen als auch der sunnitischen Tradition des Islam den Märtyrertod, der aber nur mit der Zustimmung der Glaubensgemeinschaft als auch der religiösen Führer erfolgen darf. Die Anschläge von al-Quaida werden von den religiösen Führern und Gelehrten des Islam hingegen als Selbstmordattentate verurteilt und nicht als Märtyrertod gefeiert[255]. Die schiitische und sunnitische Märtyrertradition und die dieser Tradition inhärente Regel, dass ein Suizid durch die Ökonomie des Einverständnisses zu einem akzeptablen Verhalten wird, ähnelt dem Umgang des frühen hellenistischen Kulturraums mit Suizid.

Einen Suizid zu begehen stand hier nur dann unter Strafe, wenn der Staat keine Genehmigung dazu erteilt hatte. So sollte die suizidale Person ihre Absicht vor den „Rat der Sechshundert" bringen, und diesem die Beweggründe für den Suizid erläutern. Dieser entschied anschließend darüber, ob ein Suizid zu akzeptieren sei. Sprach er sich dafür aus, stellte der Suizid keinen Straftatbestand dar. Sowohl in der sunnitischen/schiitischen Tradition als auch innerhalb des überlieferten Rechts der griechisch-lateinischen Stadtstaaten wird ein Suizid also nur dann als illegal und unmoralisch verurteilt, wenn er ohne vorheriges Einverständnis des Kollektivs begangen wird. Hier werden zwei Entwicklungen deutlich:

---

europäisch-christlicher Tradition. Der Suizidär gilt als Versager, der dem Leben nicht gewachsen sei, er erscheint als Verlierer im Kampf um das Dasein, er wird behandelt als der flüchtige Feind des Lebens und nicht zuletzt eben auch als ein Verletzer moralischer Normen (die behandelt werden, als wären sie heute noch göttliche Gebote)" (Döring 1994: 239). Die hervorgehobene Aussage zitiert Döring nach den Worten von Wilhelm Kamlah: Medio Mortis, Stuttgart 1976: 14.

[255] Vgl. hierzu http://de.wikipedia.org/wiki/Selbstmordattentat. Zugriff am 10.11.2013

1. Das frühe hellenistische Rechtsverständnis bezüglich des Suizids war deutlich differenzierter als das der christlich-abendländischen Gesellschaft.
2. Die Ächtung des Suizids hat im Verlauf der Geschichte zugenommen. Wie ist das zu erklären? Gibt es einen Zusammenhang zwischen der Zunahme an Freiräumen und Rechten des Einzelnen gegenüber dem Staat und der Absage an den Suizid?

Auch Durkheim hält fest, dass die Ablehnung des Suizids umso stärker wird, „je mehr sich die Rechte des Individuum gegenüber dem Staat entwickeln" (Durkheim 1997: 390). So führt ein verstärkter Blick auf das Individuum in Abkopplung von staatlichen Zwängen, und der damit einhergehende Macht- und Autoritätsverlust des Staates zu einer verschärften Ächtung des Suizids, die in einem radikalen Suizidverbot gipfeln kann. Zu erklären ist diese gesteigerte Fokussierung auf den Einzelnen und dessen Bedürfnisse anhand der Schöpfungsgeschichte. Diese hebt die herausragende Stellung des Menschen innerhalb der Schöpfung hervor. So soll der Mensch „über die Fische des Meeres, über das Vieh, über die ganze Erde und über alle Kriechtiere auf dem Land herrschen" (Genesis 1, 26).

Gleichzeitig gewinnt der Wert des Individuums durch die christliche Lehre an Bedeutung. Hierzu erklären Nassehi/Weber: „Im NT schließlich (…) bekommt der einzelne Mensch den Stellenwert eines Individuums in des Begriffs eigenster Bedeutung: Er wird *unteilbar, einzigartig, unwiederholbar und von Gott unvergesslich.* (…) Durch die anthropozentrische Theonomie der jüdisch-christlichen Tradition erhält das Individuum durch seine Einzigartigkeit und sein einmaliges, dialogisches Verhältnis zu Gott einen bislang nie gekannten Eigenwert" (Nassehi/Weber 1989: 150). Folge des gesteigerten Eigenwertes ist die verstärkte Ablehnung des Suizids. Mit seiner Selbsttötung verletzt der Suizident nämlich einerseits das Gebot, dass Gott als derjenige anzusehen ist, der über Leben und Tod entscheidet, und erklärt andererseits mit der Entscheidung für den Tod das eigene Leben für wertlos.

Damit rührt der Suizident an ein gesellschaftliches Tabu: Anerkannt und gemeinschaftlich akzeptiert ist nämlich, dass das Leben jeder/s Einzelnen als einzigartig und wertvoll anzusehen ist. Ein Suizid stellt diese gesellschaftliche Maxime jedoch in Frage. Allerdings rief der Suizid nicht in allen Gesellschaften Ablehnung hervor. So gibt es in der konfuzianischen Tradition Werte, die dem des Lebens vorangestellt werden. Beispielsweise kommt der Rettung des eigenen Landes oder der Ehrfurcht vor dem eigenen Vater eine höhere Wertigkeit und Bedeutung zu als dem eigenen Leben. Daher führen diese Beweggründe sowie Motive wie Treue, Gerechtigkeit und Liebe zu einer Akzeptanzbereitschaft im Hinblick auf den Suizid (vgl. hierzu Kim 1993: 79). So wird in der konfuzianischen Ethik auch der Mensch erst durch die Erkenntnis zum „wahren" Menschen, dass das eigene Leben gegen die Verfolgung von Werten wie (Nächsten-) Liebe, Treue, Gerechtigkeit usw. als nichtig anzusehen ist.

Auch aus politischen Gründen erfuhren Suizide in der Vergangenheit positive Wertschätzung wie beispielsweise Suizide von Regimegegnern zur Zeit des Nationalsozialismus, die als Handlungen von Märtyrern in die Geschichte eingingen und Bewunderung auslösten[256]. Doch nicht nur politisch motivierte Suizide können Bewunderung hervorrufen, auch Suizide eines Idols oder Vorbilds können Anhänger dazu verleiten, auch Suizid zu begehen. Hier sei beispielsweise an den Suizid von Marilyn Monroe[257] erinnert, in dessen Folge sich eine Reihe von Fans entsprechend ihrem Idol das Leben nahmen[258] (sog. Werther-Effekt)[259].

Umstritten ist der Suizid auch innerhalb der philosophischen Schulen. So sprach sich Jean –Paul Sartre deutlich gegen den Suizid als ein zu akzeptierendes Verhalten und als vertretbare Lösungsstrategie für eine Krise aus: „Vergeblich würde man, um dieser Zwangsläufigkeit aus dem Wege zu gehen, seine Zuflucht zum Selbstmord nehmen. Der Selbstmord kann nicht als ein Lebensende angesehen werden, dessen eigene Grundlage ich wäre. Da er Akt des Lebens ist, verlangt er nämlich selbst nach einer Bedeutung, die nur die Zukunft ihm geben kann; aber da er der *letzte* meines Lebens ist, verweigert er sich diese Zukunft; demnach bleibt er völlig unbestimmt. (…) Der Selbstmord ist eine Absurdheit, der mein Leben im Absurden untergehen lässt" (Sartre 1979: 89).

Die Strategie der Selbsttötung zur Bewältigung einer Krise kann von dem Suizidenten nicht als richtig, falsch oder empfehlenswert beurteilt werden. Durch den Tod ist er nicht mehr in der Lage dazu, über sein Verhalten und dessen Sinn zu reflektieren. Insofern stellt der Suizid für Sartre eine Absurdität dar, eine Art Widersinn. Der Philosoph Wilhelm Kamlah[260] hingegen vertritt die Ansicht, dass die moralische Grundnorm des Rechts zu leben, „also für die Befriedigung seiner wahren Bedürfnisse zu sorgen", auch das Recht zu sterben beinhaltet, „d.h. die moralische Erlaubnis, sich aufgrund ruhiger und reiflicher Erwägung von einem überschwer gewordenem, nicht mehr erfüllten und nicht

---

[256] Beispielweise der Priester Maksymilian Kolbe, der sich in Auschwitz freiwillig an Stelle eines anderen zu derjenigen Gruppe meldete, die als Strafe für die Flucht eines Polen zum Hungertod im Bunker verurteilt wurde.

[257] Marilyn Monroe nahm sich 1962 mit 36 Jahren das Leben.

[258] Vgl. hierzu die Ausführungen von Stefanie Heliosch zum Werther-Effekt nach dem Suizid Marilyn Monroes in www. publikationen. ub.uni-frankfurt.de/5_2_Heliosch_Werther_final.pdf. Zugriff am 20.06.2014.

[259] Vgl. die Aussagen zum „Werther-Effekt" im Kapitel 3.1.10: Suizid als kommunikativer Akt.

[260] Wilhelm Kamlah selbst tötete sich am 24.September 1976 durch Suizid.

mehr wiederherstellbaren Lebens zu befreien, sofern diesen Rechten nicht Forderungen, die gleichfalls aus der moralischen Grundnorm hervorgehen, in zumutbarer Weise entgegenstehen" (Kamlah 1979: 223). Vertreter anderer philosophischer Schulen sind sich unklar darüber, ob man im Falle eines Suizids von „Mut" oder „Feigheit" sprechen soll (vgl. Bronisch 1995: 84). Diese Ambivalenz schlägt sich auch in den Einstellungen der Gegenwartsgesellschaft zum Suizid nieder.

3.1.7. Zwischen Selbstbestimmung und Lebensschutz

„Der Diskurs über Selbsttötung wird aus dem Diskurs über das „normale" Sterben meist ausgegliedert. Der Selbstmord wird als besonderes Ärgernis empfunden, als wunde Stelle gerade der modernen, siegesgewohnten Kultur, auch als nationale Schande, wenn die Suizidrate im Vergleich zu anderen Staaten der eigenen sozialen „Schicht" als überhöht angesehen wird" (Feldmann 2010: 176).

Das von Teilen der Bevölkerung als selbstverständlich empfundene moralische Verbot zum Suizid liegt in unserer Gesellschaft unter anderem in der christlich-abendländischen Tradition begründet. Selbst wenn den Thesen von Augustinus (vgl. vorangegangenes Kapitel) mit dem Argument widersprochen wird, das Gebot „Du sollst nicht töten" sei nicht auf den Suizid sondern ausschließlich auf die Tötung anderer Menschen bezogen, ist es als ein Grund- und Glaubenssatz der christlichen Lehre zu verstehen, dass der Mensch als eine Schöpfung Gottes nicht das Recht hat, an sich selbst Hand zu legen, und nur Gott das Recht hat, über Leben und Tod zu entscheiden. „Wir sind dann (im christlichen Glauben)[261] nicht ursprünglich und ausschließlich uns selbst verantwortlich und uns selbst gehörend, sondern wir haben uns vor dem zu verantworten, der uns geschaffen hat. Die Selbstvernichtung ist dann eine ungehörige Anmaßung, ein Aufstand des Menschen gegen seinen Schöpfer, ein Bruch mit der Schöpfungsordnung, ein Verbrechen, ein Mord" (Löwith 1979: 135).
Auch wenn der Einfluss der Kirche und die Bedeutung traditioneller religiöser Verbote und Gebote in der modernen Gesellschaft abnehmen, ist davon auszugehen, dass aufgrund der jahrtausendlangen Geltung des religiös begründeten Suizid-Verbotes sich dieses zu einem Bestandteil des gesellschaftlichen Wissensvorrates ausgebildet hat. Dementsprechend rekrutiert sich ein Diskurs über die Verwerflichkeit des Suizids heute noch aus dem gesellschaftlichen Wissen, dass der Suizid moralisch zu verurteilen sei, und

---

[261] Von der Verfasserin ergänzt.

diese Ablehnung beruht in letzter Konsequenz auf den Richtlinien christlicher Dogmatik. Diese Dogmatik ist eng mit einem weiteren gesellschaftlichen Diskurs über die Akzeptanz des Suizids verknüpft: So lässt sich auch die ethische Frage danach, ob in einer Gesellschaft, die sich selbst als Solidargemeinschaft versteht, eine Pflicht des Bürgers zur Selbsterhaltung sowie die Pflicht der Gemeinschaft zum Lebensschutz aller Bürger besteht, auf den christlichen Kodex von Nächstenliebe und daraus resultierenden sittlichen Handlungsnormen beziehen.

Auch Denis Diderot sieht in einem Suizid einen Bruch mit den sittlichen Handlungsnormen der Gesellschaft. Jeder Mensch knüpft Beziehungen zu verschiedenen anderen Personen (wie Freunden oder Partnern) auf freiwilliger Basis. Nach der Ansicht Diderots beinhaltet diese Beziehung damit die stillschweigende wechselseitige Verpflichtung für eine Aufrechterhaltung dieser zu sorgen[262]. „Folglich machen wir uns des Vertragsbruchs schuldig, wenn wir das eine oder andere der genannten Verhältnisse durch Selbstmord einseitig aufkündigen" (Denis Diderot, zit. von Decher 1999: 76). Hierzu konstatiert Baechler: „Die Argumente der Moralisten, die den Selbstmord verdammen, sind stets die gleichen: Das Leben ist kein Gut, über das der einzelne verfügen kann, es gehört Gott oder der Gemeinschaft. Für sie scheint außer Zweifel zu stehen, dass sich das Individuum nicht selbst gehört: Suizidenten sind üble Gesellen, die ihre Pflichten vergessen oder missachten" (Baechler 1981: 51).

Durkheim hingegen erklärt die Ablehnung des Suizids durch die Vorstellung der modernen Gesellschaft, dass die Person des Menschen als etwas Heiliges anzusehen sei, attestiert der Moderne, dass sich diese als nahezu letzte Maxime an eine „Verherrlichung" (Durkheim 1997: 395) der Person des Menschen klammere. Einher gehe dieser Kult mit einem weiteren wirksamen und scheinbar unumstößlichen Grundsatz unserer Gesellschaft, der besagt, dass das Leben per se als zentraler Wert[263] gelte, dieses also als wertvoll und damit schützenswert zu betrachten sei. Durch die Tötung der eigenen Person stellt der Suizident diese vermeintlich letzten kollektiven Wertmaßstäbe in Frage, die Verletzung der Gesellschaft wird daher umso größer sein. „Der Selbstmord wird also deswegen verurteilt, weil er mit dem Kult der Person des Menschen, auf dem alle unsere Moralgesetze aufbauen, nicht vereinbar ist" (Durkheim 1997: 391).

---

[262] Vgl. hierzu Ausführungen Diderots, zit. von Decher 1999: 74 ff.

[263] Harry M. Kuitert erklärt in diesem Zusammenhang: „Dass wir das Leben einen Wert nennen, ist eine reflektierte Bezeichnung: Man hat schon darüber nachgedacht und kommt zum dem Schluss, das Leben als Wert zu betrachten aufgrund der Tatsache, dass die meisten Menschen Leben spontan bejahen, wertvoll finden und spontan dagegen ankämpfen, ihres Lebens beraubt zu werden" (1986: 98).

Der hohe Eigenwert eines jeden Individuums ist auch in der deutschen Gesellschaft als universaler Grundsatz akzeptiert. So betont Artikel 1 des Grundgesetzes die Unantastbarkeit der Würde jeder/s Einzelnen und die damit verbundene Pflicht des Staates für die Achtung der Würde eines jeden Sorge zu tragen. Artikel 2 hält fest: „ (1) Jeder hat das Recht auf die freie Entfaltung seiner Persönlichkeit, soweit er nicht die Rechte anderer verletzt und nicht gegen die verfassungsgemäße Ordnung oder das Sittengesetz verstößt. (2) Jeder hat das Recht auf Leben und körperliche Unversehrtheit. Die Freiheit der Person ist unverletzlich. In diese Rechte darf nur aufgrund eines Gesetzes eingegriffen werden" (GG). Die Grundrechte zeigen deutlich die Bedeutung auf, die in der demokratischen Gegenwartsgesellschaft der Person des Menschen beigemessen wird.

Gleichzeitig stellt hier der Staat die Instanz dar, die die Verantwortung dafür trägt, diese Werte zu schützen und zu verteidigen. So sieht sich die Gesellschaft in der Moderne vor die Aufgabe gestellt, dem Einzelnen ein hohes Maß an Freiheit und Selbstverwirklichung zu sichern. Schobert stellt zum Postulat der Freiheit in der Moderne fest: „Das Postulat der Freiheit begründet ein von äußerem Zwang befreites Individuum, das in Entscheidungen (und oftmals auch in der Entscheidungsfindung) auf sich selbst gestellt ist und damit die Fähigkeit zur Selbstbestimmung und Selbstentscheidung hat. Dieses Postulat ermöglicht, vorausgesetzt, die rechtssoziologischen Rahmenbedingungen bieten die Gewähr dafür, dass ein Leben in eigener Verantwortung gelebt werden kann, es ermöglicht aber auch, dass jemand zur Verantwortung gezogen wird. Der emanzipatorische Freiheitsbegriff einer Freiheit *von* etwas steht oft dem Freiheitsbegriff einer Freiheit *wozu* gegenüber; beide Freiheitsbegriffe können sich befruchten, können sich aber auch unversöhnlich gegenüberstehen" (Schobert 1989: 144 f.). In diesem Sinne ist auch der Suizid als der freie Wille eines Individuums, das eigene Leben zu beenden, zu respektieren.

Diese Sichtweise ist auf einen emanzipatorischen Freiheitsbegriff[264] zurückzuführen, der darauf beruht, dass jeder Mensch selbst über sein Leben bestimmt und für sich selbst die Verantwortung trägt. Dieses emanzipatorische Verständnis von Freiheit basiert auf dem Bild vom mündigen, aufgeklärten Menschen, der zu einer Reflexion über das eigene Verhalten fähig ist sowie sich selbst und das bestehende Weltbild hinterfragt, und der die Fähigkeit zur

---

[264] Auer führt in diesem Zusammenhang aus: „…Gott hat den Menschen nicht willenlos in physiologisch-biologische Strukturen und Abläufe hineingestellt. Das Wesen des Menschen liegt in vernünftiger Freiheit. Wäre es dann vielleicht nicht doch Gottes und des Menschen würdiger, wenn wir unser Leben in einem höchsten Akt von Freiheit dem Schöpfer zurückgäben, anstatt die Befristung der Lebenszeit der Automatik eines biologischen Zerfallsprozesses zu überlassen?" (Auer 1976: 253).

Vernunft aufwendet, um gesellschaftliche Strukturen und soziale Normen und Werte in Frage zu stellen und womöglich aufzubrechen[265]. Diesem emanzipatorischen Freiheitsbegriff steht allerdings der normative Grundsatz der Gesellschaft entgegen, der besagt, dass die Freiheit des Einzelnen an der Freiheit der Anderen ende. In dem Moment nämlich, in dem Einzelne im Sinne des emanzipatorischen Freiheitsbegriffs ihre Sexualität, ihre Religion, ihre Triebe, ihre Wünsche und Sehnsüchte, ihre Phantasien derart ausleben, dass sie in das Leben der Anderen eingreifen, werden diese in der Freiheit der individuellen Gestaltung ihres persönlichen Lebens eingeschränkt, und sehen sich damit konfrontiert, auf diese Manipulation ihres Entwurfs persönlicher Freiheit reagieren zu müssen.

Gleichzeitig kann das Ausleben emanzipatorischer Freiheit aber auch vom gesellschaftlichen Kollektiv akzeptierte Normen und Werte in Frage stellen, deren Einhaltung als unumgänglich gelten, da sie zur Sicherung der gesellschaftlichen und sozialen Stabilität und Wirklichkeit beitragen und auf ihrer Grundlage die Freiheit aller gesichert werden soll. Wobei hier mit Bezug auf Schobert tatsächlich die Frage nach der Bedeutung dieser Art von Freiheit aufkommt, die an bestimmte, klar vorgegebene, gesellschaftliche Maßstäbe des Verhaltens und Handelns gebunden ist. Freiheit ist in diesem Sinne nicht als eine emanzipatorische Freiheit, als eine Freiheit *von* allen gesellschaftlichen Konventionen und Richtlinien zu verstehen, sondern als eine Freiheit *zur* Sicherung einer solidarischen Gemeinschaft, innerhalb der das Individuum sich selbst durch die (Wahl-) Freiheit gesellschaftlicher Optionen verwirklichen kann.

Dieses Konstrukt von Freiheit kann somit komplementär zur emanzipatorischen Freiheit als zivilisatorische oder solidarische Freiheit bezeichnet werden. Der Suizid stellt eine Gefahr für die zivilisatorische Freiheit dar, da der Suizident die Grenzen dieses Konstrukts von Freiheit durchbricht, indem er den allgemein anerkannten Werte- und Normenkanon dementiert, der das Leben und dessen Schutz zu einer nicht zu hinterfragenden „conditio humana" festlegt, und aus dem Wert des Lebens die Verpflichtung eines jeden Einzelnen ableitet, für sein

---

[265] Für Löwith ergibt sich aufgrund dieser spezifisch menschlichen Fähigkeit die Frage: „Wenn es zutrifft, dass der Mensch im Unterschied zum Tier Selbstbewusstsein und Wille ist und dass er überhaupt nur lebt, sofern er leben will, warum sollte er sich nicht auch das Leben nehmen dürfen, das er sich nicht selbst gegeben hat, das ihm zufällig zufiel, ob er es wollte oder nicht?" (Löwith 1979: 135). Diese Betrachtung von Freiheit soll hier nicht weiter vertieft werden, da es sich bei dieser mehr um einen philosophischen Diskurs denn einen soziologischen Diskurs handelt. Allerdings kann anhand dieser Frage Löwiths aufgezeigt werden, dass gerade der Suizid mehr als jedes andere Verhalten und Handeln eine „einzigartige" Option menschlichen Verhaltens darstellt. Allein der Mensch besitzt die Möglichkeit, sein Leben derart zu negieren, dass er es sich selbst nimmt.

Leben Sorge zu tragen und als soziales Wesen an der Solidargemeinschaft „Gesellschaft" teilzuhaben.

Ein Suizid jedoch stört diese stillschweigende Übereinkunft und gefährdet die gesellschaftliche Stabilität. „Die Gesellschaft ist verletzt, weil das Gefühl, auf dem heute ihre höchstgeachteten Morallehren beruhen, die fast das einzige Bindeglied zwischen ihren Angehörigen sind, beleidigt wurde, und weil es geschwächt würde, wenn eine solche Beleidigung in voller Freiheit geschehen könnte", so Durkheim (1997: 396). Infolgedessen wird der Suizident für die Gesellschaft zu einer Person, die sich ihrer Verantwortung und ihren Verpflichtungen gegenüber der Solidargemeinschaft entzieht. Hierzu erklärt Roellecke: „Der Tod ist nicht nur ein individuelles, sondern vor allem ein soziales Ereignis, das Leben ist nicht nur ein Rechtsgut des Individuums, sondern auch die Erwartung Dritter, weil der Mensch – wie das Bundesverfassungsgericht nicht müde wird zu betonen – nicht isoliertes Individuum, sondern gemeinschaftsbezogene Person ist. Dieser Sozialbezug, von dem und in dem jedes Individuum lebt – Stichwort: Anerkennung – kann nur als *wechselseitige* Verpflichtung gedacht und deshalb nicht einseitig aufgekündigt werden" (Roellecke 1976: 340).

Im Suizid manifestiert sich damit ein Wertedilemma: So erfordert ein solcher eine Abwägung zwischen dem Wert und kodifiziertem Recht auf Selbstbestimmung oder auch der emanzipatorischen Freiheit, die einen selbstbestimmten Tod miteinschließt, und dem auf Leben (-sschutz) bzw. der zivilisatorischen Freiheit, die von jedem eine Teilhabe an der Solidargemeinschaft einfordert. Diese Ambivalenz zeigt deutlich, dass der Suizid für die moderne Gesellschaft ein hochbrisantes Phänomen darstellt, das sich zerstörerisch auf die Grundfesten der Gesellschaft auswirken kann.

3.1.8.Zur Funktionalität der Krankheitsthese bei Suizid

Insbesondere die tief in der Gesellschaft verankerte moralische und ethische Diskreditierung des Suizids als auch die Furcht vor dessen Auswirkungen, die in einer Destabilisierung des gesellschaftlichen Systems gipfeln können, münden in gesellschaftlichen Strategien des Umgangs mit Suizid, die diesen als eine abweichende Form des Verhaltens etikettieren, um ihn zu einem Phänomen zu erklären, das nicht der Norm der sozialen Alltagswelt entspricht und auch nicht als deren Produkt zu verstehen ist. So gelingt es der Gesellschaft nicht die in dieser bestehenden Strukturen und Bedingungen als suizidauslösende Momente zu diagnostizieren, sondern nutzt im Gegensatz dazu den Suizid zur Bekräftigung des gesellschaftlichen Systems. Indem nämlich dem Suizid

Attribute wie abweichend und krankhaft zugeschrieben werden, wird dieser aus dem Repertoire normalen Verhaltens ausgeschlossen. Die Zuschreibung des Suizids als ein abweichendes Verhalten beruht auf einem gesellschaftlichen Definitionsprozess, dessen Grundlage die von einer Gesellschaft zu einer bestimmten Zeit akzeptierten Normen und Verhaltensmuster bilden. „Akzeptanz- und Akzeptabilitätsregeln bilden den Bezugrahmen dafür, was als Recht oder Unrecht, als gesund / krank, als typisch männlich oder typisch weiblich, als jung / alt, wahr / falsch, nützlich / unnütz, wichtig / unwichtig, gut / schlecht, fremd / vertraut, als fort- oder als rückschrittlich etc. angesehen und zumeist auch so behandelt wird" (Lucke 1995: 152).

Ein Suizid wird von der Gesellschaft als ein Verhalten bewertet, das die „Akzeptanz- und Akzeptabilitätskriterien" (ebd.) missachtet. In der Konsequenz muss ein solches Verhalten sanktioniert werden. Insbesondere die Befürworter der Theorie des „labeling approach" betonen, dass ein Verhalten erst durch gesellschaftliche Definition zu abweichendem Verhalten wird. Mit anderen Worten: Was als abweichend gilt, ist gesellschaftliche Verhandlungssache[266].

In diesem Sinne verletzt ein Suizid nicht nur die von den Mitgliedern der Gesellschaft akzeptierten Werte, Normen und Verhaltensmuster, sondern wird auch als ein Verhalten wahrgenommen, das der Norm des Gewohnten entgegensteht, infolgedessen Empörung auslöst und als abweichend verworfen wird. Nicht nur, dass ein Suizid den allgemein anerkannten Wert des Lebens und Lebensschutzes und den Grundsatz der Solidargemeinschaft in Frage stellt, gleichzeitig durchbricht der Suizident mit seiner Tat auch die von der Gesellschaft errichtete Skala der Angemessenheit des Todeszeitpunktes (vgl. Fuchs 1969: 96). „Die Tat rührt an ein Tabu. Die Selbsttötung irritiert den Menschen zutiefst in seinem natürlichen Lebenspragmatismus; sie bedroht die stillschweigende Übereinkunft, dass das Leben an sich wertvoll sei und nicht erlaubt, es vor der Zeit aufzugeben" (Bormuth 2008: 305).

Der vorherrschende Wunsch alt zu werden, das Ideal eines „guten, natürlichen Todes" sowie die tatsächliche hohe und weiter steigende Lebenserwartung des Menschen stehen dem suizidalen Verhalten als Richtlinien des Gewohnten, als gewohnheitsrechtliche Normen, konträr gegenüber. Diese gewohnheitsrechtlichen Gesetzmäßigkeiten werden von den Mitgliedern der Gesellschaft durch Zustimmung und Empörung verteidigt, und können als eine der Gesellschaft inhärente „strukturelle Akzeptanz" (Lucke 1995: 153)

---

[266] Dazu konstatiert Lamnek: „Sie (die Theorien des labeling approach, Anm. der Verf.) suchen nicht nach Ursachen, die vor dem Auftreten des abweichenden Verhaltens liegen, sondern die *Abweichung wird als Zuschreibungsprozess des Attributs der Devianz zu bestimmten Verhaltensweisen im Rahmen von Interaktionen verstanden"* (Lamnek 1990: 217).

bezeichnet werden. Ein Suizid stellt eine Gefährdung dieser strukturellen Akzeptanz dar und ruft daher eine Verurteilung hervor. „Was in einer Gesellschaft prämiert und was von ihr sanktioniert wird, was einem die Anerkennung vieler oder die Verachtung (potentiell) aller einbringt, wofür man Hohn und Spott erntet oder öffentliche Belobigungen erhält, kurz: was der Schelte oder des Applauses wert ist, entscheidet sich nicht nur nach Sitzordnungen und Mehrheitsverhältnissen im Parlament. Die Verteilung gesellschaftlicher *„goods"* und *„bads"* unterliegt auch den Steuerungsmedien und –mechanismen der hiermit in einigen groben Strichen skizzierten Einverständnis- und Empörungsökonomie und den Spielregeln der *„strukturellen Akzeptanz"* (Lucke 1995: 154).

Auch die Prinzipien Leistung, Produktivität und Machbarkeit zählen in unserer Gesellschaft zu den strukturell anerkannten Gesetzmäßigkeiten, und diese stehen ebenso in einem eindeutigen Gegensatz zum Suizid. So ergibt sich aus diesen Prinzipien die unausgesprochene Konsequenz, dass einerseits jeder am Wohle und Wohlstand der Gesellschaft teilhaben und gleichzeitig die Gesellschaft nicht belasten solle. Vom Einzelnen wird erwartet, sich auch bei Problemen und in Konflikt- sowie Krisensituationen souverän zu verhalten, sich keine Blöße zu geben, sondern für alle Probleme eigenständig eine Lösung zu finden, die nicht das gesellschaftliche Miteinander erschwert. „Es ist in unserer Gesellschaft außerordentlich schwer, um Hilfe zu bitten, wenn man daran denkt, wie leicht Hilfesuchende als „Schwächlinge" verachtet werden oder wenn man daran denkt, wie auch heute noch Menschen heimlich zum Psychotherapeuten schleichen, um nicht als krank oder hilfsbedürftig angesehen zu werden. (…) In unserer Gesellschaft gilt der als gut und als Vorbild, der mit seinen Problemen selbst fertig wird" (Ringel/Sonneck 1976: 111f.).

Dies hat auch im Zusammenhang mit dem Suizid die abschätzige Beurteilung zur Folge, dass sich ein Suizident seinen Problemen nicht stellt, sondern er sich diesen durch einen Suizid entzieht, der Suizid damit als das Eingeständnis von Unfähigkeit empfunden wird und gesellschaftliche Missbilligung hervorruft. „Dieser Mensch kann von zwei Auswegen, die er sieht, nur einen einschlagen: entweder seinen Leiden lebend standzuhalten oder sich der Fähigkeit, sie zu empfinden, zu berauben, indem er sich auslöscht. Sich auszulöschen erscheint ihm als der einfachere Ausweg, und deshalb wählt er ihn. Ist ein solcher Mensch etwa keine Memme?" (Casanova 1994: 73).

Um die vermeintliche Unfähigkeit des Suizidenten nicht auf eine fehlerhafte Konstitution von Gesellschaft beziehen zu müssen, die eine Destabilisierung des gesellschaftlichen Systems bewirken könnte, wird das suizidale Verhalten oftmals im Kontext eines psychiatrischen Krankheitsbildes gesehen. Somit wird der Suizid zu einer krankhaften Verhaltensweise erklärt, die auf eine Störung, eine Abweichung in der Persönlichkeit des Einzelnen zurückzuführen ist. Mit der Krankheitsthese wird dem Suizidenten die „emanzipatorische Freiheit" entzogen, eine bewusste und selbstverantwortliche Entscheidung treffen zu können. Fletcher führt zum Zusammenhang zwischen Suizid und (Geistes-) Krankheit aus: „Der Selbstmord aus Anomie oder aus Normverachtung wie z.b. in den Fällen, wo er aus Ichstärke oder aus Loyalitätsgründen geschieht, kann rational wohl begründet und überlegt sein, oder auch nicht. Selbstmorde jeder Art, in jeder beliebigen Typologie können klug oder auch unsinnig sein. An diesem Punkt vielleicht sollten wir entschlossen der weitverbreiteten Annahme entgegentreten, dass *Selbstmörder kranke Menschen sind, die den Verstand verloren haben*" (Fletcher 1976: 240)[267]. Pohlmeier erklärt sogar, dass „die klinische Diagnostik dem Diktat der ökonomischen und gesellschaftspolitischen Interessen folge" (Pohlmeier, zit. nach Bormuth 2008: 281). Und im Sinne der klinischen Diagnostik folgt auf einen misslungenen Suizid, also einen Versuch zum Suizid, die Einweisung in die geschlossene Abteilung einer psychiatrischen Klinik.

Dem Suizidenten wird die Freiheit abgesprochen, selbstbestimmt über sein Leben zu entscheiden. Er unterliegt der permanenten Medikalisierung, Beobachtung und Kontrolle, deren Rechtfertigung im Schutz des Lebens des Einzelnen liegt (wohl aber auch in dem Schutz der gesellschaftlichen Stabilität). So befindet sich der Suizident in der Obhut einer totalen Organisation, die ihr Handeln auf dem Prinzip der Fürsorge und des Lebensschutzes begründet, gleichzeitig dem Individuum die Fähigkeit zu der Entscheidung abspricht, ob es dieses Handeln überhaupt befürwortet. Die von der Gesellschaft autorisierten Mediziner haben die Entscheidungsmacht über das Leben und den Willen des Einzelnen übernommen, um ihn so wieder zu einem funktionierenden Teil der Gesellschaft zu machen[268]. Über das psychiatrisch-medizinische Eingreifen wird der Suizid als Folge von Geisteskrankheit etikettiert und damit das gesellschaftliche System und dessen Normenkanon aufrechterhalten und beschützt. Gleichzeitig wird die Kontrolle über das abweichende Gesellschaftsmitglied (wieder-) hergestellt. Im Sinne Leists liegt der eigentliche Grund für die Missbilligung und Verurteilung des Suizids nämlich nicht darin, dass „ein Selbstmörder dem Staat Nutzen, sondern dass er ihm Macht entzieht.

---

[267] Gegen die Krankheitsthese auch Flew 1976: 99 sowie Pohlmeier 1978: 17.

[268] Foucault führt in diesem Zusammenhang aus: „Unsere Gesellschaft ist nicht eine des Schauspiels, sondern eine Gesellschaft der Überwachung. Unter der Oberfläche der Bilder werden in der Tiefe die Körper eingeschlossen. Hinter der großen Abstraktion des Tausches vollzieht sich die minutiöse und konkrete Dressur der nutzbaren Kräfte. (…) Die schöne Totalität des Individuums wird von unserer Gesellschaftsordnung nicht verstümmelt, unterdrückt, entstellt; vielmehr wird das Individuum darin dank einer Taktik der Kräfte und der Körper sorgfältig fabriziert" (Foucault 1994: 278 f.).

Er verletzt den Herrschaftsanspruch des Staates noch schwerer als die Verbrecher, da er ihm sogar noch die Möglichkeit zur Vergeltung nimmt" (Leist 1990: 405).

Allerdings sollte trotz der Ablehnung der These, dass bei einem Suizid generell eine Geisteskrankheit zu attestieren ist, die das Treffen selbstverantwortlicher und bewusster Entscheidungen ausschließt, festgehalten werden, dass sich derjenige, der einen Suizid begeht, zumeist in einer Krise befindet, die er als unerträglich empfindet und deren einziger Ausweg im Suizid gesehen wird. Ringel geht davon aus, dass sich eine suizidale Person in einer Situation befinden muss, die sich durch eine Einengung der zwischenmenschlichen Beziehungen, also durch Einsamkeit und Isolation, auszeichnet, und dass sich in dieser Person Aggressionen aufgestaut haben, die zu einer Gewalt gegen sich selbst bis hin zu einem Suizid führen (vgl. Ringel/Sonneck 1994: 99 ff.). Die Ausführungen Ringels sind eigentlich einem medizinisch-psychiatrischen Erklärungsansatz für den Suizid zuzuordnen, können aber gerade auch im Sinne einer soziologischen Ursachenforschung interpretiert werden. Denn letztlich deutet die Erklärung Ringels auf eine desolate Struktur von Gesellschaft hin, die kein solidarisches Miteinander fördert, sondern vielmehr zu einer Vereinzelung und Vereinsamung der Individuen beiträgt.

Durkheim hat in diesem Zusammenhang von einem Selbstmord gesprochen, dessen Ursache in einer gesellschaftlichen Anomie, einer krisenhaften Entwicklung des gesellschaftlichen Systems, liegt. „Wenn auch die Bereitschaft zum Verzicht, die Vorliebe für den Fortschritt, die Neigung zur Vereinzelung in jeder Art von Gesellschaft ihren Platz haben, und sie nicht existieren können, ohne dass sie an bestimmten Stellen Selbstmorde erzeugen, so darf diese Eigenschaft eine bestimmte Stärke, die je nach dem Volk verschieden ist, nicht übersteigen", so Durkheim (1997: 433). Heitmeyer führt hinsichtlich der gegenwärtigen gesellschaftlichen Situation aus: „Auch Orientierungslosigkeit – als Ausdruck von Anomia – hinsichtlich der gesellschaftlichen Zustände, die empirisch nachweislich einen gewichtigen Indikator für *Gruppenbezogene Menschenfeindlichkeit* darstellt (…), hat nach einem Rückgang bis ins Jahr 2007 seit 2008 kontinuierlich zugenommen. 2010 stimmen 62 Prozent der Befragten der Aussage zu, heute sei alles derart in Unordnung, dass niemand mehr wisse, wo er eigentlich stehe" (Heitmeyer 2010: 19 f.).

Um die Ursachen für Suizide nicht in der Funktionsweise des gesellschaftlichen Systems suchen zu müssen, wird als eine weitere Strategie der Ablenkung die Schuld auf das unmittelbare Umfeld, die Familie und engsten Freunde, des Suizidenten projiziert.

3.1.9.Die doppelte Stigmatisierung der Angehörigen

Der Mensch besitzt im Gegensatz zum Tier die Handlungsmöglichkeit, sich bewusst das Leben zu nehmen. Gleichzeitig hat er einen ausgeprägten Überlebenswillen, der dazu führt, dass der Suizid als Ausnahme von der Regel anzusehen ist. Insofern steht der Suizid in absolutem Widerspruch zu der als selbstverständlich empfundenen Konstante menschlichen Überlebenswillens. Nicht nur deswegen, sondern auch aufgrund des hohen Eigenwertes, der jedem einzelnen Individuum in unserer Gesellschaft zuteil wird, sowie durch die unausgesprochene Verpflichtung an jedes Gesellschaftsmitglied, seinen Beitrag zur Solidargemeinschaft zu leisten, verstören Suizide die Gesellschaft zutiefst, da diese die als universell und natürlich angesehenen Gesetze des menschlichen (Zusammen-) Lebens durchbrechen[269].

Habermas erklärt die Bedeutung der unhinterfragten Selbstverständlichkeiten für die Gesellschaft wie folgt: „Bevor er (ein bestimmter Sachverhalt)[270] Situationsrelevanz erlangt, ist derselbe Umstand nur im Modus einer lebensweltlichen Selbstverständlichkeit gegeben, mit der der Betroffene intuitiv vertraut ist, ohne mit der Möglichkeit einer Problematisierung zu rechnen. (...) Aus der situationszugewandten Perspektive erscheint die Lebenswelt als ein Reservoir von Selbstverständlichkeiten oder unerschütterlichen Überzeugungen, welche die Kommunikationsteilnehmer für kooperative Deutungsprozesse benutzen" (Habermas 1997: 189). Nach einem Suizid sucht die Gesellschaft nach Erklärungen für dieses in ihren Augen nicht zu akzeptierende Verhalten. Dieses wird dann als Folge einer Geisteskrankheit[271] oder aber eines desolaten Umfeldes angesehen. Seitens der Gesellschaft werden Schuldzusammenhänge hergestellt, die dazu dienen, Distanz zu schaffen, um so einerseits keine Verantwortung an dem Suizid übernehmen zu müssen und gleichzeitig diesen zu einem Verhalten zu degradieren, das nur anderen Menschen widerfahren kann. Durch die Zuweisung von Schuld an die Hinterbliebenen eines Suizidenten kann die Gesellschaft eigene mögliche Zweifel verdrängen, der

---

[269] Hierzu führt Macho aus: „Zugehörigkeit zu einem bestimmten Sozialkörper hat einen *aktiven* und einen *passiven* Sinn. Einerseits muss ich über die Chance verfügen, an den durch meine Lebensform erschlossenen Handlungs- und Individualisierungspotentialen Anteil zu nehmen. (...) Andererseits bin ich aber auch in *passiver* Hinsicht zu einer Zugehörigkeitsdarstellung verpflichtet; ich muss für die anderen Organe des sozialen Körpers als lokalisierbares, identifizierbares, ansprechbares und motivierbares Subjekt figurieren. Diese Verpflichtung kann man sich ebenso wenig aussuchen wie die Handlungshorizonte der Lebensform, in die man geboren wurde; deshalb wird sie in der Regel auch nur bewusstseinsfähig *per viam negationis*: wenn sie verletzt wird, wenn die Zugehörigkeit eines bestimmten Individuums plötzlich fragwürdig zu erscheinen beginnt" (Macho 1987: 212).
[270] Anmerkung der Verfasserin.
[271] Vgl. hierzu die Ausführungen in Kapitel 3.1.8. Zur Funktionalität der Krankheitsthese bei Suizid.

Fürsorge für den Suizidenten in nicht ausreichendem Maß nachgekommen zu sein. „Das soziale Verantwortungsgefühl leistet Widerstand gegen Selbsttötung, das Scheitern von Mitmenschen erinnert an die eigene Unzulänglichkeit" (Diodà / Gomez 1999: 141). Und diese stellt einen eindeutigen Widerspruch zu den Maximen unserer Erfolgs- und Machbarkeitsgesellschaft dar.

So bestimmen Prinzipien von Leistung, Produktivität und Machbarkeit den gesellschaftlichen Diskurs[272], und der Suizident zeigt mit seinem Verhalten unweigerlich, dass der Mensch eben doch nicht in der Lage dazu ist, für jedes Problem eine Lösung zu finden, eben nicht alles machbar ist. Matussek stellt hierzu fest: „Der Selbstmörder ist wichtig: Weil er uns mit den Themen Scheitern, Versagen und Tod konfrontiert. Der Selbstmörder ist der Saboteur einer auf Glück geschminkten Fassadengesellschaft (...)" (Matussek 1992: 143). Die Schuld am Versagen wird den Hinterbliebenen zugesprochen, womit nicht nur die gesellschaftliche Verantwortung abgewehrt wird, sondern was auch in Konsequenz des Wunsches der Gesellschaft resultiert, sich nicht mit dem Thema Tod und Sterben auseinandersetzen zu wollen. „Außenstehende, die von einem Suizid erfahren, projizieren ihre Todesängste auf die Angehörigen und stigmatisieren sie auf der Suche nach einer plausiblen Erklärung. Die Stigmatisierung hilft ihnen, die Bedrohung des Todes von der eigenen Person abzuwenden" (Diodà / Gomez 1999: 40). Hier wird deutlich, dass mit der Zuweisung von Schuld Stigmatisierungsprozesse verbunden sind, Schuld immer einhergeht mit der Forderung nach Strafe oder Buße. So sind es im Falle eines Suizids die Hinterbliebenen, die die Sanktion zu tragen haben. „Ein zweiter Typ einer weisen Person ist das Individuum, das durch die Sozialstruktur mit einem stigmatisierten Individuum verbunden ist - eine Verbindung, die die größere Gesellschaft dazu führt, beide Individuen in gewisser Hinsicht als eins zu behandeln. So sind der loyale Ehegefährte des Geisteskranken, die Tochter des Strafentlassenen, die Eltern des Krüppels, der Freund des Blinden und die Familie des Henkers alle gezwungen, einen Teil der Diskreditierung der stigmatisierten Person zu teilen, mit der sie verbunden sind" (Goffman 1974: 42 f.).

Ein Suizident verletzt durch seine Tat die allgemeingültigen und unausgesprochenen Selbstverständlichkeiten der Gesellschaft und bedroht damit die gesellschaftliche Stabilität. Er weicht damit absolut von den gesellschaftlichen Erwartungen ab. Goffman führt hierzu aus: „Es (das Individuum)[273] hat ein Stigma, das heißt, es ist in unerwünschter Weise anders, als wir es antizipiert hatten. Uns und diejenigen, die von den jeweils in Frage

---

[272] Vgl. ebd..
[273] Von der Verfasserin ergänzt.

stehenden Erwartungen nicht negativ abweichen, werde ich die *Normalen* nennen" (1974: 13). Für Hinterbliebene hat der Suizid eines Familienmitglieds oftmals Sanktionen in Form von Ausgrenzung, öffentlichen Beschuldigungen und sozialer Isolation zur Folge.

Diese heftige Reaktion der Gesellschaft liegt darin begründet, dass ein Suizid zu einer „doppelten Stigmatisierung" führt. Nicht nur, dass die Hinterbliebenen als Mittäter stigmatisiert werden, denen die Verantwortung an dem Suizid mitanzulasten ist[274], gleichzeitig tragen sie durch ihre Rolle als Trauernde ein weiteres Stigma. Für die Hinterbliebenen bedeutet dies, dass sie nicht nur den selbstgewählten Tod des Angehörigen verarbeiten müssen, der außer Trauer auch noch zu einer großen Verunsicherung über ihren Eigenwert führen kann[275], sondern sie gleichzeitig wissen, dass Gefühle von Trauer oder Verzweiflung nicht bzw. nur in einem ganz klar begrenzten Rahmen im öffentlichen Raum gezeigt werden dürfen und kommunizierbar sind.

Traditionelle Trauerrituale wie das gemeinsame Klagen oder das gemeinschaftliche Beten des Rosenkranzes haben in unserer Gesellschaft ihren Stellenwert als kollektive Selbstverständlichkeiten im Umgang mit Tod und Trauer verloren. Dies wirkt sich auch insofern auf die Bewältigung der Verlusterfahrung aus, als dass dem gemeinsamen Trauervorgang eine wichtige, entlastende Funktion zukommt, da dieser zu einer Kommunikation und Auseinandersetzung über den Tod des Angehörigen führen kann. Van Gennep führt zur ethnologischen Bedeutung von Trauer- und Bestattungsriten aus: „Die Trauerzeit, in der ich früher bloß einen Komplex von Tabus und negativen Praktiken gesehen habe, durch den diejenigen, die der als konkret-stoffliche Qualität verstandene Tod in einen sakralen, unreinen Zustand versetzt hat, von der Gesellschaft isoliert zu werden, scheint mir jetzt ein viel komplexeres Phänomen zu sein. Sie ist für die Hinterbliebenen eine Umwandlungsphase, in die sie mit Hilfe von Trennungsriten eintreten und aus der sie mit Hilfe von an die Gesellschaft wieder angegliederten Reintegrationsriten (Riten, die die Trauerzeit aufheben) heraustreten" (van Gennep 1999: 143).

Der Verlust der kollektiven Trauerrituale in der modernen westlichen Welt hat hingegen für die Hinterbliebenen zur Folge, dass sie auf sich selbst oder nur

---

[274] Chris Paul führt dazu aus: „Wer sich selbst tötet, tut dies in Wirklichkeit gar nicht selbst, sondern wird von den Umständen, der Lieblosigkeit seiner Familie oder sonstigen Widrigkeiten getötet – so lautet eine gängige Interpretation" (2008: 87).

[275] Hierzu erklären Diodà / Gomez 1999: „Trauernde sind verunsichert über ihren eigenen Wert, weil sie glauben, dass sie dem Verstorbenen nur wenig bedeutet haben, wenn er fähig war, sie auf so grausame Weise zu verlassen. Daher stellen sie nicht nur die Beziehung, sondern auch die eigene Person in Frage" (57).

einige wenige Bezugspersonen gestellt sind[276]. Das Wissen der Hinterbliebenen darum, dass ein öffentliches Trauerverhalten in unserer Gesellschaft stigmatisiert wird, das öffentliche Zeigen von Trauer als „peinlich" und „unangenehm" wahrgenommen und bewertet wird, führt dazu, dass diese sich permanent dazu zwingen, ihre Affekte zu kontrollieren und sich so normal wie möglich zu verhalten. „Mit großer Disziplin wird ein geregelter Alltag aufrechterhalten, werden Familien versorgt, berufliche Aufgaben gemeistert, normale soziale Kontakte gepflegt. Dahinter steht oft eine maßlose Verzweiflung und Zerrissenheit, die um keinen Preis an die Oberfläche dringen darf. (…) Nach einem Tod eines nahen Menschen (…) verändert sich auch das Verhalten der Nachbarn, Arbeitskollegen, Freunde und Familienmitglieder. Viele Menschen reagieren heute hilflos auf Trauernde und sagen lieber nichts, aus Angst, etwas Falsches zu sagen. Nach einem Suizid können Neugier und Vorurteile dazukommen, Angehörige nach einem Suizid empfinden sich oft als gebrandmarkt und als Außenseiter, denen „so etwas" zugestoßen ist. Die Tabuisierung des Suizids überträgt sich leicht auf die überlebenden Angehörigen und Freunde. Mitten in der schwersten Zeit ihres Lebens müssen viele Angehörige erleben, dass Freunde und Bekannte sich sprachlos zurückziehen oder sie sogar verdächtigen, den Suizid in irgendeiner Form verschuldet zu haben" (Paul 2008: 23 ff.)[277].

Daher wird den Hinterbliebenen abverlangt, sich in der Öffentlichkeit gefasst zu präsentieren, um dieser Unannehmlichkeiten zu ersparen. Eine Fassade scheinbarer Normalität wird errichtet hinter der Gefühle von Verzweiflung, Trauer, Isolation, Einsamkeit, Angst und Schuld toben[278]. Die Zurschaustellung „perfekter" Gefasstheit und die Wahrung scheinbarer Normalität werden auch offenkundig an der aufgeweichten Norm des Tragens von schwarzer Trauerkleidung. Auch heute ziehen Hinterbliebene bei einer Bestattung zumeist

---

[276] Hierzu führt Baechler aus: „Die Wahrscheinlichkeit ist groß, dass die Trauerarbeit sehr viel schwieriger und langwieriger ist, wenn die ganze Bürde des Schmerzes der Privatperson überlassen bleibt" (Baechler 1981: 88).

[277] Elias beschreibt den Umgang unserer Gesellschaft mit öffentlichen Gefühlsbekundungen wie folgt: „Diese Wortkargheit, der Mangel an Spontaneität beim Ausdruck des Mitgefühls in Krisensituationen anderer Menschen, beschränkt sich nicht auf die Gegenwart eines Sterbenden oder etwa auch eines Trauernden. Sie zeigt sich auf unserer Stufe des Zivilisationsprozesses bei vielen Gelegenheiten, die den Ausdruck einer starken emotionalen Anteilnahme ohne Verlust der Selbstkontrolle verlangen" (Elias 1995: 39).

[278] Paul führt hierzu aus: „In einer Gesellschaft, die großen Wert auf Selbstbeherrschung, Kontrolle und Sicherheit legt, kostet es die Einzelnen viel Überwindung, die empfundene Unbeherrschtheit, Verunsicherung und Unkontrolliertheit nach außen zu bringen. Gerade Trauernde, die sich bereits wegen der Todesursache Suizid gegen Vorurteile wehren müssen, versuchen ihre Trauer möglichst „perfekt" zu gestalten. Sie empfinden schon so viel Scham und Schuld durch die Art des Todes, dass sie in ihrer Reaktion darauf nicht noch zusätzlich beschämende und abwertende Urteile provozieren wollen" (Paul 2008: 58).

schwarze Kleidung an, doch im Gegensatz zu früher[279] ist dies keine Gesetzmäßigkeit mehr und wird daher auch bei Nichtbeachtung nicht sanktioniert. Vielmehr kann heute jeder selbst über die Angemessenheit der Kleidung und deren Farbe bei einer Bestattung entscheiden.

Dass sich Hinterbliebene gegen das Tragen von schwarzer Kleidung entscheiden oder aber sie diese während der Bestattung tragen und im Anschluss daran ablegen, deutet auf den Wunsch der Hinterbliebenen nach Normalität hin, hinter dem sich gleichzeitig die Angst vor Ausgrenzung verbirgt. „Der Status des Trauernden gibt in mannigfacher Weise eine Isolierung aus der Welt der Lebenden und eine Annäherung an den Status des Toten vor. Schon die schwarze Kleidung isoliert und schränkt in der Öffentlichkeit wenigstens den Bereich gewohnter Verhaltensweisen ganz entscheidend ein", so auch Fuchs (1969: 150). Durch den Verzicht auf schwarze Kleidung bemühen sich die Hinterbliebenen darum, der Normalität ihrer Alltagswelt zu entsprechen, die Fassung zu wahren und ihre Affekte zu kontrollieren. Goffman führt hierzu aus: „Eine Strategie (zur Aufrechterhaltung von Normalität)[280] ist augenfällig die, Zeichen, die Stigma-Symbole geworden sind, zu verstecken oder zu verwischen" (Goffman 1974: 117).

Die moderne Gesellschaft sieht in der ungezügelten Auslebung von Affekten eine Gefährdung für die Normalität und Stabilität der gesellschaftlichen Ordnung. Insbesondere starke, negative Gefühle wie die Trauer werden als Risikofaktoren für ein System angesehen, welches darauf basiert, dass jeder Mensch zu jeder Zeit als Teil der Gesellschaft zu funktionieren hat und seinen Beitrag zum Fortbestand dieser zu leisten hat. Letztlich führt dann gerade dieses Prinzip dazu, dass Trauer nur noch im privaten Raum und in individueller Art und Weise ausgelebt und bewältigt werden kann. Trauernde wissen um diese gesellschaftliche Schmerzgrenze und bemühen sich darum, die anerkannte Norm zur Affektkontrolle zu erfüllen. Inwiefern allerdings unter diesen gesellschaftlichen Bedingungen eine „konstruktive" Trauerbewältigung überhaupt möglich ist, sei dahingestellt.

Wie ist aber mit Bezug auf die getroffenen Aussagen zu erklären, dass Themen wie Tod, Suizid, Trauer und Bestattung in den Medien, insbesondere in der Unterhaltungsbranche, eine Karriere wie kaum ein anderes Ereignis gemacht haben? So erklärt Christine Mielke den Tod zum „Hauptmotiv aller Episoden in Seifenopfererzählungen" (Mielke 2010: 79). Steht diese Aussage nicht in einem krassen Widerspruch zu der These, dass Tod, Suizid und Trauer in unserer

---

[279] Bacque erklärt hierzu: „Widersetzte eine Frau sich der Kleiderordnung, beeinträchtige dies ihr Ansehen in der Gemeinde. Verweigerte sie gar die Trauerkleidung, wurde sie als „schamlos" gegeißelt, und Schande kam über sie und ihre ganze Familie" (1996: 37 f.).
[280] Von der Verfasserin ergänzt.

Gesellschaft ausgegrenzt und verdrängt werden, und dass keine intersubjektive Kommunikation über diese stattfindet?

3.1.10. Suizid als kommunikativer Akt

Nicht nur dass ein Suizid in der medialen Unterhaltungsbranche als beliebtes Serienmotiv verwendet wird, vielmehr taucht dieses Thema auch immer wieder in Fernsehdokumentationen auf, die sich einerseits darum bemühen, auf die Frage nach dem „Warum?" eine Antwort zu geben, und die gleichzeitig die Schuldgefühle der Hinterbliebenen problematisieren. Das Thema Suizid scheint in den Medien weit von einer Tabuisierung entfernt zu sein. Denn beinahe tagtäglich berichten diese über Suizide, über Selbstmordanschläge, über politisch oder religiös motivierte Selbstmorde. In den Seifenopern (vgl. Kap. 3) wird der Tod medial inszeniert und avanciert zu einem Höhepunkt der Fernsehserie. Mielke führt hierzu aus: „Denn schließlich soll der Tod die Serie nicht beenden, sondern er wird eingebunden in die Wellenbewegung der zyklischen Motivwiederkehr und er steht deshalb in völliger Opposition zum „anti-kapitalistischen Problem Tod" in der Realität. In den Seifenopern steht er stattdessen für die Relativierung des singulären und individuellen Sterbens, denn jede Serienfigur stellt ein ersetzbares Stereotyp dar, und für eine auf unendliches Wachstum ausgerichtete Haltung" (2010: 81).

Ein Suizid bietet im Vergleich zum „normalen Tod" noch weitere Themenfelder an, die erfolgversprechend in Szene gesetzt werden können. Hier sind insbesondere die Schuldzuschreibungen der Hinterbliebenen an sich selbst oder diejenigen des Umfeldes Themen, deren Inszenierung sich großer Beliebtheit erfreut. Doch ist dies gleichzusetzen mit einer konstruktiven Kommunikation und Auseinandersetzung mit den Themen Tod und Suizid? Oder deutet diese Themenkarriere nicht gerade darauf hin, dass hier ein Bereich menschlichen Lebens aufgegriffen wird, über den in der Öffentlichkeit kaum gesprochen wird, sondern der vielmehr tabuisiert wird? Und birgt diese mediale Inszenierung des Suizids statt einer fruchtbaren Kommunikation nicht vielmehr die Gefahr einer erfolgreichen Distanzierung? Führen denn das Betrachten und die Zurschaustellung der dargestellten Trauer und des Umgangs mit dem Komplex der Schuld in den Medien tatsächlich dazu, dass im Falle eines realen Todesfalls oder eines Suizids eine konstruktive Kommunikation und Bewältigung ermöglicht bzw. erleichtert wird?

Der Tod als Ereignis in der medialen Realität verursacht beim Zuschauer vor dem Bildschirm Gefühle von Mitleid, Trauer, vielleicht von Wut oder auch Angst. Empathisch versetzt sich dieser in die medial erzeugte Person hinein und leidet mit dieser mit. Dem Einzelnen wird hier die Chance geboten, sich und seine Affekte zu spüren, für einen kurzen Moment innezuhalten von der Rolle eines affektkontrollierten Funktionsträgers des gesellschaftlichen Systems. Das wahrlich Grandiose ist jetzt allerdings, dass die Einzelnen jederzeit die Möglichkeit haben, wieder auszusteigen und umzuschalten. Denn es ist nicht ihr Film, der da gespielt wird, nicht ihr „Theater", um das es geht. So können sich die Einzelnen für eine selbstbestimmt gewählte Zeitspanne diesen Gefühlen hingeben, wissen aber gleichzeitig, dass sie jederzeit das Programm wechseln können. Hißnauer führt im Hinblick auf die Thematisierung des Suizids in Fernsehdokumentationen aus: „Die Selbstmorde bleiben für die Zuschauer unerklärlich, oder sie werden mit von der Umwelt nicht wahrgenommenen Depressionen begründet. (…) Die Filme bleiben hier sehr oberflächlich. (…) Die Zuschauer werden im Prinzip genauso rat- und hilflos zurückgelassen. Man kann sich für kurze Zeit von zwei, drei Schicksalen berühren lassen und schaltet um zu WER WIRD MILLIONÄR" (2010: 103). Eine intersubjektive Kommunikation, ein Akt gemeinsamer Bewältigung unterbleibt vollständig. Die mediale Inszenierung schafft zwar Mit-Leid, dieses erfolgt aber auf der Grundlage einer eindeutigen Distanzierung, einem klaren Wissen darum, dass das Gezeigte erzeugt ist und nicht der eigenen Biografie entspricht.

In diesem Sinne erfüllen die Themen Tod und Suizid vielleicht sogar noch mehr als die Sexualität die Funktion, die voyeuristische Lust des Zuschauers an der unkontrollierten Auslebung der Gefühle anderer zu befriedigen[281]. Der Suizid wird zu einem Ereignis des Anderen. Zu einem Ereignis, das man nicht thematisieren muss, weil es anderen widerfährt. Zu einem Ereignis, über das man schweigen sollte, da mit diesem Fragen von Schuld und Verantwortung berührt werden. Zu einem Ereignis, das irgendwie peinlich ist, das in irgendeiner Art und Weise auf ein Versagen hindeutet. Ein Ereignis, das Schmerzgrenzen berührt, das Scham weckt, das ausgeschlossen wird als Ereignis des eigenen Erfahrungsbereichs.

Wie aber ist in diesem Zusammenhang der gesellschaftliche Umgang mit dem Suizid des ehemaligen Keepers der deutschen Nationalmannschaft zu werten? Wie lässt sich vor dem Hintergrund der obigen Ausführungen erklären, dass 2009 40.000 Menschen gemeinsam um Robert Enke trauerten und die Trauerfreier von fünf Fernsehprogrammen übertragen wurde? Deutet der Umgang mit dem Suizid Enkes nicht doch auf einen gesellschaftlichen Wandel hin? Alexander Schwabe kommentierte 2009 den Suizid Enkes in der Zeit

---

[281] Dies wird beispielsweise auch an der Art und Weise deutlich, wie teilweise in Boulevardzeitungen über einen Suizid berichtet wird, wie im Express vom 9.05.2007, der mit der Selbstenthauptung eines Mannes aufmachte und die Überschrift formulierte: „So starb der Vater-Killer. Ein Zeitschalter startete die Säge" (zit. nach Christian Schütte 2010: 241 ff.).

Online mit den Worten: „Tod eines Helden. Einer der besten Torhüter Deutschlands ist gestorben"[282]. Diese Überschrift verdeutlicht folgendes: In der Wahrnehmung des Autors war Robert Enke kein „Otto-Normalbürger". Als Torwart der deutschen Nationalmannschaft stellte er eine Person des öffentlichen Interesses dar und vertrat zudem die beliebteste Sportart der Deutschen. Die Stilisierung Enkes als „Held" führt dazu, dass er als unerreichbar erscheint. Helden können zwar als Vorbilder oder Meinungsführer dienen, werden aber nicht als „Menschen wie wir" wahrgenommen. Helden sind anders, ihnen widerfahren andere Dinge, sie leben in einer anderen Welt, einer Welt, die nicht der Alltagswelt entspricht. Eine gewisse Zeit lang war der Suizid Enkes der Aufmacher der medialen Bühne, und hat gesellschaftspolitisch eine Diskussion um den enormen Druck, der innerhalb des Profisports auf den Sportlern lastet, ausgelöst. Gleichzeitig wurde eine weitere Grauzone ins Licht des öffentlichen Interesses gerückt: nämlich der Bereich psychischer und psychosomatischer Krankheiten bei Männern, und hier insbesondere der der Depression[283]. Insofern lässt sich im Zusammenhang mit dem Suizid Enkes feststellen, dass für eine bestimmte Zeitspanne Themen auf der gesellschaftlichen Agenda standen und innerhalb der breiten Öffentlichkeit diskutiert wurden, mit denen sich normalerweise hinter verschlossenen Türen auseinandergesetzt wird. Allerdings scheint diese Auseinandersetzung noch kein Umdenken innerhalb des Leistungssports bewirkt zu haben. So zitiert beispielsweise Focus Online 2013 den Geschäftsführer des Handball-Bundesligisten HSV Hamburg Frank Rost (40) mit den Worten: „Gemessen an

---

[282] Überschrift eines Kommentars von Alexander Schwabe aus Zeit Online vom 11. November 2011, Internetseite http://www.zeit.de/sport/2009-11/kommentar-tod-enke. Zugriff am 10.3.2014.

[283] Zum Zusammenhang zwischen der Depression als Grauzone im Zusammenhang mit Krankheiten von Männern sei hier nur kurz ausgeführt: So wie Männern und Frauen bestimmte Eigenschaften zugeschrieben werden, vgl. hierzu auch Kapitel I.1.4.1. Die Geschlechterverhältnisse in der Berichterstattung über Sport durch die Medien, werden auch gewisse (psychische oder psychosomatische) Krankheitsbilder den Geschlechtern zugewiesen. Beispielsweise wird die Depression, die mit einem Rückzug, einer gesellschaftlichen Isolation des Individuums einhergeht, und die beinhaltet, dass sich der/die Betroffene von der Umwelt abwendet und nicht (mehr) in der Lage dazu ist, eigenständig Strategien für eine ihr/ihm ausweglose Situation zu finden, Frauen zugeschrieben. Mit männlichen stereotypischen Eigenschaften wie (leistungs-)stark, lösungsorientiert, durchsetzungsfähig usw. ist eine Depression nicht in Einklang zu bringen. Dieses Spannungsverhältnis wird im Profifußball der Männer noch gesteigert: Wie im Kapitel I.1.4.1. Die Geschlechterverhältnisse in der Berichterstattung über Sport durch die Medien beschrieben, wirken insbesondere in diesem Bereich unserer Gesellschaft verstärkt traditionelle männliche Stereotypen. Wer sich als Mann im Profifußball als depressiv outet, läuft Gefahr, als „verweichlicht" (oder „verweiblicht") und „Weichei" abgewertet zu werden.

unserem Etat müssten wir die Titel nur so reinholen". (…) „Wer mit diesem Druck nicht umgehen kann, ist im Profisport fehl am Platz"[284].

Während der Suizid Enkes die Medien nur eine gewisse Zeit beherrschte, sind Suizide im Rahmen eines Attentates als ein fester Bestandteil der wöchentlichen Berichterstattung nicht mehr wegzudenken. Diese immer wiederkehrende Wiederholung, die Gewöhnung des Einzelnen an die Bilder von Zerstörung und Tod führen allerdings dazu, dass das einzelne Attentat für den Zuschauer einen faden Beigeschmack von Banalität erhält. Wie auch im Zusammenhang mit der medialen Inszenierung des Suizids in Seifenopern oder Fernsehdokumentationen werden diese Bilder politisch motivierter Suizidhandlungen[285] mit einer gewissen Distanz konsumiert, werden als Ereignisse wahrgenommen, die nicht der eigenen Erfahrungswelt zuzuordnen sind, erscheinen als Ereignisse, die weit weg sind, als Ereignisse, die uns nicht oder nur am Rande betreffen. Somit erwecken diese Bilder beim Zuschauer nicht die Notwendigkeit einer Auseinandersetzung. Nur dann erreichen diese Schreckensbilder den Einzelnen vor dem Fernsehen noch, wenn das Attentat im eigenen Land, vor der Haustüre stattfindet. Das Selbstmordattentat bewirkt dann allerdings nicht eine Auseinandersetzung mit dem Thema Suizid, vielmehr wird der Suizid seitens der Attentäter als Mittel genutzt, um auf die religiösen oder politischen Hintergründe und Ziele aufmerksam zu machen.

Durch Selbstmordattentate das allgemeine Interesse auf sich zu ziehen, ist eine erfolgreiche Strategie. Denn nicht nur dass der Selbstmordattentäter seine Tat inszeniert, indem er diese an einem möglichst öffentlichen und vielfrequentierten Standort stattfinden lässt, gleichzeitig bieten die Medien dem Attentäter weltweite Aufmerksamkeit[286]. Allerdings sind nicht nur Selbstmordattentate zu den religiös oder politisch motivierten Suiziden zu zählen. So kann auch der Hungerstreik als ein suizidales Verhalten gelten, das dazu dient, öffentlich Protest auszuüben[287].

---

[284] Zitiert aus einem Bericht von Focus Online vom 12.08.2013, 14: 22. Abrufbar unter: http://www.focus.de/sport/mehrsport/handball-bundesliga-rost-setzt-hsv-handballer-unter-druck_aid_1069384.html. Zugriff am 20.03.2014.
[285] Bereits Durkheim unterscheidet in seinem Werk „Der Selbstmord" (1973) zwischen „egoistischem Selbstmord" und „altruistischem Selbstmord".
[286] Hierzu erklärt Berthold: „Selbstmordattentate werden *erstens* von Seiten der Täter medial inszeniert, und zwar in Form von auf Videos aufgezeichneten sog. Märtyrertestamenten, in denen die religiöse und politische Botschaft untrennbar miteinander verknüpft ist. *Zweitens* findet die mediale Inszenierung aber auch auf Seiten der von den Attentaten betroffenen westlichen Gesellschaften statt, und zwar einerseits in der Berichterstattung der Nachrichten, und andererseits in ästhetischen Inszenierungen. Es handelt sich um eine *Doppel-Perspektive der Inszenierung* aus *Selbst- und Fremdzuschreibung*" (Berthold 2010: 184).
[287] Beispielsweise der Hungerstreik von Julia Timoschenko 2013, mit dem die ukrainische Oppositionspolitikerin auf die ihrer Meinung nach verfehlte Außenpolitik der Regierung

Auch dieses Verhalten und dessen (mediale) Inszenierung bewirken keine tatsächliche Kommunikation über den Suizid als solchen. So ist in diesem Fall im Suizid selbst ein kommunikativer Akt zu sehen. Der Suizid wird dazu genutzt, um eine politische Botschaft zu transportieren. Lorenz Graitl konstatiert hierzu: „Politisch motivierte Suizide unterscheiden sich von anderen Selbsttötungen durch ihren instrumentellen Charakter im Dienst eines kollektiven Interesses" (2011: 311). Eine Auseinandersetzung mit den Themen Suizid oder Tod unterbleibt hier vollständig. Vielmehr verbuchen die Einzelnen die Berichterstattung über diese politisch motivierten Suizide unter der Rubrik „Medienspektakel", oder aber im Falle eines tatsächlichen politischen Interesses als politischen Protest Einzelner.

Fazit: Gespaltene Akzeptanz als Indikator für die Grenze persönlicher Freiheit

Suizide werden geleugnet, werden verschwiegen, werden als Drogen- oder Unfalltod hingestellt (vgl. u.a. Weis 1976: 180). Die Auseinandersetzung Hinterbliebener mit dem Suizid eines Angehörigen findet hinter verschlossenen Türen statt. Und selbst hinter diesen herrscht oft Stille.
Worte fehlen, um mit einem solchen Verlust umgehen zu können. Was der Suizident zurücklässt, ist nicht nur Leere, sondern auch Scham, Pein, Schuld, Angst, Verzweiflung und Einsamkeit. Scham und Angst vor der Reaktion der Umwelt, die im Falle einer unerwarteten Begegnung mit einem Hinterbliebenen die Straßenseite wechselt oder sich abrupt in die Auslage eines Schaufensters vertieft. Pein vor ausgesprochenen und unausgesprochenen Schuldzuweisungen des Umfeldes, man habe innerhalb der Familie Vorzeichen nicht ernst genug genommen und sei mitverantwortlich an dem Suizid. Die Verzweiflung der Angehörigen darüber, dass diese Schuldzuweisungen einen wahren Kern enthalten könnten; über die Leere, die der Tod des geliebten Menschen hinterlässt; über die sich einstellende Einsamkeit, selbstgewählt und gleichzeitig aufgezwungen.
Und zugleich ist der Suizid ein die Medien beherrschendes Thema, beinahe tagtäglich liefert uns das Fernsehen Bilder von Suizid und Tod. Medial aufbereitet und in Szene gesetzt kann sich der Konsument vor dem Bildschirm kaum dagegen wehren, mit den Themen Tod und Suizid konfrontiert zu werden. Suizide bekannter Größen wie der des Nationalteamtorwarts Enke werden

---

aufmerksam machen wollte. Oder die Hungerstreiks der RAF, mit denen diese ihre Haftbedingungen verändern wollten, und in deren Konsequenz zwei Häftlinge an Unterernährung starben.

öffentlich betrauert und lösen eine breite Diskussion über Ursachen und Gründe für dessen Suizid aus.

Die Rechtsprechung erklärt den Suizid eindeutig zu einer straffreien und damit legalen Handlung. Und die Gesellschaft hat die Selbstbestimmung und freie Entfaltung der Persönlichkeit als unveräußerliche Grundrechte eines jeden Menschen festgelegt. Entsprechend einem emanzipatorischen Verständnis von Freiheit steht damit auch jedem die Möglichkeit offen, über das eigene Leben und den eigenen Tod zu entscheiden. Und damit eben auch, das eigene Leben durch einen Suizid zu beenden. Diesem Verständnis folgend dürfte ein Suizid weder gesellschaftliche Missbilligung oder Verurteilung hervorrufen noch seitens der Hinterbliebenen als Schmach empfunden und infolgedessen tabuisiert, verschwiegen oder geleugnet werden.

Der Suizid ist Bestandteil unserer Gesellschaft, einerseits verdrängt und ausgegrenzt in segregierte, verborgene Bereiche gesellschaftlicher Wirklichkeit, und gleichzeitig DER Quotenbeschaffer unter den Seifenopern. Wie kaum ein anderes Thema wird der Suizid als „Cliffhangermotiv"[288] vermarktet, kaum ein anderes Ereignis lässt sich derart inszenieren. Denn ist nicht gerade ein Ereignis oder Verhalten ein erfolgversprechendes Rezept für hohe Einschaltquoten, das einem gesellschaftlichen Tabu unterliegt und heftige affektive Reaktionen auslöst? So ermöglicht die mediale Inszenierung und Berichterstattung zum Suizid dem Konsumenten einen Blick hinter die verschlossenen Türen, lässt ihn eine gewisse Zeit teilhaben am Schicksal des Anderen. Wissend darum, jederzeit umschalten zu können. Einerseits mitfühlen zu können, andererseits aber die Distanz wahren zu können, dass die mediale Wirklichkeit nicht mit der eigenen Alltagswelt gleichzusetzen ist. Insofern führt diese mediale Vermarktung des Suizids weder zu einer tatsächlichen Auseinandersetzung mit dem Suizid noch zu einer verstärkten (intersubjektiven) Kommunikation über diesen. Hinterbliebene bleiben daher im Umgang mit dem Suizid eines Angehörigen auf sich allein gestellt.

Grund dafür ist das ambivalente Verhältnis der Gesellschaft zum Suizid. Einerseits steht Suizid nicht mehr unter Strafe und ist damit legal, wird aber gleichzeitig als nicht legitime Handlung von Teilen der Gesellschaft verurteilt. Dem Postulat emanzipatorischer Freiheit, das davon ausgeht, dass jeder Mensch für sich selbst verantwortlich ist und selbstbestimmt entscheiden kann, steht die Ansicht entgegen, dass in unserer Gesellschaft diese Freiheit an der Freiheit der Anderen endet, dass jeder Mensch als ein Teil einer solidarischen Gemeinschaft anzusehen ist, und damit Ansprüche aber auch Verpflichtungen einhergehen.

---

[288] Vgl. die Ausführungen in Kapitel 3.1. Zu den Voraussetzungen für die Wirkung gespaltener Akzeptanz.

Dazu gehört die gesellschaftliche Verantwortung eines jeden, diese solidarische Gemeinschaft zu sichern. In diesem Sinne kann hier von einer solidarischen oder zivilisatorischen Freiheit gesprochen werden, einer Freiheit zur Sicherung der gesellschaftlichen Gemeinschaft. Der Suizident jedoch durchbricht mit seiner Selbsttötung die Grenze dieses Konstrukts von Freiheit. Dieses Konstrukt von Freiheit ist als internalisiertes Wissen, als unbewusster Bestandteil des Wissensvorrates der Gesellschaft und des Einzelnen zu verstehen, der als unsichtbarer Diskurs einerseits auf die Gesellschaft und den Einzelnen wirkt und gleichzeitig von ihnen (re-)produziert wird. Das hat zur Konsequenz, dass das Individuum davon überzeugt sein kann, dass Freiheit als ein unveräußerliches und nicht zu beschränkendes Gut anzusehen ist. Es vor diesem Hintergrund den Suizid auch nicht öffentlich verurteilt, sondern vielmehr die Meinung vertritt, dass dieser als selbstbestimmte Entscheidung eines jeden akzeptiert werden sollte. Gleichzeitig nimmt es allerdings wahr, dass es einen solchen nicht billigen kann, da der Suizident mit seiner Tat an den letzten Grundpfeilern des gesellschaftlichen Sinn- und Wertesystems sägt. So stellt dieser nicht nur das Prinzip einer solidarischen Gemeinschaft, sondern auch das Leben als Wert per se und den als selbstverständlich empfundenen Willen zum Überleben in Frage. Und insbesondere in unserer Gesellschaft, die in einem hohen Maße den Eigenwert eines jeden Individuums betont, führt der Kult und die Verherrlichung des Individuums zu einer gesteigerten Ächtung des Suizids. Diese übernimmt die Funktion eines gesellschaftlichen Schutzmechanismus, indem sie sowohl von möglichen gesellschaftlichen Ursachen für den Suizid als auch von der Unzulänglichkeit der Gesellschaft (-smitglieder) mit Tod, Sterben und Trauer umzugehen, ablenkt. Denn noch existieren kaum intersubjektive Sinn- und Kommunikationssysteme, mit deren Hilfe der Tod sinnhaft in das Leben eines Einzelnen und in unsere Gesellschaft integriert werden kann.

Das Sterben und die Trauer über den Tod eines geliebten Menschen finden in segregierten Räumen statt, werden aus dem gesellschaftlichen Leben ausgegrenzt. Professionelle Kräfte sind in unserer Gesellschaft diejenigen, sie sich um die Sterbenden kümmern. Gründe dafür liegen nicht nur in der Angst der Angehörigen, durch fehlende Kenntnisse Fehler in der Pflege oder in der Kommunikation und Interaktion mit dem Sterbenden zu machen, sondern auch darin, dass im Familiengefüge für ein alterndes und sterbendes Mitglied kein Platz ist. Altern, Sterben und Tod stehen im Widerspruch zu den gesellschaftlich anerkannten Werten in unserer modernen Gesellschaft. Eine ganze Industrie wetteifert darum, den tatsächlichen Jungbrunnen zu erfinden, das Alter und den Tod zu überwinden. Die medizinische Forschung ist auf der Suche nach den wirksamsten Medikamenten, um dem Tod ein Bein zu stellen. Insofern existieren (öffentliche) Diskurse über den Tod, die die Funktion ganzer

Gesellschaftsbereiche sicherstellen. Diese Diskurse beruhen allerdings auf der instrumentellen Vernunft als Kalkül und Prinzip menschlichen Handelns. Das heißt, dass im Rahmen dieser Diskurse der instrumentellen Vernunft alles versucht wird, um den Tod zu umgehen oder hinauszuzögern. Damit bietet dieser Diskurs über den Tod keinerlei Unterstützung für einen Umgang mit dem Ereignis des Todes und dem Prozess des Sterbens an.

Allerdings könnte sich in unserer Gesellschaft vor dem Hintergrund der Intimisierung des modernen Familiengefüges, deren Merkmal in der Intensivierung der affektiven Beziehungen der Familienmitglieder untereinander liegt, ein Diskurs moderner Innerlichkeit entfalten, der auch eine Kommunikation über den Tod zulassen könnte.

Diese Ausführungen verdeutlichen, dass in unserer Gesellschaft in Zusammenhang mit dem Suizid unterschiedliche und teilweise widersprüchliche Diskurse wirken, die eine grundlegende und tatsächliche Auseinandersetzung und Kommunikation verhindern. Da sich diese Diskurse auch im Einzelnen selbst manifestieren, ruft der Suizid eines Angehörigen Sprach- und Hilflosigkeit sowohl seitens der Hinterbliebenen selbst als auch der Umwelt hervor. Und beides führt letztlich zu einer gesellschaftlichen Isolation, durch die der Verlust nicht bewältigt werden und nicht sinnhaft in das Lebens- und Sinnkonzept integriert werden kann.

Der Suizid ist als gesellschaftliches Spannungsfeld zu verstehen, dass sich durch die Existenz ambivalenter Diskurse auszeichnet. Wie auch im Bereich der sexuellen und religiösen Orientierung wirkt hier die gespaltene Akzeptanz.

> ➤ Gespaltene Akzeptanz indiziert im Bereich des Suizids jene Grenze, deren Überschreitung gesellschaftliche Sanktionen in Form von Diffamierung und Ausgrenzung Hinterbliebener nach sich zieht.

> ➤ Gespaltene Akzeptanz indiziert diejenige Grenze der Gesellschaft, deren Aufrechterhaltung für die Stabilität des gesellschaftlichen Wertesystems sorgt.

> ➤ Sie indiziert die Grenze der persönlichen Freiheit, die in der solidarischen Verantwortung für das gesellschaftliche Miteinander und dessen Fortbestand liegt.

Zusammenfassung: An den Grenzen der Alltagswirklichkeit

Die „soziale Haut" als Akzeptabilitätsinstanz

Persönliche Freiheit, individuelle Selbstverwirklichung, gesellschaftliche Vielfalt, Multikulturalität und Toleranz stehen als Leitprinzipien der modernen, deutschen Gesellschaft hoch im Kurs. Von Politik und öffentlicher Meinung als anzustrebende Verhaltens- und Wertmaßstäbe propagiert, vom Einzelnen als Muster eines einwandfreien Verhaltens und einer korrekten Einstellung internalisiert. Weitere teils sichtbare und offizielle Regel- und Normsetzungen sowie unsichtbare Diskurse und Normierungen sorgen für die Aufrechterhaltung des gesellschaftlichen Status quo und fordern den Mitgliedern der Gesellschaft die Entwicklung eines „social sense" oder „social instinct" (Lucke 1995: 136) ab. Über die Beobachtung der anderen Mitglieder der Gesellschaft sowie der Reflexion des eigenen Verhaltens ist es die zu erbringende Fertigkeit einer/s jeden Einzelnen, Annahmen über die mehrheitlich akzeptierten Verhaltensweisen und Einstellungen auszubilden.

Insofern ist auch die Alltagswirklichkeit eines jeden als eine individuelle Deutung zu verstehen, als eine individuelle Interpretation des gesellschaftlichen Zustandes[289]. Allerdings bedeutet dies nicht, dass die Deutung der gesellschaftlichen Situation eine beliebige ist, vielmehr ergibt sie sich aus der Einschätzung des Einzelnen zum beobachtbaren „Zustimmungs- und Einverständnis*potential*" (Lucke 1995: 107) der Mehrheit der Gesellschaft. Die vom Einzelnen festgestellten Verhaltens- und Einstellungsmuster werden von diesem als „naturgegeben", als nicht zu hinterfragende Wahrheiten wahrgenommen[290], und nicht als übergestülptes Regelwerk erlebt. Getragen werden diese unhinterfragten Wahrheiten und Maßstäbe des zu erbringenden Verhaltens von der öffentlichen Meinung, die im Sinne Tönnies als eine

---

[289] Dieses Phänomen wird als „Thomas – Theorem" (nach W .I. Thomas Feststellung 1928: „...if men define situations as real, they are real in their consequences") bezeichnet.

[290] Bourdieu hat für diesen Vorgang den Begriff der „Doxa" entwickelt, der bedeutet, dass in den verschiedenen Handlungsfeldern unserer Gesellschaft bestimmte Normen und Regeln wirken, deren absoluter Geltungsanspruch von den Einzelnen nicht angezweifelt wird, weil sie diese als „natürlich" und „naturgegeben" wahrnehmen.

„kollektive Denkungsart" (1922: 28) der gesellschaftlichen Öffentlichkeit[291] verstanden werden kann. So fungiert die öffentliche Meinung als eine Richtlinieninstanz, die von der Mehrheit der Gesellschaftsmitglieder unterstützt wird und die den Einzelnen dahingehend beeinflusst, wie er sich in bestimmten Situationen zu verhalten hat und welche Einstellung er zu gewissen Problemen und Konflikten vertreten sollte. Verhält sich das Individuum nicht entsprechend dieser Regeln gesellschaftlicher Akzeptanz oder aber, sollte es diese falsch eingeschätzt haben, wird dies seitens der Gesellschaft als Regelverletzung geächtet, die Sanktionen nach sich zieht.

Die öffentliche Meinung ist damit sowohl ein Integrationsmedium, sie bietet dem Einzelnen Halt, in dem er sich an dieser orientiert, als auch ein Isolationsmechanismus, der Einstellungen und Handlungen, die dem allgemeinen Verhaltenskodex widersprechen, sanktioniert und aus der Alltagswirklichkeit der Gesellschaft verbannt. Öffentliche Meinung führt somit zu einer Disziplinierung der Individuen, die das geforderte und erwartete Verhalten erbringen müssen. In Anlehnung an Foucaults Analyse unserer Gesellschaft als „eine Gesellschaft der Überwachung" (Foucault 1994: 278) ist der Druck der öffentlichen Meinung mit den damit einhergehenden Repressionen als eine Technologie der Macht zu verstehen.

Die Einzelnen werden permanent von den erwünschten Einstellungen und Verhaltensweisen der öffentlichen Meinung durchdrungen, jede Handlung, die sie ausüben, wird vor dem Werte- und Normenkanon nach gesellschaftlicher Akzeptanz geprüft. So formt die öffentliche Meinung das Individuum, flößt diesem ein, was als gesellschaftlich anerkannt und politisch korrekt gilt, und vermittelt diesem gleichzeitig, welche Sanktionen und Repressionen das Gesellschaftssystem für es bereithält, wenn es sich dem gesellschaftlichen Regelwerk widersetzt. Da sich das Individuum zumeist darüber bewusst ist, dass Regelverletzungen scharf sanktioniert werden, es sich davor schützen möchte, das Gesicht und damit die Akzeptanz in der Gesellschaft zu verlieren, bedient es sich, sollte dessen tatsächliche Überzeugung dem Normen- und Wertekanon der öffentlichen Meinung widersprechen, im öffentlichen Raum der Technik des „double talk" oder aber es schweigt, behält die persönliche Überzeugung für sich[292].

---

[291] Öffentlichkeit ist „als ein allgemeines gesellschaftliches Reflexionsmedium, das die Unüberschreitbarkeit von Grenzen und, dadurch inspiriert, das Beobachten von Beobachtungen registriert" (Luhmann 1996: 184) zu verstehen.
[292] Zur Beschreibung des Spannungsverhältnisses zwischen den tatsächlichen Überzeugungen und den öffentlichen Bekenntnissen des Einzelnen in unserer Gesellschaft hat Leon Festinger 1953 das Begriffspaar der „public compliance" und „private acceptance" geprägt.

Hieran wird deutlich, dass die öffentliche Meinung eng mit Aspekten von Macht und Herrschaft verknüpft ist. Und hier sind diejenigen Mitglieder der Gesellschaft erfolgreich, die in Gruppen der Gesellschaft eingebunden sind, die auf ein umfangreiches Maß an materiellen und immateriellen Ressourcen zurückgreifen können. Anzuführen sind ein hoher Grad an Bildung, der Besitz ausreichender Geldmittel, eine große kommunikative Kompetenz, durch die die Einzelnen die Fertigkeit zur „Meinungsmache" und zu einer überzeugenden Selbstdarstellung beherrschen, sowie ein ausgeprägtes Beziehungsgeflecht, das den Mitgliedern der Gruppe Kontakte zu Meinungsträgern der verschiedensten gesellschaftlichen Handlungsfelder, sei es im Bereich der Politik, der Wirtschaft oder auch der Medien, eröffnet. Haferkamp spricht in diesem Zusammenhang von den „pressure groups": „Was sich allerdings auch heute noch zeigt, ist, dass in den Interaktionen zwischen Herrschenden und Beherrschten eine tendenzielle Machtverschiebung erkennbar ist: Politiker sprechen sich vor wichtigen Entscheidungen mit den pressure groups ab, sie sind mehr und mehr von den Bürgern abhängig (...)" (Haferkamp in Lamnek 1997: 91)[293].

Diese pressure groups zeichnen sich dadurch aus, dass deren Mitglieder über eine Vielzahl an materiellen und immateriellen Ressourcen verfügen und sich beruflich in Positionen befinden, in denen sie über bestimmte Bereiche, die für die Gesamtgesellschaft bedeutend sind, Entscheidungen treffen. Die Konsequenzen, die pressure groups für unsere Gesellschaft haben, liegen auf der Hand. Sie sind in der Lage die öffentliche Meinung so zu beeinflussen und zu formen, dass sie die Definitionsmacht über das richtige Verhalten und die erwünschten Normen, Werte und Einstellungen besitzen. Von den Mitgliedern der Gesellschaft wird dann ein konformes Verhalten, ein Verhalten entsprechend des Normenkanons der öffentlichen Meinung, abverlangt.

---

[293] Diese inoffiziellen Absprachen sind sowohl global als auch innenpolitisch festzustellen. Auf globaler Ebene lässt sich dies beispielsweise anhand der sog. „Bilderberg-Konferenzen" festmachen, die informelle Treffen einflussreicher Persönlichkeiten aus verschiedenen Ländern und den unterschiedlichsten Handlungsfeldern wie der Wirtschaft, der Politik, den Medien und des Militärs darstellen und seit 1954 jährlich einberufen werden. Sowohl deutsche Politiker wie Angela Merkel (2005) oder Jürgen Trittin (2012) als auch deutsche Wirtschafts- oder Bankenvertreter wie 2010 und 2012 Josef Ackermann oder 2009 Vertreter des Springer – Konzerns haben bereits an den Konferenzen teilgenommen. Doch auch „Deutschland – intern" sind diese Treffen bekannt: so führte beispielsweise die Ausrichtung der Feier zu Ackermanns 60. Geburtstag im Jahr 2008 im Bundeskanzleramt zu heftigen Diskussionen innerhalb der Politik und der Bevölkerung. Der Kanzlerin wird vorgeworfen die Ausrichtung ihrer Politik von den Interessen der Bankenlobby beeinflussen zu lassen.
Im März 2012 hat das Oberverwaltungsgericht Berlin-Brandenburg hierzu entschieden, nachdem Klage gegen das Vorgehen der Kanzlerin eingereicht worden war, dass das Kanzleramt die Liste der Gäste des Abendessens offen legen müsse. Es soll geklärt werden, ob die Gäste, die eingeladen wurden, tatsächlich als Personen des öffentlichen Lebens oder als Privatpersonen anzusehen sind.

Letztlich ist es die Furcht jedes Einzelnen vor gesellschaftlicher Isolation und Sanktion, die zu konformen Verhalten und Einstellungen führt. Hierzu erklärt auch Elisabeth Noelle-Neumann im Zusammenhang mit dem Phänomen der „Schweigespirale": „Heute lässt sich nachweisen, dass Menschen auch dann, wenn sie hellwach sehen, dass ein Weg falsch ist, doch in Schweigen verfallen, wenn sie sich mit Reden isolieren würden, wenn nämlich die öffentliche Meinung – Meinungen und Verhaltensweisen, die man öffentlich zeigen kann, ohne sich zu isolieren –, wenn also der allgemeine Konsens, was guter Geschmack ist und was die moralisch richtige Ansicht ist, dagegen steht" (Noelle-Neumann 1989: IV).

Insofern umgibt die öffentliche Meinung, beeinflusst und konstruiert von den in der Gesellschaft herrschenden Gruppen und Lobbyisten, den Einzelnen wie eine „soziale Haut" (Noelle-Neumann 1989: 262), kontrolliert und reguliert dessen Verhalten und Einstellungen, und führt zur Entfaltung von gespaltener Akzeptanz.

Gespaltene Akzeptanz als Indikator der gesellschaftlichen Schmerzgrenzen

Gesellschaftliche Schmerzgrenzen „legen für die verschiedenen Rationalitätssphären die Eckdaten des auf hohem Konsensniveau Akzeptablen fest" (Lucke 1995: 168). Festgestellt wurde in dieser Analyse, dass innerhalb aller erfassten Untersuchungsfelder und „Rationalitätssphären" (Lucke ebd.) gesellschaftliche Schmerzgrenzen existieren, die die Ausbildung von gespaltener Akzeptanz bewirken. Diese Schmerzgrenzen kommen nicht nur in den sichtbaren, öffentlich propagierten und offiziellen Regelwerken unserer Gesellschaft zum Tragen, sondern werden insbesondere über unsichtbare Diskurse transportiert, in denen Beziehungen von Macht und Herrschaft wirken. Diese Diskurse, unsichtbaren Wissensbestände, Kategorien und Strukturen können wie folgt beschrieben werden:

1. In unserer Gesellschaft wirkt ein normatives Konzept sozialer Kohäsion. Dieses Konzept beruht auf einer eindeutigen Homogenitäts- und Konformitätsvorstellung. Alles Fremde, Andersartige wird als Bedrohung dieses Konzepts, als eine Gefahr für die Gesellschaft abgelehnt, sanktioniert und stigmatisiert. Mit Bezug auf die sexuelle Orientierung ist in diesem Zusammenhang insbesondere der heteronormative Diskurs anzuführen. Dieser wirkt allerdings nicht nur im Bereich der Sexualität, sondern hat Auswirkungen auf eine Vielzahl von gesellschaftlichen Handlungsfeldern (beispielsweise dem beruflichen Handlungsfeld). Auch auf dem Gebiet religiöser

Orientierung wirken unausgesprochene Vorstellungen religiöser Homogenität. Hier wird derjenige als fremd und andersartig wahrgenommen, der das Ausleben seiner religiösen Praktiken nicht auf den privaten Bereich beschränkt.

Die sichtbare Ausübung religiöser Praktiken hat in unserer modernen Welt keinen Platz[294] und (ver-) stört das gesellschaftliche Wertesystem, das auf Leistung beruht und die instrumentelle Vernunft zum Kalkül menschlichen Handelns erhebt. Wenn diese Religion und deren Praktiken jetzt auch noch einen Gegenentwurf zur christlichen Tradition darstellen, wird das alternative Sinnsystem als Gefährdung des eigenen erlebt, infolgedessen abgelehnt und deren Mitglieder stigmatisiert.

Ganz besonders deutlich wird dies mit Blick auf die Ideologie einer deutschen Leitkultur. Diese gibt vor, es jedem Fremden zu ermöglichen, Teil der deutschen Leitkultur zu werden, wenn er sich nur ausreichend an diese anpasst, hebelt aber durch die bereits vorausgehende Klassifikation des Tunesiers oder Türken als andersartig und fremd eine aussichtsreiche Anpassung an die sogenannte Leitkultur aus. Die Konstruktion einer deutschen Leitkultur macht eine erfolgreiche Anpassung unmöglich. Deutlich wird hieran erneut die Vorstellung einer sozialen Kohäsion, die nur über Homogenität erreicht werden kann. Denn auch hier sollen sich die Einzelnen dem System anpassen, sich nicht individuell entfalten, sondern sich ausschließlich im Rahmen, innerhalb der gesellschaftlichen Schmerzgrenzen bewegen und entwickeln. Auch im Zusammenhang mit suizidalem Verhalten ist in dieser Untersuchung deutlich geworden, dass die Verurteilung eines solchen Verhaltens unter anderem auf einem Verständnis von sozialer Kohäsion beruht, das homogene Einstellungen und konformes Verhalten orientiert an den propagierten Wertmaßstäben und Normen beinhaltet. Und der Suizid, die Entscheidung, sich selbst das Leben zu nehmen, steht der Vorstellung eines Konzepts des gesellschaftlichen Miteinanders und der sozialen Kohäsion konträr gegenüber. Nicht nur, dass der Suizident die Leistung als Leitprinzip des Verhaltens negiert, mit seiner Tat stellt er auch gleichzeitig weitere, als universell geltende Wertmaßstäbe wie den des Lebens per se in Frage.

---

[294] Vgl. hierzu u.a. auch die Ausführungen Luckmanns von 1991 zur „unsichtbaren Religion".

2.In unserer Gesellschaft wirkt ein zivilisatorisches oder solidarisches Verständnis von Freiheit in Abgrenzung zu einem emanzipatorischen Freiheitsbegriff. Alle drei Untersuchungsfelder haben gezeigt, dass in unserer Gesellschaft Freiheit als eine Freiheit zur Sicherung des gesellschaftlichen Miteinanders verstanden wird. Freiheit beinhaltet so immer auch die Verantwortung und Verpflichtung eines jeden, für die Sicherheit und den Schutz der solidarischen Gemeinschaft zu sorgen. Dieses Freiheitsverständnis trifft sowohl auf den Umgang der Gesellschaft mit Suizid als auch auf das Verhältnis dieser zum Islam und im Hinblick auf nicht-heterosexuelles Verhalten zu. In allen Bereichen wirkt dieses Postulat solidarischer Freiheit und beeinflusst den Einzelnen in unserer Gesellschaft dahingehend, dass er im Hinblick auf suizidales Verhalten, dieses als sich aus der gesellschaftlichen Verantwortung stehend ablehnt.

Im Zusammenhang mit dem Islam wird dieser als fatalistischer, monolithischer Block dargestellt, dessen Intention darin liegt, unserem Gesellschaftssystem sein Werte- und Normenkonzept wenn nötig mit Gewalt aufzuzwingen, ein solidarisches Miteinander also komplett zu negieren. Auch im Bereich der sexuellen Orientierung ist der Diskurs zivilisatorischer oder solidarischer Freiheit bestimmend: Die Freiheit, sich sexuell auszuleben, endet da, wo sie an Werte, Kategorien und Normen stößt, die für die Stabilität des gesellschaftlichen Systems sorgen. Das sind nicht zuletzt diejenigen, die für die eindeutige Zuordnung der Geschlechter und damit einhergehend für das Funktionieren der heteronormativen Ordnung zuständig sind.

3.In unserer Gesellschaft wirken eindeutige stereotypische Zuweisungen, die auf einer starren, dichotomen Logik beruhen. Diese Logik schafft Typisierungen und Klassifikationen, teilt ein in gut und böse; in fremd und eigen; in nah und fern; in alt und jung; in stabil und labil; in normal und abnormal. Sie schafft so das Bild einer eindeutigen Wirklichkeit, schafft einen Orientierungs- und Ordnungsrahmen, an den sich jedes Gesellschaftsmitglied halten kann. Somit trägt die dichotome Logik zur Stabilisierung des gesellschaftlichen Systems bei.

4.In unserer Gesellschaft wirken identitätsstiftende und strukturbildende „frames". Die Analyse der drei Untersuchungsfelder hat gezeigt, dass sich alle Bereiche durch die Existenz bestimmter frames auszeichnen, die das Leben und die Alltagswirklichkeit konstruieren und so zur Ausbildung einer eindeutigen sozialen Wirklichkeit beitragen.

Dementsprechend gelten für die sexuelle Orientierung klare Vorstellungen akzeptabler Formen der Sexualität, der Liebe und des Begehrens. Und auch für das religiöse Handlungsfeld wird in unserer Gesellschaft ein bestimmter Habitus eingefordert (wie das „unsichtbare" Ausüben religiöser Praktiken), der sich aus den propagierten gesellschaftlichen Leitprinzipien ergibt. Im Bereich des Suizids negiert nicht nur der Suizident selbst mit seiner Tat das als unhinterfragte Wahrheit erscheinende Postulat des Lebens an sich, auch für die Hinterbliebenen eines Suizidenten gelten eindeutige frames, wie sie mit dem Suizid umzugehen haben. Hier gibt der frame klare Anweisungen dahingehend, dass das Ausleben von Trauer nicht im öffentlichen Raum stattzufinden hat, da die Trauer nämlich dem Kalkül der instrumentellen Vernunft als Motor des öffentlichen und gesellschaftlichen Lebens konträr gegenübersteht. Eine Ausnahme stellt in diesem Zusammenhang allerdings der Suizid prominenter Personen dar (vgl. dazu Kapitel 3).

Diese Diskurse werden in unserer Gesellschaft über den traditionellen und kulturellen Wissensvorrat immer wieder neu reproduziert und wirken sich insofern systemstabilisierend auf unsere Gesellschaft aus, als dass sie gerade in Zeiten, in denen ein großer Teil der Bevölkerung von Gefühlen von Deprivation und Isolation berichtet und einen sozialen Zusammenhalt vermisst, Orientierungen bieten und einen Ordnungsrahmen bereitstellen, der Sicherheit verspricht.

Insofern sind diese Diskurse als Teil unserer gesellschaftlichen Wirklichkeit anzusehen und nehmen unbewusst Einfluss auf das Leben eines jeden Einzelnen in unserer Gesellschaft. Unbewusst und unsichtbar deswegen, weil diese Diskurse zumeist im Verborgenen wirken, da sie den von der öffentlichen Meinung erwünschten Werten und Verhaltensweisen entgegenstehen. Allerdings bedeutet dies nicht, dass nicht hinter diesen Diskursen auch Gruppen und Teile der Gesellschaft stehen können, die den Fortbestand und die Wirkung dieser Diskurse anheizen, um ihre Interessen und Machtpositionen zu fördern. Denn in der Ausgrenzung und Abwertung des Einen liegt auch immer die Aufwertung des Anderen. Und dies bietet den Nährboden für rassistisches, frauenverachtendes, homophobes und islamophobes Verhalten.

Für das Individuum haben diese unsichtbaren Diskurse folgenschwere Konsequenzen. Obwohl sie Bestandteil der gesellschaftlichen Wirklichkeit sind, werden sie verschwiegen und geleugnet, da sie nicht mit den öffentlich propagierten und gesellschaftlich erwünschten Leitprinzipien zu vereinbaren sind. Mit Toleranz, Weltoffenheit, Selbstverwirklichung, persönlicher Freiheit,

Multikulturalität und Diversität haben diese verborgenen Diskurse nichts gemein.

Daher lebt das Individuum in unserer Gesellschaft in einem Spannungsfeld, das sich durch die Konkurrenz verschiedener Diskurse auszeichnet. Diese Ambivalenz manifestiert sich im Einzelnen selbst. Einerseits weiß dieser, welches Verhalten und welche Einstellung als öffentlich akzeptiert und politisch korrekt gelten, andererseits nimmt er das gesellschaftliche Klima wahr, die verborgenen Diskurse, die dem öffentlich Erwünschten möglicherweise widersprechen. Und diese Wahrnehmung trifft auf das bereits inkorporierte Wissen des Individuums in Form internalisierter und teils widersprüchlicher Akzeptabilitätskriterien und Verhaltensmaßstäbe und nicht zuletzt auf dessen tatsächliche Lebenssituation.

Denn wie soll jemand, der nicht dem heteronormativen Code entspricht, mit diesen ambivalenten Diskursen umgehen? Wie sollen Hinterbliebene mit der Trauer umgehen, die sie empfinden? Wie kann sich ein Muslim in Deutschland wirklich integrieren?

Strategien, mit dem Spannungsverhältnis zwischen tatsächlicher Überzeugung, der persönlichen Lebenssituation und Neigung, und den von der öffentlichen Meinung propagierten und als politisch korrekt bewerteten Verhaltensanforderungen und Einstellungen umzugehen, sind kaum vorhanden. Die Konsequenz in Kauf nehmend, das Gesicht zu verlieren und ausgegrenzt zu werden, kann sich das Individuum für die Preisgabe der tatsächlichen Überzeugung entscheiden, wobei anhand dieser Untersuchung und der Studien, die in dieser Erwähnung finden, deutlich wird, dass nur wenige Menschen diesen Weg gehen. Zu groß ist die Angst, sich gesellschaftlich zu isolieren, zu groß die Furcht, stigmatisiert und diffamiert zu werden. Was bleibt, ist, die tatsächliche Überzeugung zu verschweigen, keine Meinung zu vertreten und sich aus allen politischen, gesellschaftlichen und sozialen Fragen herauszuhalten. Daraus erwachsen Politikverdrossenheit und die Nicht-Beteiligung an Wahlen.

Deutlich geworden ist in dieser Untersuchung, dass eine häufig vorzufindende Strategie darin besteht, sich öffentlich der politisch und gesellschaftlich erwünschten Einstellung anzuschließen, Akzeptanz vorzutäuschen, und diese auch lautstark kundzutun, mit dem Ziel, sich nicht zu isolieren. Tatsächlich aber anderer Meinung zu sein, und diese entweder zu verschweigen oder aber im Geheimen und Privaten oder im geschützten Raum des Kneipenstammtisches zu äußern. Diese verlogene Akzeptanz, die sich des „double talks" bedient, führt zur Existenz paralleler Wirklichkeiten, zu Wirklichkeiten, die, für Politik und öffentliche Meinung unerwartet, da im Geheimen, einen gesellschaftlichen

Wertewandel hervorrufen können, wenn ein großer Teil der Bevölkerung diese Überzeugung vertritt. Gleichzeitig stellen Wirklichkeiten, die im Verborgenen schlummern, ein hohes Gefährdungspotential für den gesellschaftlichen Frieden dar. Wie ein Fass, dessen Inhalt permanent gärt, und das kurz davor ist, zu explodieren. Ausländer-, homosexuellen-, frauen- oder menschenverachtendes Verhalten jeder Art kann sich im Verborgenen und in dessen Schutz frei entfalten, fernab der öffentlichen Meinung und dessen sozialer Kontrolle.

Verborgen hält das Individuum in unserer Gesellschaft aber nicht nur Einstellungen, die der Norm der politischen Korrektheit widersprechen, sondern auch Verhaltensweisen, die im Gegensatz zu gesellschaftlich erwünschtem Verhalten stehen. Sei es die Trauer, sei es die Angst, zu versagen, sei es die sexuelle Neigung, kennzeichnend für diese Gefühle und Neigungen ist, dass sie nicht dem gesellschaftlich Erwünschten entsprechen, was für den Einzelnen zur Folge hat, dass er diese oft qualvoll verbirgt oder verdrängt. Und dieser Akt der Verdrängung kann bis zur eigenen Selbstzerstörung reichen.

Insofern indiziert die gespaltene Akzeptanz die gesellschaftlichen Schmerzgrenzen und deutet darauf hin, dass neben der Wirklichkeit der Alltagswelt, neben dem öffentlich Propagierten und Erwünschten, parallele Bereiche unserer Wirklichkeit existieren. Diese werden bewusst und unbewusst, über offizielle und unsichtbare Diskurse aus dem öffentlichen Raum verdrängt und segregiert. Diese Verdrängung führt zu verlogener Akzeptanz, zu einer Täuschung über die tatsächliche gesellschaftliche Akzeptanz (-be-reitschaft) in Deutschland.

Dahinter stehen die Stabilisierung, Rekonstruktion und Reproduktion der Machtverhältnisse unserer Gesellschaft, getragen von der Furcht davor, dass eine öffentliche Debatte um gesellschaftlich unerwünschte, und daher unterdrückte und verdrängte, aber dennoch bestehende Einstellungen, eine Veränderung des deutschen Gesellschaftssystems hervorrufen könnte, die für die gegenwärtigen pressure groups das Risiko eines Machtverlusts beinhaltet.

Literaturverzeichnis

- Abmeier, Karlies: Tabus in öffentlichen Debatten. Zur Fragwürdigkeit von verschwiegenen Bereichen. In: APuZ, 62. Jahrgang, 5-6/2012, 30. Januar 2012, S. 37-42.
- Adorno, Theodor W. / Horkheimer, Max.: Soziologische Schriften II. Band 2: Schuld und Abwehr. In: Tiedemann, R. (Hrg.): Theodor W. Adorno – Gesammelte Schriften, Bd. 9.2. , Frankfurt am Main 1975, Original des Aufsatzes von Adorno / Horkheimer: Vorurteil und Charakter, S. 360-373 in Tiedemann 1975 von 1952
- Adorno, Theodor W. / Horkheimer, Max: Dialektik der Aufklärung, Philosophische Fragmente, Frankfurt am Main 1988. Deutsche Erstausgabe von 1944.
- APuZ, 62. Jahrgang, 5-6/2012, 30. Januar 2012: Populismus, hg. von der Bundeszentrale für politische Bildung, Beilage zur Wochenzeitschrift „Das Parlament".
- Attia, Iman: Die „westliche Kultur" und ihr Anderes. Zur Dekonstruktion von Orientalismus und antimuslimischem Rassismus, Bielefeld 2009
- Améry, Jean: Hand an sich legen. Diskurs über den Freitod, 9. Auflage, Stuttgart 1993. Deutsche Erstausgabe von 1976.
- Auer, Alfons: Das Recht des Menschen auf einen „natürlichen Tod" aus der Sicht einer theologischen Ethik. In: Eser 1976, S. 250-260.
- Bacqué, Marie-Frédérique: Mut zur Trauer. Die Akzeptanz eines notwendigen Lebensgefühls, München 1996
- Baechler, Jean: Tod durch eigene Hand. Eine wissenschaftliche Untersuchung über den Selbstmord, Frankfurt am Main / Berlin / Wien 1981
- Baier, Horst u.a. (Hg.): Öffentliche Meinung und sozialer Wandel, Opladen 1981
- Baier, Lothar: Echec und Dignität. Jean Amérys Nachdenken über den Freitod. Frankfurter Rundschau vom 23. Januar 1999, Nr. 19.
- Bastian, Till: Die Finsternis der Herzen. Nachdenken über eine Gewalttat, Köln 1994
- Beck, Ulrich: Risikogesellschaft. Auf dem Weg in eine andere Moderne, Frankfurt am Main 1996
- Beck, Ulrich (Hg.): Kinder der Freiheit, 2. Auflage, Frankfurt am Main 1997
- Beck, Ulrich / Sopp, Peter (Hg.): Individualisierung und Integration. Neue Konfliktlinien und neuer Integrationsmodus? Opladen 1997

- Beck, Ulrich: Kinder der Freiheit: Wider das Lamento über den Werteverfall. In: Ders. 1997, S. 9-33.
- Beck, Ulrich: Jenseits von Klasse und Stand? In: Ders. / Beck-Gernsheim (Hg.) 1994, S. 43-60.
- Beck, Ulrich: Die uneindeutige Sozialstruktur: Was heißt Armut, was Reichtum in der „Selbst-Kultur"? In: Ders. / Sopp 1997, S. 183-197.
- Beck, Ulrich / Beck-Gernsheim, Elisabeth (Hg.): Riskante Freiheiten. Individualisierung in modernen Gesellschaften, Frankfurt am Main 1994
- Beck-Gernsheim, Elisabeth: Individualisierung in modernen Gesellschaften – Perspektiven und Kontroversen einer subjektorientierten Soziologie. In: Dies. 1994, S. 10-39.
- Beck-Gernsheim, Elisabeth: Auf dem Weg in die postfamiliale Familie – Von der Notgemeinschaft zur Wahlverwandtschaft. In: Beck / Beck-Gernsheim (Hg.) 1994, S. 115-138.
- Bellebaum, Alfred: Schweigen und Verschweigen. Bedeutungen und Erscheinungsvielfalt einer Kommunikationsform, Opladen 1992
- Berger, Peter: Individualisierung. Statusunsicherheit und Erfahrungsvielfalt, Opladen 1996
- Berger, Peter: Individualisierung und sozialstrukturelle Dynamik. In: Beck / Sopp 1997, S. 81—95.
- Berger, Peter / Berger, Brigitte: Das Unbehagen in der Modernität, Frankfurt/ New York, 1975
- Berger, Peter / Luckmann, Thomas: Die gesellschaftliche Konstruktion der Wirklichkeit. Eine Theorie der Wissenssoziologie, Frankfurt am Main 1966
- Bergmann, Jürgen / Brockstedt, Jürgen / Kaelble, Hartmut / Rupieper, Hermann – Josef / Steinbach, Peter / Volkmann, Heinrich: Arbeit, Mobilität, Partizipation, Protest. Gesellschaftlicher Wandel in Deutschland im 19. und 20. Jahrhundert, Opladen 1986
- Bergmann, Werner: Antisemitismus in öffentlichen Konflikten. Kollektives Lernen in der politischen Kultur der Bundesrepublik 1949 – 1989, Frankfurt/Main; New York 1997
- Bertelsmann-Stiftung (Hg.): Woran glaubt die Welt? Analysen und Kommentare zum Religionsmonitor 2008, Gütersloh 2009
- Berthold, Sabine: Das Selbstmordattentat als „Medien-Waffe"? In: Herberth u.a. 2010, S. 183-193.
- Bertling, Christoph u.a.: Tabu Transsexualität? – Eine Analyse der Printberichterstattung über den Fall Balian Buschbaum in der

deutschen Qualitätspresse und in den Nachrichtenmagazinen. In: Schaaf, Daniela u.a. 2011, S. 279-301.

- Bielefeldt, Heiner: Das Islambild in Deutschland. Zum öffentlichen Umgang mit der Angst vor dem Islam. In: Schneiders 2010: Islamfeindlichkeit, S. 173-206.
- Blank, Susanne: Ehe und nichteheliche Lebensgemeinschaft. Akzeptanz unter neuen Bedingungen. In: Lucke u.a. 1998, S. 117-144.
- Blaschke, Ronny: Versteckspieler. Die Geschichte des schwulen Fußballers Marcus Urban, Göttingen 2008
- Blaschke, Ronny: Vom Rassismus zur *Gruppenbezogenen Menschenfeindlichkeit* in Fußballstadien. Entwicklungen einer Debatte. In: Heitmeyer 2012, S. 276-297.
- Bleibtreu-Ehrenberg, Gisela: Ethnosoziologische und ethnomethodologische Perspektiven eines Problems der Selbstidentifikation. In: Gindorf u.a. 1985, S. 161-177.
- Bleibtreu-Ehrenberg, Gisela: Antihomosexuelle Strafgesetze. Zur Biographie eines Vorurteils. In: Lautmann 1977, S. 61-92.
- Bleibtreu-Ehrenberg, Gisela: Tabu Homosexualität. Die Geschichte eines Vorurteils, Frankfurt am Main 1978
- Bode, Sabine / Fritz Roth: Der Trauer eine Heimat geben. Für einen lebendigen Umgang mit dem Tod, Frankfurt am Main 1982
- Bohn, Cornelia: Habitus und Kontext. Ein kritischer Beitrag zur Sozialtheorie Bourdieus, Opladen 1991
- Borasio, Gian Domenico: Über das Sterben. Was wir wissen. Was wir tun können. Wie wir uns darauf einstellen, München 2011
- Bormuth, Matthias: Ambivalenz der Freiheit. Suizidales Denken im 20. Jahrhundert, Göttingen 2008
- Bornemann, Ernest: Die sogenannte Liebe: Ein historischer Diskurs. In: Gindorf u.a. 1985, S. 79-92.
- Bourdieu, Pierre: Praktische Vernunft - Zur Theorie des Handelns, Frankfurt am Main 1998. Französische Erstausgabe 1994.
- Bourdieu, Pierre: Die feinen Unterschiede. Kritik der gesellschaftlichen Urteilskraft, Frankfurt am Main 1982. Französische Erstausgabe 1979.
- Bourdieu, Pierre: Ökonomisches, kulturelles und soziales Kapital. In: Baumgart, Franzjörg (Hg.): Theorien der Sozialisation, Bad Heilbrunn 1997
- Bronisch, Thomas: Der Suizid. Ursachen, Warnsignale, Prävention, München 1995

- Brüß, Joachim: Akzeptanz oder Ablehnung? Vorurteile und soziale Distanz bei Jugendlichen türkischer und deutscher Herkunft, Wiesbaden 2002
- Brusten, Manfred / Hurrelmann, Klaus: Abweichendes Verhalten in der Schule. Eine Untersuchung zu Prozessen der Stigmatisierung, München 1973
- Bundesministerium der Justiz (Hg): Benachteiligung gleichgeschlechtlich orientierter Personen und Paare von H.P. Buba / L.A. Vaskovics, Köln 2001
- Bundeszentale für politische Bildung (Hg.): Geschlechtsidentität. Erschienen als Beilage der Wochenzeitung Das Parlament aus der Reihe: Aus Politik und Zeitgeschichte, 62. Jahrgang, 20-21/2012 vom 14. Mai 2012
- Bundeszentrale für politische Bildung (Hg.): Populismus. Erschienen als Beilage der Wochenzeitung Das Parlament aus der Reihe: Aus Politik und Zeitgeschichte, 62. Jahrgang, 5-6/2012 vom 30. Januar 2012
- Butler, Judith: Psyche der Macht. Das Subjekt der Unterwerfung. Gender Studies, Frankfurt am Main 2001
- Butler, Judith: Das Unbehagen der Geschlechter, Frankfurt am Main 1991
- Butler, Judith: Körper von Gewicht. Die diskursiven Grenzen des Geschlechts, Gender Studies, Berlin 1995
- Casanova, Giacomo: Über den Selbstmord und die Philosophen, Frankfurt am Main 1994
- Czinczoll, Rupert: Solidaritätspflichten bei der Selbsttötung, Bonn 1984
- Decher, Friedhelm: Die Signatur der Freiheit. Ethik des Selbstmords in der abendländischen Philosophie, Lüneburg 1999
- Decker, Frank: Populismus und der Gestaltwandel des demokratischen Parteienwettbewerbs. In: APuZ, 62. Jahrgang, 5-6/2012, 30. Januar 2012, S. 10-15.
- Decker, Frank: Wenn die Populisten kommen. Beiträge zum Zustand der Demokratie und des Parteiensystems, Wiesbaden 2013
- Dietze, Gabriele: Intersektionalität im nationalen Strafraum: Race, Gender und Sexualität und die deutsche Nationalmannschaft. In: Feministische Studien, Heft 1, Stuttgart 2012
- Diodá, Carin / Tina Gomez: Warum konnten wir dich nicht halten? Wenn ein Mensch, den man liebt, sich das Leben genommen hat, Zürich 1999

- Döring, Eberhard: Sinn des Lebens – Sinn des Todes. Perspektiven unserer Existenz, Düsseldorf / Bonn 1994
- Durkheim, Emile: Über die Teilung der sozialen Arbeit, Frankfurt am Main 1977. Französische Erstausgabe 1893.
- Durkheim, Emile: Der Selbstmord, 6. Auflage, Frankfurt am Main 1997. Französische Erstausgabe 1897.
- Ebeling, Hans (Hg.): Der Tod in der Moderne, Hanstein 1979
- Edition Weitbrecht: Was ist Wirklichkeit? Vom Vergnügen die Welt zu erkennen, Stuttgart 1983
- Elias, Norbert / John L. Scotson: Etablierte und Außenseiter, Frankfurt am Main 2002 (orig. The Established and the Outsiders, London 1965)
- Elias, Norbert: Über die Einsamkeit der Sterbenden in unseren Tagen, 8. Auflage, Frankfurt am Main 1995, Deutsche Erstausgabe 1982.
- Elias, Norbert: Über den Prozess der Zivilisation. Soziogenetische und psychogenetische Untersuchungen: Wandlungen der Gesellschaft. Entwurf zu einer Theorie der Zivilisation, 2. Band, Frankfurt am Main 1976. Orig. Basel 1939.
- Emcke, Carolin: Der verdoppelte Hass der modernen Islamfeindlichkeit. In: Heitmeyer, Wilhelm 2010, S. 214-223.
- Engel, Antke: Unauffällig, unbehelligt – und staatstragend. Sexualpraktiken in Zeiten konservativer Restauration. In: Kraß 2009, S. 41-59.
- Engisch, Karl: Suizid und Euthanasie nach deutschem Recht. In: Eser 1976, S. 312-321.
- Erb, Andreas / Leibfried, Dirk: Das Schweigen der Männer. Homosexualität im deutschen Fußball, Göttingen 2011
- Eser, Albin (Hg.): Suizid und Euthanasie als human- und sozialwissenschaftliches Problem, Stuttgart 1976
- Eser, Albin: Neues Recht des Sterbens? Einige grundsätzliche Betrachtungen. In: Ders. (Hg.) 1976, S. 392-407.
- Essbach, Wolfgang (Hg.): wir/ihr/sie. Identität und Alterität in Theorie und Methode, Band 2, Würzburg 2000
- Etzersdorfer, Elmar: Medienleitlinien für die Berichterstattung von Suizidhandlungen: Stand des Wissens, zukünftige Fragestellungen. In: Herberth u.a. 2010, S. 207-216.
- Fasching, Gerhard: Illusion der Wirklichkeit. Wie ein Vorurteil die Realität erfindet, Wien 2003
- Fechner, Rolf / Clausen, Lars / Bammé, Arno: Öffentliche Meinung zwischen neuer Wissenschaft und neuer Religion. Ferdinand Tönnies`

„Kritik der öffentlichen Meinung" in der internationalen Diskussion, München / Wien 2005

- Feldmann, Klaus: Tod und Gesellschaft. Sozialwissenschaftliche Thanatologie im Überblick. 2. überarbeitete Auflage, Wiesbaden 2010
- Festinger, Leon: An analysis of compliant behavior. In: Sherif, C.W. u.a.: Group relations on the crossroads, New York 1953
- Fink, Udo: Selbstbestimmung und Selbsttötung. Verfassungsrechtliche Fragestellungen im Zusammenhang mit Selbsttötungen, München 1992
- Fletcher, Joseph: In Verteidigung des Suizids. In: Eser (Hg.) 1976, S. 233-244.
- Flew, Anthony: Selbsttötung und Geisteskrankheit. In: Eser (Hg.) 1976, S. 95-100.
- Fliedl, Rainer / Pölzl, Gertraud / Tippe, Andrea (Hg.): Wie konstruieren wir Wirklichkeit? Konstrukt-Symbol-Lebensraum, Wien 2004
- Foucault, Michel:: Überwachen und Strafen. Die Geburt des Gefängnisses, Frankfurt am Main 1994
- Foucault, Michel: Sexualität und Wahrheit. Erster Band: Der Wille zum Wissen, Frankfurt am Main 1977
- Friedrich-Ebert-Stiftung (Hg.): Die Mitte in der Krise. Rechtsextreme Einstellungen in Deutschland 2010 von Oliver Decker u.a., Berlin 2010
- Friedrich-Ebert-Stiftung (Hg.): Die Abwertung des Anderen. Eine europäische Zustandsbeschreibung zu Intoleranz, Verurteilen und Diskriminierung von Andreas Zick u.a., Berlin 2011
- Friedrich-Ebert-Stiftung (Hg.): Zur Integrationsforschung in Deutschland. Komparative Darstellung ausgewählter Ansätze und Methoden von Frank Gesemann, Berlin 2010
- Friedrich-Ebert-Stiftung (Hg): Hetero, weiß und männlich? Fußball ist viel mehr! Eine Studie der Friedrich – Ebert – Stiftung zu Homophobie, Rassismus und Sexismus im Fußball von Nina Degele und Caroline Janz, Bonn 2011
- Friedrich-Naumann-Stiftung (Hg.): Soziale Diskriminierung Homosexueller. Tagung der Theodor-Heuss-Akademie vom 14.-16. Juni 1985 von Rolf Ellermann, Sankt Augustin 1987
- Frietsch, Ute (Hg.): Geschlecht als Tabu. Orte, Dynamiken und Funktionen der De/Thematisierung von Geschlecht, Bielefeld 2008
- Frohn, Dominic: Out im Office?! Sexuelle Identität, (Anti-) Diskriminierung und Diversity am Arbeitsplatz, Köln 2007
- Fuchs, Werner: Todesbilder in der modernen Gesellschaft, Frankfurt am Main 1969

- Gabriel, Karl: Die Kirchen in Westdeutschland: Ein asymmetrischer religiöser Pluralismus. In: Bertelsmann-Stiftung 2009, S. 99-124.
- Geiges, Lars / Stine Marg / Franz Walter: Pegida. Die schmutzige Seite der Zivilgesellschaft? Bielefeld 2015
- Gerhards, Jürgen / Friedhelm Neidhardt: Strukturen und Funktionen moderner Öffentlichkeit: Fragestellungen und Ansätze, Berlin 1990
- Giesing, Benedikt: Glauben oder Akzeptieren. In: Lucke u.a. 1998, S. 65-92.
- Gindorf, R. u.a.: Sexualität als sozialer Tatbestand, Berlin 1985
- Glück, Antje: Terror im Kopf, Berlin 2008.
- Goetsch, Paul: Der Andere als Monster. In: Essbach 2000, S. 279-295.
- Goffman, Erving: Stigma. Über Techniken der Bewältigung beschädigter Identität, Frankfurt am Main 1967
- Goffman, Erving: Interaktionsrituale, Frankfurt am Main 1971
- Goffman, Erving: Rahmen- Analyse. Ein Versuch über die Organisation von Alltagserfahrungen, 1. Auflage, Frankfurt am Main 1977
- Goffman, Erving: Wir alle spielen Theater. Die Selbstdarstellung im Alltag, 6. Auflage, München 1997. Original München 1969.
- Goffman, Erving: Asyle. Über die soziale Situation psychiatrischer Patienten und anderer Insassen, Frankfurt am Main 1973
- Gores, Rolf: Suizid als Problemlösung – Eine Fokaltheorie suizidalen Handelns, Düsseldorf 1981
- Graitl, Lorenz: Sterben als Spektakel. Zur kommunikativen Dimension des politisch motivierten Suizids, Berlin 2011
- Gugutzer, Robert: Körperpolitiken des Sports. Zur sportlichen Verschränkung von Körper, Geschlecht und Macht. In: Schaaf 2011, S. 34-56.
- Gukenbiehl, Hermann L.: Institution und Organisation. In: Korte 1995, S. 95 - 110
- Gurwitsch, Aron: Die mitmenschlichen Begegnungen in der Milieuwelt, Berlin / New York 1976
- Gutmann, Amy: Kommentar in Taylor, Charles: Multikulturalismus und die Politik der Anerkennung, Frankfurt am Main 2009, S. 99-122.
- Guzy, Lidia: Tabu – Die kulturelle Grenze im Körper. In: Frietsch 2008, S. 17-21.
- Habermas, Jürgen: Anerkennungskämpfe im demokratischen Rechtsstaat. In: Taylor 2009, S. 123-163.
- Haenel, Thomas: Suizidhandlungen. Neue Aspekte der Suizidologie, Berlin / Heidelberg 1989

- Haferkamp, Hans: Soziologie der Herrschaft. Analyse von Struktur, Entwicklung und Zustand von Herrschaftszusammenhängen, Opladen 1983
- Hafez, Kai: Mediengesellschaft – Wissensgesellschaft. Gesellschaftliche Entstehungsbedingungen des Islambildes deutscher Medien. In: Schneiders 2010: Islamfeindlichkeit, S. 101-119.
- Hahn, Alois: Einstellungen zum Tod und ihre soziale Bedingtheit. Eine soziologische Untersuchung, Stuttgart 1968
- Halm, Dirk: Der Islam als Diskursfeld, 2. Auflage, Wiesbaden 2008
- Hark, Sabine: Heteronormativität revisited. Komplexität und Grenzen einer Kategorie. In: Kraß 2009, S. 23-40.
- Hartmann, Petra: Wunsch und Wirklichkeit. Theorie und Empirie sozialer Erwünschtheit, Wiesbaden 1991
- Hauck, Sabina: Ich bin – Ich bin nicht. Tagebücher und Zeichnungen eines Schizophrenen- Spiegel seines Ringens bis zum Suizid. Abhandlung zur Erlangung der Doktorwürde, Zürich 1996
- Havryliv, Oksana: Verbale Aggression, Formen und Funktionen am Beispiel des Wienerischen, Frankfurt am Main 2009
- Heilborn-Maurer, Ursula / Georg Maurer: Nach einem Suizid. Gespräche mit Zurückbleibenden, Frankfurt am Main 1988
- Heine, Peter: Was glauben Muslime? In: Bertelsmann-Stiftung 2009, S. 609-631.
- Heitmeyer, Wilhelm (Hg.): Deutsche Zustände, Folge 10, Berlin 2012
- Heitmeyer, Wilhelm (Hg.): Deutsche Zustände, Folge 9, Berlin 2010
- Heitmeyer, Wilhelm (Hg.): Deutsche Zustände, Folge 1, Frankfurt am Main 2002
- Heitmeyer, Wilhelm: Entsicherungen. Desintegrationsprozesse und Gewalt. In: Beck / Beck-Gernsheim (Hg.) 1994, S. 376-401.
- Heitmeyer, Wilhelm / Olk, Thomas: Individualisierung von Jugend. Gesellschaftliche Prozesse, subjektive Verarbeitungsformen, jugendpolitische Konsequenzen, Weinheim / München 1990
- Helle, H.J.: Verstehende Soziologie und Theorie der Symbolischen Interaktion, Stuttgart 1992
- Helle, Horst Jürgen: Theorie der symbolischen Interaktion. Ein Beitrag zum verstehenden Ansatz in Soziologie und Sozialpsychologie, 3. Auflage, Wiesbaden 2001
- Herberth, Arno u.a. (Hg.): Suizidalität in den Medien. Interdisziplinäre Betrachtungen, Wien 2010
- Herbst, Jürgen: Die vorurteilshafte Einstellung der Gesellschaft gegenüber den aus dem Strafvollzug Entlassenen. Ein

Erklärungsversuch anhand einer kognitiven Gleichgewichtstheorie, Hamburg 1976

- Hermani, Gabriele: Die deutsche Islamkonferenz 2006-2009. Der Dialogprozess mit den Muslimen in Deutschland im öffentlichen Diskurs, Berlin 2010.
- Hippler, Jochen: Gestörte Kommunikation. Wie grundlegende Fehler im internationalen Dialog zwischen westlich und muslimisch geprägten Gesellschaften gegenseitige Ressentiments schüren. In: Schneiders 2010: Islamfeindlichkeit, S. 273-282.
- Hißnauer, Christian: Auf der Suche nach dem *Warum*: Suizid und Suizidalität in bundesdeutschen Fernsehdokumentationen seit den 1970er Jahren. In: Herberth 2010, S. 95-105.
- Hitzler, Ronald / Honer, Anne: Bastelexistenz. Über subjektive Konsequenzen der Individualisierung. In: Beck / Beck-Gernsheim (Hg.) 1994: S. 307-315.
- Honneth, Axel: Kampf um Anerkennung. Zur Grammatik sozialer Konflikte, Frankfurt am Main 1992
- Huber, Stefan u.a.: Das religiöse Feld zwischen Globalisierung und Regionalisierung: Vergleichende Perspektiven. In: Bertelsmann-Stiftung 2009, S. 53-96.
- Hutter, Jörg / Koch-Burghardt / Lautmann, Rüdiger: Ausgrenzung macht krank. Homosexuellen-Feindschaft und HIV-Infektionen, Wiesbaden 2000
- Inglehart, Ronald: Kultureller Umbruch. Wertwandel in der westlichen Welt, Frankfurt am Main / New York 1989
- Institut für Demoskopie Allensbach (Hg.): Eine fremde, bedrohliche Welt. Eine Dokumentation des Beitrags von Prof. Dr. Elisabeth Noelle und Dr. Thomas Petersen in der Frankfurter Allgemeinen Zeitung Nr. 114 vom 17. Mai 2006
- Institut für Demoskopie Allensbach (Hg.): Das zarte Pflänzchen Integration. Eine Dokumentation des Beitrags von Dr. Thomas Petersen in der Frankfurter Allgemeinen Zeitung Nr. 67 vom 19. März 2008
- Institut für Demoskopie Allensbach (Hg.): Die Furcht vor dem Morgenland im Abendland. Eine Dokumentation des Beitrags von Dr. Thomas Petersen in der Frankfurter Allgemeinen Zeitung Nr. 272 vom 21. November 2012
- Jäckel, Michael: Medienwirkungen, Opladen / Wiesbaden 1999
- Jörissen, Benjamin / Zirfas, Jörg (Hg.): Schlüsselwerke der Identitätsforschung, Wiesbaden 2010

- Jonker, Gerdien: Europäische Erzählmuster über den Islam. In: Schneiders, Thorsten Gerald (Hg.): Islamfeindlichkeit. Wenn die Grenzen der Kritik verschwimmen, 2. Auflage, Wiesbaden 2010, S. 71-83.
- Jox, Ralf J.: Sterben lassen. Über Entscheidungen am Ende des Lebens, Bonn 2011
- Kalish, Richard A.: Der gegenwärtige Status von Tod und Betreuung des Sterbenden: das Ende eines Tabus. In: Eser 1976, S. 159-169.
- Kamlah, Wilhelm: Meditatio mortis. Kann man den Tod „verstehen", und gibt es ein „Recht auf den eigenen Tod"? In: Ebeling 1979, S. 210-225.
- Katz, Elihu / Lazarsfeld, Paul: Persönlicher Einfluss und Meinungsbildung, Wien 1962
- Kermani, Navid: Wer ist Wir? Deutschland und seine Muslime, München 2009
- Kerscher, Ignatz: Sexualtabus: Gesellschaftliche Perspektiven in Vergangenheit und Gegenwart. In: Gindorf 1985, S. 107-127.
- Keupp, Heiner: Ambivalenzen postmoderner Identität. In: Beck, Ulrich / Beck-Gernsheim, Elisabeth 1994, S. 336-350.
- Khoury, Adel Theodor: Der Islam im europäischen Umfeld. Muslime und ihr beschwerlicher Weg in die Zukunft. In: Schneiders 2010: Islamverherrlichung, S. 259-274.
- Kim, Il-Gyun: Suizid – Einstellungen im internationalen Vergleich. Dissertation Heidelberg, Heidelberg 1993
- Kittrie, Nicholas N.: Das Recht zu leben und zu sterben. In: Eser 1976, S. 378-391.
- Klages, Helmut: Wertorientierungen im Wandel. Rückblick, Gegenwartsanalyse, Prognosen, Frankfurt am Main 1984
- Klee, Ernst: Eine feine Gesellschaft. Soziale Wirklichkeit Deutschland, Düsseldorf 1995
- Klein, Dietrich / Platow, Birte (Hg.): Wahrnehmung des Islam zwischen Reformation und Aufklärung, München 2008
- Klein, Josef: Kann man Begriffe besetzen? In: Liedtke u.a. 1991, S. 44-67.
- Köcher, Renate (Hg.): Allensbacher Jahrbuch der Demoskopie 2003-2009, Band 12, Berlin / New York 2009
- König, Oliver: Nacktheit. Soziale Normierung und Moral, Opladen 1990
- Köllen, Thomas: Bemerkenswerte Vielfalt: Homosexualität und Diversity Management. Betriebswirtschaftliche und

sozialpsychologische Aspekte der Diversity-Dimension „sexuelle Orientierung", München und Mering 2010

- Korn, Salomon: Zu schwach, um Fremdes zu ertragen? Streit um den Bau von Moscheen in Deutschland. In: Schneiders 2010, S. 245-252.
- Korte, Hermann / Schäfers, Bernhard (Hrsg.): Einführung in Hauptbegriffe der Soziologie, 3. Auflage, Opladen 1995
- Krappmann, Lothar: Soziologische Dimensionen der Identität. Strukturelle Bedingungen für die Teilnahme an Interaktionsprozessen, 9. Auflage, Stuttgart 2000, Original Stuttgart 1969
- Kraß, Andreas (Hg.): Queer Studies in Deutschland. Interdisziplinäre Beiträge zur kritischen Heteronormativitätsforschung, Berlin 2009
- Kronenberg, Volker: Patriotismus in Deutschland. Perspektiven für eine weltoffene Nation, 3. Auflage, Wiesbaden 2013
- Kuitert, Harry M.: Gibt es eine Pflicht zu leben? Das falsche Urteil über den Suizid, Stuttgart 1986
- Kuitert, Harry M.: Darf ich mir das Leben nehmen? Gütersloh 1990
- Kutner, Luis: Die Verfügung zu Lebzeiten Zur Bewältigung des historischen Vorgangs Tod. In: Eser 1976. S. 360-367.
- Lämmermann, Godwin: Der Andere im Spiegel des Ich. In: Platow 2008, S. 177-185.
- Lamnek, Siegfried: Theorien abweichenden Verhaltens. Eine Einführung für Soziologen, Psychologen, Pädagogen, Juristen, Politologen, Kommunikationswissenschaftler und Sozialarbeiter, 7. Auflage, München 1999
- Lautmann, Rüdiger: Seminar: Gesellschaft und Homosexualität, Frankfurt am Main 1977
- Lautmann, Rüdiger: Homosexualität. Handbuch der Theorie- und Forschungsgeschichte, Frankfurt / New York 1993
- Lautmann, Rüdiger: Geschlecht und Sexualität – ein Thema ohne politischen Ort. In: Friedrich-Naumann-Stiftung 1987, S. 71-84.
- Leibild, Jürgen: Fremdenfeindlichkeit und Islamophobie. In: Schneiders 2010: Islamfeindlichkeit, S. 149-171.
- Leist, Anton (Hg.): Um Leben und Tod. Moralische Probleme bei Abtreibung, künstlicher Befruchtung. Euthanasie und Selbstmord, Frankfurt am Main 1990
- Lewinsky-Aurbach, Bluma: Suizidale Jugendliche. Grenzen und Möglichkeiten psychologischen Verstehens, Stuttgart 1980
- Liedtke, Frank / Wengeler, Martin / Böke, Karin (Hrsg.): Begriffe besetzen. Strategien des Sprachgebrauchs in der Politik, Opladen 1991
- Lindner-Braun, Christa: Soziologie des Selbstmords, Opladen 1990

- Lippmann, Walter: Die öffentliche Meinung, München 1964
- Locke, John: Versuch über den menschlichen Verstand, Band I und II, Hamburg 2006, Erstdruck unter dem Titel „An essay concerning human understanding", London 1690, erste deutsche Übersetzung durch H. E. Poleyen, Altenburg 1757.
- Löffler, Berthold: Integration in Deutschland, Oldenbourg 2011
- Löwith, Karl: Die Freiheit zum Tode. In: Ebeling 1979, S. 132-145.
- Lohauß, Peter: Moderne Identität und Gesellschaft. Theorien und Konzepte, Opladen 1995
- Lohner, Marlene: Plötzlich allein. Frauen nach dem Tod ihres Partners, Frankfurt am Main 1997
- Lucke, Doris: Akzeptanz. Legitimität in der Abstimmungsgesellschaft, Opladen 1995
- Lucke, Doris / Hasse, Michael (Hrsg.): Annahme verweigert. Beiträge zur soziologischen Akzeptanzforschung, Opladen 1998
- Lucke, Doris: Riskante Annahmen – Angenommene Risiken. Eine Einführung in die Akzeptanzforschung. In: Lucke u.a. 1998, S. 15-36.
- Luckmann, Thomas: Die unsichtbare Religion, Frankfurt am Main 1991. Orig.: The Invisible Religion, 1967.
- Lüdke, Christian: Zur Kritik von Erklärungsansätzen für Selbsttötungshandlungen, Lünen 1992
- Luhmann, Niklas: Soziale Systeme: Grundriss einer allgemeinen Theorie. Frankfurt am Main 1984
- Macho, Thomas H.: Todesmetaphern. Zur Logik der Grenzerfahrung, Frankfurt am Main 1987
- Marcuse, Herbert: Das Veralten der Psychoanalyse. In: Marcuse, Herbert: Kultur und Gesellschaft 2, 10. Auflage, Frankfurt am Main 1979, S. 85-106. Original von 1963.
- Matzel, Heidi: Mein Sohn starb durch Suizid, Norderstedt 2002
- Mead, George Herbert: Geist, Identität und Gesellschaft *aus der Sicht des Sozialbehaviorismus*, 11. Auflage, Frankfurt am Main 1998. Original: Mind, Self and Society from the Standpoint of a Social Behaviorist, Chicago 1934.
- Mess, Anna Christina: Wenn ich das geahnt hätte. Suizid – Hilfen für Angehörige und Mitbetroffene, 2. Auflage, Moers 2009
- Meulemann, Heiner: Säkularisierung oder religiöse Erneuerung? Weltanschauungen in 22 Gesellschaften: Befunde und Hinweise einer Querschnittserhebung. In: Bertelsmann-Stiftung 2009, S. 691-723.

- Michaelis, Tatjana: Tabu Tod. Unser gestörtes Verhältnis zum Sterben. Beilage der Süddeutschen Zeitung vom 12./13. November 1983, Nummer 261.
- Mielke, Christine: Suizid(-versuche) als zentrales Handlungsmotiv in Seifenopern. In: Herberth 2010, S. 79-88.
- Molinski, Hans: Das Werden einer Frau. Entwicklungsstufen der weiblichen Geschlechtsidentität. In: Gindorf 1985, S. 147-159.
- Müller, Klaus: Ethnicity, Ethnozentrismus und Essentialismus. In: Essbach 2000, S. 317-343.
- Müller, Walter u.a. (Hg.): Blickpunkt Gesellschaft. Einstellungen und Verhalten der Bundesbürger, Opladen 1990
- Nassehi, Armin: Religiöse Kommunikation: Religionssoziologische Konsequenzen einer qualitativen Untersuchung. In: Bertelsmann-Stiftung 2009, S. 169-203.
- Nassehi, Armin / Georg Weber: Tod, Modernität und Gesellschaft. Entwurf einer Theorie der Todesverdrängung, Opladen 1989
- Niestroj, Christa: Die rechtliche Bewertung der Selbsttötung und die Strafbarkeit der Suizidbeteiligung, Göttingen 1983
- Noelle-Neumann, Elisabeth: Öffentliche Meinung. Die Entdeckung der Schweigespirale, Frankfurt am Main 1989
- Noelle-Neumann, Elisabeth: Öffentlichkeit als Bedrohung. Beiträge zur empirischen Kommunikationsforschung, Freiburg 1977
- Nußbaum, Martha: Die neue religiöse Intoleranz. Ein Ausweg aus der Politik der Angst, Darmstadt 2014
- Omer, Haim / Alon, Nahi / von Schlippe, Arist: Feindbilder. Psychologie der Dämonisierung, Göttingen 2007
- Ostendorf, Berndt: Politik der Differenz und soziale Gerechtigkeit? In: Essbach 2000, S. 409-433.
- Otzelberger, Manfred: Suizid. Das Trauma der Hinterbliebenen. Erfahrungen und Auswege, 5. Auflage, München 2010
- Pacharzina, Klaus (Hg.): Aids und unsere Angst, Reinbek bei Hamburg 1986
- Pfannkuchen, Karsten: Selbstmord und Sanktionen. Eine rechtshistorische Berücksichtigung ostpreußischer Bestimmungen, Berlin 2008
- Paul, Chris: Schuld. Macht. Sinn, Gütersloh 2010
- Paul, Chris: Warum hast du uns das angetan? Ein Begleitbuch für Trauernde, wenn sich jemand das Leben genommen hat, 6. Auflage, Gütersloh 2008

- Paul, Jobst: Die katholische Kirche auf dem Weg zur „robusten Ökumene". Vernunft und Glaube in Regensburg. In: Schneiders 2010: Islamfeindlichkeit, S. 403-414.
- Perko, Gudrun: Queer-Theorien. Ethische, politische und logische Dimensionen plural-queeren Denkens, Köln 2005
- Peters, Bernhard: Die Integration moderner Gesellschaften, Frankfurt am Main 1993
- Peters, Helge: Devianz und soziale Kontrolle. Eine Einführung in die Soziologie abweichenden Verhaltens, 3. Auflage, Weinheim/München 2009
- Pielow, Dorothee: Der Stachel des Bösen. Vorstellungen über den Bösen oder das Böse im Islam, Würzburg 2008
- Pfister, Gertrud: Die Darstellung von Frauen im Mediensport – Kontinuitäten und Veränderungen. In: Schaaf u.a. 2011, S. 57-80.
- Platow, Birte u.a.: Wahrnehmung des Islam zwischen Reformation und Aufklärung, München 2008
- Pohlmeier, Hermann (Hg.): Selbstmordverhütung. Anmaßung oder Verpflichtung, Düsseldorf / Bonn 1994
- Pohlmeier, Hermann: Selbstmord und Selbstmordverhütung, München / Wien / Baltimore 1978
- Pollak, Michael: Diskriminierung, Emanzipation und politischer Kontext. In: Friedrich-Naumann-Stiftung 1987, S. 85-94.
- Rachor, Christina: Selbstmordversuche von Frauen. Ursachen und soziale Bedeutung, Frankfurt 1995
- Ränsch-Trill, Barbara / Wagner, Erwin (Hg.): Das Fremde in der Nähe. Beiträge zur Reflexion der Begegnung mit dem „Anderen" in Kultur und Gesellschaft, Band 5 der Reihe: „Wissenschaft Transparent, Hildesheim 1995
- Reimer, Romy: Der „blinde Fleck" der Anerkennungstheorie. Zur Diskussion eines problematischen Theorems der Sozialphilosophie, seiner historischen Vorläufer und seiner aktuellen Lösungsmöglichkeiten, Münster 2012
- Reuband, Karl-Heinz: Rauschmittelkonsum, Wiesbaden 1976
- Ringel, Erwin / Sonneck, Gernot: Präsuizidales Syndrom und Gesellschaftsstruktur. In: Pohlmeier 1994, S. 99-113.
- Ringel, Erwin / Sonneck, Gernot: Zur Psychopathologie des Sterbewillens. In: Eser 1976, S. 77-87.
- Roellecke, Gerd: Gibt es ein „Recht auf den eigenen Tod?" In: Eser 1976, S. 336-346.

- Rohe, Mathias: Islamismus in Deutschland. In: Schneiders 2010: Islamverherrlichung, S. 171-184.
- Roth, Thomas: Symbolische Politik und die Preisgabe des Politischen. Akzeptanzprobleme der Parteien. In: Lucke u.a. 1998, S. 37-64.
- Ruf, Werner: Muslime in internationalen Beziehungen – das neue Feindbild. In: Schneiders 2010: Islamfeindlichkeit, S. 121-129.
- Ruf, Werner: Der Islam – Schrecken des Abendlands. Wie der Westen sich sein Feindbild konstruiert, Köln 2012
- Rulofs, Bettina u.a.: Geschlechterverhältnisse in der medialen Vermittlung von Sport – Sexualisierung und Erotisierung als Inszenierungsstrategien? In: Schaaf 2011, S. 100-113.
- Runkel, Gunter: Sexualität als soziales Problem: Systemtheoretische Reflexionen über die Lust an der Grenzerfahrung. In: Gindorf 1985, S. 93-106
- Runze, Dieter: Warum ist „Homosexualität" ein soziales Problem? In: Lautmann, 1977, S. 484-492.
- Sartre, Jaen-Paul: Mein Tod. In: Ebeling, Hans (Hg.): Der Tod in der Moderne, Hanstein 1979, S. 81-97.
- Schaaf, Daniela/ Nieland, Jörg – Uwe (Hg.): Die Sexualisierung des Sports in den Medien, Köln 2011
- Schad, Ute: Sexualität zwischen Tabu und Öffentlichkeit. Eine Inhaltsanalyse der Berichterstattung von Bunte, Quick, Stern und Spiegel zum Thema Aids, München 1991
- Schäfer, Sigrid: Ich hab euch alle sehr geliebt. Das Vermächtnis meiner Tochter, die sich das Leben nahm, Zürich 2000
- Schaffer-Wöhrer: Das Recht am eigenen Leben. Eine Rechtsgeschichte von Freitod und Sterbehilfe, Linz 2008
- Scherer, Helmut: Massenmedien, Meinungsklima und Einstellung. Eine Untersuchung zur Theorie der Schweigespirale, Opladen 1990
- Schiffer, Sabine: Die Darstellung des Islams in der Presse. Sprache, Bilder, Suggestionen. Eine Auswahl von Techniken und Beispielen, Erlangen 2004
- Schiffer, Sabine: Grenzenloser Hass im Internet. Wie „islamkritische" Aktivisten in Weblogs argumentieren. In: Schneiders 2010: Islamfeindlichkeit, S. 355-376.
- Schmeisser, Martin: „Mohammed, der Erzbetrüger". Negative Darstellungen des Propheten in den religionskritischen Produktionen des Libertinismus und der Radikalaufklärung. In: Platow 2008, S. 77-108.

- Schmied, Gerhard: Sterben und Trauer in der modernen Gesellschaft, Opladen 1985
- Schmitz, Günter: Untersuchungen zur Motivstruktur bei jugendlichen Suizidenten. Eine literaturkritisch-empirische Studie, Dortmund 1984
- Schmitz-Moormann, K.: Menschenwürde - Anspruch und Wirklichkeit, Zürich 1979
- Schneiders, Thorsten Gerald (Hg.): Islamfeindlichkeit. Wenn die Grenzen der Kritik verschwimmen, 2. Auflage, Wiesbaden 2010
- Schneiders, Thorsten Gerald (Hg.): Islamverherrlichung. Wenn die Kritik zum Tabu wird, Wiesbaden 2010
- Schneiders, Thorsten Gerald: Wie viel Islam steckt in einem islamistischen Selbstmordanschlag? Einige Überlegungen zur Positionierung gegenüber Gewalttakten. In: Ders. 2010: Islamverherrlichung, S. 330-340.
- Schnelzer, Thomas: Trauerpsychologie, Düsseldorf 2008
- Schobert, Kurt: Der gesuchte Tod. Warum Menschen sich töten, Frankfurt am Main 1989
- Schröder, Christian: Bitte schön lügen. Die Konstruktion eines respektablen Ichs durchs Stigma-Management im Interview, Marburg 2009
- Schütte, Christian: Selbsttötung als Spektakel? Suiziddarstellungen in Boulevardzeitungen. In: Herberth 2010, S. 241-259.
- Schütz, Alfred: Der sinnhafte Aufbau der sozialen Welt. Eine Einleitung in die verstehende Soziologie, Frankfurt am Main 1974
- Schütz, Alfred: Gesammelte Aufsätze I. Das Problem der sozialen Wirklichkeit, Den Haag 1971
- Schweer, Martin: Is anybody out there? Homosexualität in der Sportberichterstattung: Sozialpsychologische Spezifika des (Medien-)Sports mit Blick auf ein Tabuthema. In: Schaaf 2011, S. 263-278.
- Schwengel, Hermann: Nach der Globalisierung. In: Essbach 2000, S. 481-491.
- Seibel, Karin: Zum Begriff des Tabus. Eine soziologische Perspektive, Frankfurt am Main 1990
- Silbermann, Alphons: Vorurteilsstrukturen gegenüber Juden und Homosexuellen: Eine vergleichende Betrachtung. In: Gindorf 1985, S. 199-210.
- Simson, Gerhard: Die Suizidtat. Eine vergleichende Betrachtung, München 1976
- Söhn, Gerhart: Von Tod und ewigem Leben. Zwischen Tabu und Dogma, Norderstedt 2008

- Soentgen, Jens: Die verdeckte Wirklichkeit. Einführung in die Neue Phänomenologie von Hermann Schmitz, Bonn 1998
- Sokolowsky, Kay: Feindbild Moslem, Berlin 2009
- Taylor, Charles: Multikulturalismus und die Politik der Anerkennung, Frankfurt am Main 2009
- Thielen, Marc: Que(e)r durch die Welt. Lebenserfahrungen schwuler Flüchtlinge aus dem Iran im deutschen Asyl. In: Kraß 2009, S. 125-141.
- Thoreau, Henry David: Civil Disobedience, 1848, wiederabgedruckt in: H.A. Bedau (Hg.): Civil Disobedience, New York 1969
- Tönnies, Ferdinand: Die Sitte, Frankfurt am Main 1909
- Tönnies, Ferdinand: Gemeinschaft und Gesellschaft. Grundbegriffe der reinen Soziologie, Leipzig 1887
- Uslucan, Haci-Halil: Muslime zwischen Diskriminierung und Opferhaltung. In: Schneiders 2010: Islamverherrlichung, S. 367-377.
- Van Gennep, Arnold: Übergangsriten, 3., erweiterte Auflage, Frankfurt am Main / New York 2005
- Vester, Heinz-Günter: Soziologie der Postmoderne, München 1993
- Von Lewinski, Manfred: Freiheit zum Tode? Annäherungen und Anstöße, Berlin 2012
- Von Lucke, Albrecht: Populismus schwergemacht. Die Dialektik des Tabubruchs und wie ihr zu begegnen wäre. In: Heitmeyer 2012, S. 310-329.
- Wagner, Erwin: Wenn einer eine Reise tut…In: Ränsch-Trill u.a. 1995, S. 25-42
- Walther-Ahrens, Tanja: Seitenwechsel. Coming-Out beim Fußball, Gütersloh 2011
- Wallace, Samuel E.: Selbstmord und Totschlag und das Recht auf Leben, Sterben und Töten. In: Eser 1976, S. 207-221.
- Watzlawick, Paul: Wenn du mich wirklich liebtest, würdest du gern Knoblauch essen. Über das Glück und die Konstruktion der Wirklichkeit, München 2006
- Watzlawick, Paul: Wie wirklich ist die Wirklichkeit? Wahn. Täuschung. Verstehen. München 1976
- Watzlawick, Paul (Hg.): Die erfundene Wirklichkeit. Wie wissen wir, was wir zu wissen glauben? Beiträge zum Konstruktivismus, München / Zürich 1981
- Weis, Kurt: Der Eigennutz des Sisyphos – Zur Soziologie der Selbstmordverhütung. In: Eser 1976, S. 180-193.

- Welz, Rainer: Drogen, Alkohol und Suizid. Strukturelle und individuelle Aspekte abweichenden Verhaltens, Stuttgart 1983
- Wilkinson, Helen: Kinder der Freiheit. Entsteht eine neue Ethik individueller und sozialer Verantwortung. In: Beck 1997, S. 85-123.
- Wohlrab-Sahr, Monika: Das stabile Drittel: Religionslosigkeit in Deutschland. In: Bertelsmann-Stiftung 2009, S. 151-168.
- Wohlrab-Sahr, Monika: Individualisierung: Differenzierungsprozess und Zurechnungsmodus. In: Beck u.a. 1997, S. 23-36.
- Woltersdorff, Volker: „Meine Dämonen füttern": Paradoxe Bearbeitungen von Geschlechtertabus in der sadomasochistischen Subkultur. In: Frietsch 2008, S. 99-113.
- Zeiher, Helga: Kindheitsräume zwischen Eigenständigkeit und Abhängigkeit. In: Beck u.a. 1994, S. 353-375.
- Zick, Andreas u.a.: Zusammenhalt durch Ausgrenzung? Wie die Klage über den Zerfall der Gesellschaft und die Vorstellung von kultureller Homogenität mit *Gruppenbezogener Menschenfeindlichkeit* zusammenhängen. In: Heitmeyer 2012, S. 152-176.
- Zillich, Norbert: Forschungsbericht zu den Diskriminierungserlebnissen homosexueller Männer, 45 Leitfadeninterviews, in: Friedrich – Naumann – Stiftung 1985, S. 21 – 50.
- Zisler, Diana: Der Multikultikonflikt und die Parallelwelten, Frankfurt am Main 2010
- Zurstiege, Guido: Männliche Attraktivität. Zur persuasiven Codierung eines Faszinationstyps. In: Schaaf u.a. 2011, S. 137-149.

Verzeichnis der Onlinebeiträge

- www.forum-recht-online.de/2005/205/205steinke.htm. Zugriff am 02.03.2013.
- www.europarl.europa.eu/charter/pdf/text_de.pdf. Zugriff am 02.03.2013.
- www.gesetze-im-internet.de/bundesrecht/agg/gesamt.pdf. Zugriff am 02.03.2013.
- www.gesetze-im-internet.de/bundesrecht/lpartg/gesamt.pdf. Zugriff am 02.03.2013 sowie am 03.06.2014.
- www.spiegel.de/wirtschaft/unternehmen/gehaeltervergleich-im-fussball-ein-job-zwei-welten-a-768611.html. Zugriff am 03.03.2013.
- www.bpb.de/apuz/33342/frauenfussball-zurueck-aus-dem-abseits?p=all. Zugriff am 08.04.2013.
- www.focus.de/sport/fussball/bundesliga1/homosexuelle-fussball-profis-kanzlerin-merkel-angst-vor-outing-in-deutschland-unnoetig_aid_819139.html. Zugriff am 09.04.2013.
- www.handelsblatt.com/politik/deutschland/gutachten-deutschland-ist-ein-einwanderungsland/8058818.html. Zugriff am 24.04.2013.
- www.charta-der-vielfalt.de/ Zugriff am 24.04.2013.
- www.ifd_allensbach.de/uploads. Zugriff am 24.04.2013.
- www.spiegel.de/politik/deutschland/umfrage-deutsche-gespalten-ueber-minarett-verbot-a-665274.html zu finden. Zugriff am 03.03.2013.
- www.sueddeutsche.de/politik/minarett-verbot-wenn-der-staat-das-volk-nicht-mehr-versteht-1.133875.html. Zugriff am 03.05.2013.
- www.faz.net/aktuell/politik/ausland/volksabstimmung-schweizer-verbieten-bau-von-minaretten-1885602.html. Zugriff am 03.05.2013.
- www.migration-info.de/mub_artikel.php?Id=070502. Zugriff am 03.05.2013.
- www.bpb.de/nachschlagen/zahlen-und-fakten/soziale-situation-in-deutschland/145148/religionszugehoerigkeit. Zugriff am 06.05.2013.
- www.ag-friedensforschung.de/regionen/USA/bush-rede.html. Zugriff am 21.05.2013.
- www.pi-news.net/. Zugriff am 28.05.2013.
- www.schattenblick.de/infopool/sozial/sozio/ssges241.html abrufbar. Zugriff am 03.04.2013.

- www.faz.net/aktuell/feuilleton/buecher/rezensionen/sachbuch/thilo-sarrazin-deutschland-schafft-sich-ab-so-wird-deutschland-dumm-1999085.html. Zugriff am 31.05.2013.
- www.domradio.de/themen/ethik-und-moral/2013-01-31/kardinal-meisner-erlaubt-form-der-pille-danach. Zugriff am 04.06.2013.
- www.bmi.bund.de/SharedDocs/Interviews/Archiv/DE/2002/06/Otto_Schily_zum_Zuwanderungs-_und_Id_86151_de.html. Zugriff am 24.04.2013
- www.deutscheislamkonferenz.de/DIK/DE/Service/Bottom/RedenInterviews/Reden/20080227-eroeffnung-fachkonferenz-islambild.html?nn=3331014. Zugriff am 24.04.2013.
- www.welt.de/politik/deutschland/article12691814/Innenminister-Islam-gehoert-nicht-zu-Deutschland.html. Zugriff am 24.04.2013.
- www.spiegel.de/politik/deutschland/merkel-islam-ist-ein-teil-von-deutschland-a-858218-druck.html. Zugriff am 24.04.2013.
- http://de.wikipedia.org/wiki/Robert_Enke. Zugriff am 21.10.2013.
- http://de.wikipedia.org/wiki/Selbstmordattentat. Zugriff am 10.11.2013.
- www.zeit.de/sport/2009-11/kommentar-tod-enke. Zugriff am 10.3.2014.
- www.publikationen.ub.uni.frankfurt.de/5_2_Heliosch_Werther_final.pdf. Zugriff am 20.06.2014.
- www.focus.de/sport/mehrsport/handball-bundesliga-rost-setzt-hsv-handballer-unter-druck_aid_1069384.html. Zugriff am 20.03.2014.
- www.bag.admin.ch/dokumentation/publikationen/. Letzter Zugriff am 10.07.2014.
- www.soziologie.uni-freiburg.de/Personen/degele/Forschung/pfiff.pdf . Letzter Zugriff am 10.07.2014.
- http://de.m.fifa.com/worldcup/news/y=2014/m=6/news=tv-zuschauer-der-ersten-fifa-wm-spiele-brechen-rekorde-2378105.html. Zugriff am 20.07.2014.
- http://fowid.de/fileadmin/datenarchiv/Religionszugehoerigkeit/Religionszugehoerigkeit_Bevoelkerung_Deutschland_2014.pdf. Zugriff am 26.03.2015.
- http://www.dw.de/was-aus-pegida-werden-könnte/a-18224617. Zugriff am 23.04.2015.
- http://www.spiegel.de/politik/deutschland/rassismus-gegen-fluechtlinge-in-dresden-hamburg-und-berlin-a-1004904.html. Zugriff am 23.04.2015.

- http://www.faz.net/aktuell/politik/inland/geert-wilders-tritt-bei-pegida-demo-in-dresden-auf-13535445.html. Zugriff am 23.04.2015.
- http://www.faz.net/aktuell/politik/kommentar-wilders-rede-an-einen-politischen-kadaver-13536402.html. Zugriff am 23.04.2015.
- http://www.zeit.de/gesellschaft/2015-03/pegida-dresden-demonstration. Zugriff am 23.04.2015.
- https://www.facebook.com/permalink.php?story_fbid=848334451871646&id=790669100971515. Zugriff am 01.02.2015.
- https://www.facebook.com/790669100971515/photos/pb.790669100971515.-2207520000.1423422998./859188834119541/?type=1&theater abrufbar. Zugriff am 01.02.2015.
- http://www.dresden.de/de/02/035/01/2014/10/pm_103.php. Zugriff am 30.04.2015.

Printed by Libri Plureos GmbH
in Hamburg, Germany